教育行政學新論

吳清基　主編

范熾文　黃宇瑀　張國保　楊振昇
謝念慈　蔡進雄　許籐繼　黃旭鈞
陳盈宏　顏國樑　梁金盛　楊淑妃
合著

五南圖書出版公司 印行

主編序

　　教育行政學是一門科學，也是一門藝術，這是一般從事教育行政實務工作者的深切感悟。的確，教育行政工作者天天在爲教育繁雜的行政瑣事費心操勞，必須具備有效問題解決的方法、技術和策略，是要有科學的素養或訓練，才能駕輕就熟。但是，對於教育的主體，不管是學生、教師或行政人員，其互動的對象是人。人是有機體，有覺知感受，有情緒反應，有時不是機械化原則，套公式就能完全適用的，必須強調人性化、個別化的差異互動，是要有藝術化、有溫度的表現和傳達，才能化解問題於無形，始可稱圓滿成功。

　　民國 60 年以前，國內教育行政學門，可稱爲傳統化時期的教育行政，此間，談教育行政，不外介紹教育行政組織、人事、經費、法令、規章和視導等爲主；的確，傳統教育行政是在強調靜態的組織結構運作的重要性，沒有人員、沒有經費、沒有法令，教育工作是無法推動的；但是，同樣的靜態組織結構下，爲何有些學校可運作成功，有些學校則辦學績效不佳？其關鍵影響因素，應是動態歷程：作決定、領導、溝通等行政動態歷程的忽略。

　　民國 60 年以後，教育行政大師黃昆輝教授自美國學成返臺，在國立臺灣師範大學教育研究所率先開課「教育行政學」，開始引進「作決定、領導、溝通」等，教育行政動態歷程的教學與研究，指導研究生博碩士論文寫作，開啟國內教育行政學門動態量化和靜態質化並重的研究，讓教育行政學在國內正式步入現代化時期的教育行政發展。的確，同樣的靜態結構下，相同的組織、人員、經費、法令，但不同校長不同作決定、領導、溝通的動態歷程運作

下，其辦學績效，的確會有明顯的差異存在。

本書在兼顧傳統靜態結構，和現代動態歷程運作之思維前提下，除第一章教育行政導論，和第十四章教育行政發展的趨勢與展望外，其餘十二章，分別介紹教育行政組織、計畫、決定、溝通、領導、權力、評鑑、管理與創新、治理模式與實踐策略、法令與制度、財政與經費、專業與倫理等行政運作的關鍵因素。對有效現代教育行政運作可能的作為，都作了周全的考量和深入的析論，相信對教育行政學入門初學者，會有精準引進有效的學習效果；對於正在教育行政機關或學校，擔任行政工作的教育同仁，也會有理論與實務互相印證，提升自我行政增能的幫助作用。

本書之作者群，非常堅強，個個均為國內外教育行政學博士，確為盛邀一時菁英人才匯集著書，有在大學教育院系所講授教育行政學門的名師，有在教育行政機關擔任高階簡任要職的行政首長及官員，也有學術及行政雙棲的教育行政學者長官。相信在他們學術與經驗俱佳的教學心得或行政歷練的智慧分享，一定會對當前教育行政學術領域，產生非常重要的貢獻與迴響。

教育行政工作，有人認為比起學校教師教學工作顯較複雜辛苦，因此，可能會令人望而卻步。其實不然，本人曾在高中任教也兼任行政職務，在大學從助理研究員、助教、講師、副教授到教授、講座教授、名譽教授。深感「師者，傳道授業，解惑」之樂趣；但是，本人也在教育行政機關擔任簡任職和特任職之教育行政職務，確也深感教育行政工作的成就。因為作為教育行政工作人員，有權於修法立法，積極去實現教育的理想，或解決教育的困難問題；也有權去編列預算經費，改善教育環境、提升教育的品質，嘉惠校園師生的教育權益。而所有這些影響和作為，恐怕不是在校園教書的教師們可能做出的貢獻。其實，教育行政的工作並不辛苦，只要

有理念、有熱忱、有方法、有專業、肯付出、肯奉獻，做教育行政工作是很有自我實現的一種選擇和挑戰。希望本書能提供最新教育行政專業知能，有助於大學教師教學參考；也能給予未來有志投入教育行政工作的年輕朋友信心和鼓勵，特此推薦。

臺灣教育大學系統總校長
臺灣師範大學名譽教授
淡江大學講座教授
前教育部長、國策顧問
吳清基 謹誌
中華民國 111 年 9 月

目 次

第一章

教育行政導論

范熾文

　　教育行政乃是運用行政學之理論來處理教育事務，以求有效地達成
目標。爲闡述教育行政基本概念及理論基礎，本章共分三節，第一節爲
教育行政的意涵與範圍；第二節是教育行政的研究方法；第三節是教育
行政的理論發展。

第一節　教育行政的意涵與範圍

壹 教育行政的意義

　　自從 Wilson（1887）發表〈行政研究〉一文，行政之概念開始受
到學術界重視。Wilson 強調行政科學是解決當代社會、政治與經濟之
關鍵，由領導菁英來形塑公共意見，逐漸達成政府目標。行政的意義爲
何？吳定（2007）指出，行政乃是政府組織與人員，採取管理方法，處
理與公衆有關的事務。簡言之，是政府推動政務之一切行動與作爲，可
見行政是管理業務之歷程與行動，是政府機關爲達目標而推動業務之行
政作爲。

　　至於教育行政的意義，顧名思義，是教育與行政兩種概念之結合，
教育具有複雜要素，包含學生、教師、建築、資源、規範、設備、課程
等。行政即是組織相關人員、有效推動業務並完成目標。教育行政之意
涵是在於統合資源與歷程，指導相關人員，有效處理教育事務，實現教
育目標（Hoy & Miskel, 2013; Lunenburg, 2021; Kochhar, 1993）。另
外學者（Hodgkinson, 1996; Starratt, 2003）強調教育行政之重心在於
意義、社群與責任，以國家層級而言，教育行政意涵在於促進學校改
進，建立民主社群與落實社會正義。國內方面，謝文全（2022）指出，
教育行政是對教育工作之管理與教育相關人員之領導，以成就教育目的
一連串過程與行爲。換言之，教育行政係對教育事務進行有效領導與管
理，執行教育政策之歷程。

　　歸納上述，教育行政乃是運用行政學之理論來處理教育事務，以求
有效地達成目標。教育行政是教育行政機關透過行政管理之歷程，運

用計畫、組織、溝通、協調、評鑑等作法，有效管理及推動教育活動與政策，並能掌握教育價值與公平正義，以完成教育任務及實現教育理想。此一意義有下面五項要點（吳清基，1990；秦夢群，2011；Green-field & Ribbins, 2005；Hoy & Miskel, 2013；Lunenburg & Ornstein, 1996）：

（一）教育行政機關是包含中央與地方

　　教育行政機關包含中央及地方二級，中央即是教育部及所屬機關，地方層級即是各縣市教育主管機關及其所屬機關學校。換言之，教育行政即是由政府主管機關負責所有教育事務之規劃與執行。

（二）教育行政歷程是一種多樣態作為

　　教育行政是對所屬成員與事務進行有效管理之作為，也是指計畫、組織、協調、溝通與評鑑的歷程。進言之，教育行政即是對教育人員做合理之領導與激勵，並對教育事務進行有效之管理。

（三）教育行政內涵是推動各類教育政策與事務

　　教育行政隸屬於各級政府部門，如同人事行政在處理人事業務，外交行政處理國家外交與國際事務。教育行政即是處理一切與教育有關之行政業務。大至國家之教育政策制定、監督各級學校、編列全國教育經費等；小至學校各項教務、學輔、總務、人事業務等。

（四）教育行政作為須兼顧效能及效率

　　效能與效率都是教育行政重要的概念，從事教育行政要有效率，教育資源來自於國家經費，資源有限，必須以最少投入得到最大產出；但是更重要的是效能，任何行政作為都要達成既定目標，完成教育理想。效能及效率，二者缺一不可。

（五）教育行政決定涉及倫理與價值

　　教育行政有其技術面，也有規範面，不論各種教育行政歷程或現場，都涉及到人之因素存在，由於教育行政影響眾多學生福祉，各項教育政策必須以教育哲學為根基，掌握學生學習權益。換言之，教育行政

不管是行政措施、課程發展或教學實施，必須考量倫理道德，才能符合
教育規準。

貳　教育行政的範圍

教育行政有其抽象概念，也有其具體內容。依照黃昆輝（1988）、
謝文全（2022）的看法，有兩項角度可以加以分析。其一是就教育管
理業務內涵來進行分析；其二是從教育行政運用歷程來討論。

一、就教育行政管理業務而言

（一）校長領導

依照國民教育法規規定，校長綜理校務，亦即校長肩負學校所有成
敗責任。校長領導乃是在學校組織或團體情境中，運用各項策略，結合
人力物力，發揮其影響力，激發成員動機，建立團隊精神，從而達成組
織目標。

（二）教務行政

課程及教學是教育之核心業務，教務行政之工作即在對課程內容、
教學實施與評量等進行有效之管理。包含學校課程、教科書採用、學生
編班、成績考核、教學方法、教學評量等。教務行政即是以教務處為主
要負責單位，執行所有教務政策與教學工作。

（三）學務行政

就學務行政而言，泛指學生事務之處理。包含學生輔導工作新生
始業輔導、學生缺曠、學生操行、學生獎懲、校內外獎學金、學生集
會、社團（含學生會、學生議會、系學會、畢聯會）、校慶、班會紀
錄、衛生保健、全校學生校內校外體育活動與學生體育競賽等。

（四）輔導行政

就輔導行政而言，在於處理學生學習、生活與職業之輔導。根據學
校規模有不同單位設置。包含策劃全校學生生活、教育、職業輔導及追
蹤輔導工作之進行、建立各項升學及生活輔導相關表冊與學生各項心理

測驗、特殊教育等。

（五）總務行政

有充足的教育經費才能有效落實教育政策，亦即經費、設備、財物、環境等均是總務行政內容。總務行政是屬於支援工作，學校經費之編擬執行、現金支出、經費會計、文書檔案、校舍環境整修，均由總務處負責。

（六）人事行政

教育人員包含政府部門之公務人員體系與教育人員均屬之。人事行政即在處理教育行政人員、教師、職工等之人事業務，包含聘用、甄選、績效、考核、薪資、福利、進修、保險、退休等事項。人事行政除保障權益之外，更應促進教育行政人員專業化。

（七）公關行政

公關行政就是學校公共關係，學校是社區一分子，教育資源來自於社會大眾，教育必須為社會大眾服務。對內而言，要了解教師與學生的想法，以求得內部公共關係的目的；對外而言，要了解家長及社區人士等之期望，以求得外部公共關係之目的。學校辦學要適度透過各種媒體、報紙或網路等管道，有計畫、有組織、有系統向社會大眾等，做適當的報導。因此公關行政也是教育行政重要之一環。

二、就行政運作歷程而言

教育行政運作歷程，即是對教育事務做有效處理的方法或技術之歷程，即是計畫、組織、人員、指導、協調、報告及預算等（謝文全，2022；Begley & Leonard, 1999；Everard, Morris, & Wilson, 2004；Palestini, 2011），茲分析如下：

（一）計畫

計畫即是對即將要做的事項預先規劃，以便執行時能按計畫進行，期能順利而有效率地完成任務。任何教育行政機關或學校組織都應確定其目標，建立完整的目標及方向，制定完備的實施計畫，並由教育行政

人員有系統地、有步驟地推動。對學校而言，有校務發展計畫、教務工作年度實施計畫均屬之。

（二）組織

組織為有系統地整合各項要素，使之發揮最大功效。教育行政的內容不外乎是人與事，組織就是將教育行政的人員及業務做有效的分工合作及整合，有明確的管理體系，資源分配得當。教育行政業務相當複雜，必須要有完善組織及其結構，才得以落實各項工作。

（三）溝通

溝通即是個人或團體藉由書面、網路或口語進行相互間交換訊息的歷程，藉以建立共識。組織是由不同部門所組成，由許多成員共同努力才能達成目標。因此，各部門、各單位及個人之間要有溝通協調機制，產生團體意識，完成目標。尤其教育工作錯綜複雜，領導者要有主動溝通能力，建立各層級溝通協調的方法，俾引導各單位方向一致，成員分工合作。

（四）領導

人是組織的主體，教育行政機關主體是教育行政人員，而學校組織主體是全體師生。領導者要善用各項能力，發揮影響力，引導全體成員朝組織目標邁進。領導者是連結理論與實際之關鍵人物，是達成教育行政目標之關鍵人物，要發揮倡導功能，注重成員需求滿足，激發工作動機，以發揮領導功能。

（五）評鑑

評鑑即是對事務進行優劣評估與價值判斷，教育評鑑是對教育行政事務進行系統性地蒐集資料，透過評鑑方式，事實闡述，進而完成價值判斷，期能維持教育品質與水準。有關教育評鑑類別甚多，常見有校務評鑑、師資培育評鑑、大學校院自我評鑑、特殊教育評鑑、午餐教育評鑑、校長辦學績效評鑑等，每項行政業務或政策計畫推動都需要評鑑，藉以協助自我定位，評估其實施成效，進行改善。

（六）經費

　　任何組織運行，都脫離不了財物、經費。教育行政機關為維持各項業務與執行教育計畫，必須仰賴經費為後盾，購置教育設備、編列人事費與業務費，以完成任務。常聞「財政為庶政之母」即是此意，尤其教育經費在各級政府占有相當高的比重，運用得當與否，端賴與教育目標之整合。對於教育行政經費，都要加以制度化，以求有效運用教育資源。

 第二節　教育行政的研究方法

　　茲就教育行政常用的方法分述如下：

 歷史研究法

　　歷史是有關人類所有事實或活動之紀錄，亦即將過去發生事實有系統地記錄下來，以為借鏡。根據周愚文（1991）定義，是指有系統地蒐集整理與評估與過去發生之事件有關的資料，以描述與探究那些事件的因果關係或是未來發展趨勢，並加以描述與解釋以及預測未來的歷程。當然史料是歷史研究法相當重要之內容，史料是經過內在鑑定（internal criticism）與外在鑑定（external criticism）之程序所建立之資料。外在鑑定旨在確立書面文件的外在效度，文件的真偽或真實性為何，例如生存年代、出版時間等。內在鑑定則是歷史文件真偽，留下來的是否是真實內容即為內在鑑定，旨在確立文件或資料的準確性、價值（王文科、王智弘，2014）。

　　教育行政的歷史研究即是選定教育行政領域議題或政策相關問題，進而蒐集各項史料，加以考證、整理、批判及解釋，以發現其中原因及做出結論及省思。例如周愚文（1990）研究「宋代的州縣學──設置、經費、師資」，其研究主旨在探討宋代州縣學教育的發展，具體目的則在了解設置情形、原因與目的，了解其如何解決經費與師資之難題，檢討其成效，分析可能影響。因此蒐集兩宋時代各種編年史、政書、奏

議、職官、地理等類，以及各家文集、筆記，另輔以雜史、別史、記事本末及傳記等資料，透過歷史研究之步驟，加以分析整理得出結論。

貳 調查研究法

調查研究法（survey method）主要是透過問卷或訪談方式，在母群體中來蒐集樣本，藉以驗證教育現象與變項間彼此之關係。調查研究法是目前常用的研究方法，由決定主題，設定假設，提出研究架構，實施調查，分析解釋資料，最後達成結論與建議。因此調查研究法是合乎邏輯性的，在尋求普遍的事實（謝文全，2022）。

調查研究法涉及到抽樣（sampling）概念，樣本與母群體（population）是相對的，從母群體中依照一定比例抽取部分個體就是樣本。在母群體之中如何抽取具有代表性之個體就是抽樣。抽樣正確性與否關係到推論之正確（DeVellis, 2003）。常見之抽樣方式有隨機抽樣（random sampling）、分層隨機抽樣（stratified sampling）、立意抽樣（purposive sampling）。隨機抽樣是根據亂數表及或然率方式簡單抽樣。分層隨機抽樣是母群體當中個體特性有異質現象，就要以分層概念抽取代表性樣本。例如大學生是母群體，則年級、性別、學院等層面，就必須依照層面之比例抽取樣本。立意抽樣是研究者依照自己事先規劃之標準，在母群體中抽取典型個體（張春興，1986）。

調查研究方式包含問卷或是訪談都可以進行蒐集資料。訪談通常是訪問者事先提出訪問大綱，親自訪問或電話訪問，蒐集被訪問者看法想法。其二是問卷調查，問卷調查可以用於了解社會大眾對教育之看法，因此嚴謹抽樣，保持隨機狀態非常重要。爲便於調查的實施，一般採用郵寄方式進行調查研究。問卷調查雖然可以大規模蒐集資料，但也面臨問卷回收率不高與樣本填寫問卷正確性之問題。然而隨著網際網路發達，網路問卷愈來愈盛行。電子化問卷節省大量的文件印刷及郵寄費用，具備金錢及時間上的經濟性（蘇蘅、吳淑俊，1997）。

有關利用問卷調查來進行教育行政研究，相當普遍、例如：蔡進雄（2000）探討校長轉型領導、互易領導、學校文化與學校效能之關係。首先編製問卷初稿，經過專家內容效度、因素分析、信度分析所得結

果，據以編製成正式問卷。然後依學校所在地區及學校規模大小，分層隨機抽取一定比例之教師為對象，進行問卷。調查結果經由 t 考驗、單因子變異數分析、積差相關、雙因子變異數分析及逐步多元迴歸分析等統計方法，加以處理分析，最後根據結論提出具體建議。

參　比較研究法

比較研究法（comparative method）著重在跨文化、跨地區或是跨社會之間之比較分析，意即是將兩個地區或國家以上之教育行政制度或議題加以比較分析，以發現其異同或歸納出其原則，以為改善教育行政之參考（謝文全，2003）。在教育學科發展歷史當中，比較教育是屬於新興領域之學科，與教育其他學科相同並列。

比較教育目的在於掌握本國社會文化之特性，透過比較進行自我之了解，才能掌握本國教育特性與問題之所在。Hans（1958）認為，影響教育制度的因素包含自然（natural）、宗教（religious）與世俗（secular）三大類，諸如種族、語言、地理和經濟、天主教傳統、聖公會傳統、清教徒傳統、人文主義、社會主義、民族主義等。然而周祝瑛（2005）認為比較教育不應只限於區域研究，更重要的是解釋各國在不同的文化、社會與結構等背景脈絡（social context）下，對教育所造成之影響力。從科學角度而言，比較教育亦有其一定之實施方法。比較方法之運用希望能夠建立教育成為實證的經驗科學（楊深坑，2005）。比較教育實施步驟包含（洪雯柔，2000；Bereday, 1964）：

1.描述：對現況清楚描述，要對各國教育制度與內容詳加描述清楚，因此需要大量蒐集文獻資料，以精確地描述教育事實。

2.解釋：分析論述現況之原因或背景，亦即將教育事實描述之後，要以社會科學或人文觀點去解釋教育事實所代表之意義，去推論其原因或理由。

3.併排：將資料分類，性質相同者排列一起。併排是比較教育之開始，先設定若干範疇或層面加以分類以資比較。

4.比較：在此階段要反覆對照分析教育事實與教育意義，採取連續方式之檢驗，求出異同，以歸納出結論。

　　例如馬扶風（2017）探討我國與澳洲高等教育品質保證制度之比較，即採取 Holmes 的「問題中心研究法」，針對臺灣與澳洲的高等教育品質保證制度進行比較分析。其研究目的為：(1) 探討我國與澳洲高等教育之發展歷程與脈絡、制度變遷、現行作法，並分析二國現今制度實施與未來改革趨勢；(2) 分析我國與澳洲高等教育品質保證制度之發展與實施歷程，釐清影響；(3) 剖析我國與澳洲高等教育品質保證制度之現行作法與推動現況，了解二國品質保證制度架構與實施情形。

肆　實驗研究法

　　實驗研究法（experimental method）又稱為實驗觀察法，它是在妥善控制的情境下，探討自變項對依變項的影響關係，因此實驗研究法可說是各種實徵研究法中最科學的方法。進言之，實驗研究法是在控制情境之下，排除各項干擾因素，精準分析自變項與依變項之關係。實驗研究重視操作，即對在實驗控制情況之下，有系統進行自變項控制，以觀察自變項對依變項之影響程度（張春興，1986）。例如室內燈光亮度對於兒童之閱讀效率有影響，室內燈光亮度即是自變項，兒童之閱讀效率就是依變項，而控制變項包含任何會影響兒童閱讀效率之因素，兒童心智、閱讀教材、教室空間、教室溫度、兒童社經背景等，此類因素可為無窮盡。其特點有三項：一是控制自變項以外因素；二是辨認自變項產生影響大小；三是以數值有效呈現實驗結果（郭生玉，1990）。因此實驗研究必須用數量來比較，用統計方法來處理，具備客觀性、可驗證性、可操作性。

　　實驗設計大體上區分三種類型（王文科、王智弘，2014）：

（一）前實驗設計（pre-experimental design）

　　此種實驗設計，主要特徵是使用單一實驗組（缺少控制組）或使用不相等的實驗做實驗。例如單組前後測實驗設計如下：

$$O_1 \quad X \quad O_2$$

1. O_1：給予受試者實施一項實驗處理前的測驗，以測量其分數。
2. X：給予受試者實驗處理。
3. O_2：再給予受試者一次測驗。

（二）真正實驗設計（true experimental design）

眞正實驗設計能完全控制中介變項，對研究情境做出最嚴格控制，排除許多干擾因素藉以達成實驗操弄之成效。此種實驗設計主要有二個特徵：第一，除實驗組外，另設一組供比較的控制組；第二，應用隨機方法選擇和分派受試者，使得二組在各方面特質相等，而被視爲等組實驗設計（王文科、王智弘，2014）。

（三）準實驗設計（quasi-experimental design）

準實驗設計是指在無法將實驗對象隨機指派到實驗組及控制組，爲配合學校現場環境或是學生特性之限制而必須利用現有組群（如班級）所進行的實驗設計。在教育研究中，最常採用的準實驗設計有四種：(1) 不相等控制組設計；(2) 相等時間樣本設計；(3) 對抗平衡設計；(4) 時間系列設計（王文科、王智弘，2014）。

有關教育領域研究，無法採取自然科學實驗室中嚴格控制實驗之條件，大都採取準實驗研究。例如王淑麗（2015）探討教練式領導課程之實施對高中學生內在發展性資產之影響。研究方法即採取準實驗研究設計，以不等組前後測設計進行，參與本研究之對象共計 261 位高中一年級學生，其中 127 位爲實驗組，接受教練式領導課程；另外 134 位爲對照組，未接受教練式領導課程。研究對象於實驗課程開始進行前以自編之「高中生內在發展性資產量表」進行前測，並於實驗課程結束後進行後測，藉以探究二組學生在內在發展性資產的變化情形。所得資料以成對 t 考驗及單因子共變數分析進行比較分析。

伍　個案研究法

個案研究法（case method）是對於一個或是多個之特定對象或事件進行深入描述、分析、解釋，以求得眞相或啟示。此研究是質的研究一種，可以是一個人、一件事、一項方案、一個組織或一個社區。個案研究致力於深度地、脈絡連貫地且完整地描述個案（林佩璇，2000；郭生玉，1990）。個案研究的構成要素之一爲具獨特性（Stake, 1995），亦即個案研究的對象必須具備特殊性。個案研究者要保持敏感度且能夠

掌握充足證據，同時需要扮演多重角色（Denzin & Lincoln, 2005; Yin, 2013）。此外，研究者與研究對象關係的發展，也是研究實施歷程中一項重要課題，Jorgensen（1989）就指出，田野研究者在現場如能獲得信任與合作關係，就可以改進資料品質。Yin（1994）指出，個案的研究有六種證據來源，分別是文件、檔案紀錄、訪談、直接觀察、參與觀察以及實體人造物。訪談對象要尋找出主要報導人（key informant），是研究者初期最常接觸的朋友，也是獲取資料主要來源（黃瑞琴，1991）。

個案研究是對個案進行豐富整體之描述，能協助了解真實情境。而其研究資料的信賴度是質的研究之重要品質規準，有良好信賴度，質的研究才有意義。質的研究品質判斷標準在於研究可信度（trustworthiness），所謂可信度包含可信（credibility）、遷移（transferability）、可靠（dependability）、一致（conformability）等規準（林佩璇，2000）。亦即要提高個案研究信賴度，必須兼顧長期觀察、持續觀察、同儕檢視、三角校正、豐富資料與深度反省等。

楊慧琪（2019）採取個案研究法探討國立清華大學與新竹教育大學合併歷程及效益。研究目的包含探究兩校合併的過程、推動策略、遭遇的困境、完成合併的關鍵因素、對學校產生的影響、待解決問題與改進建議，以及目標的達成程度。該研究利用文件分析、訪談法及省思札記進行，訪談兩校校長、副校長、兼任行政人員、教師代表、學生代表及校友代表等，提高蒐集資料的豐富性，加以資料分析與討論，俾以提出結論與建議。

陸　行動研究法

行動研究是一種螺旋循環的步驟，每一個步驟中包含了計畫、行動、反省之行為。Elliott（1991）認為行動研究是一種社會情境的動態研究，是以改善社會情境中行動品質來進行研究。因此教育行動研究，就是教育人員發現學校現場教學問題，運用科學方法與工具，想辦法解決實際工作中所遭遇到問題，研究歷程中加入反思與行動之循環策略。換言之，行動研究乃是研究加上行動結合之方法，因情境中之參與

者（如教育人員），基於能解決實際教育行政問題，而與專家結合並進行有系統地解決問題之方法。

教育行動研究是一個繼續不斷反省的歷程，研究者要有系統地研擬行動方案策略、執行行動方案策略並檢視其成效及進一步澄清所產生的新問題或新工作情境（蔡清田，2000）。行動研究特別強調反省實踐，個體不斷反省以求改進之歷程。

潘致惠（2019）以行動研究法來探討行動智慧導向的校長課程領導與校訂課程發展，透過「覺 ↔ 知 ↔ 行 ↔ 思」的行動歷程，發展行動智慧導向的校長課程領導與108新課綱之國民中學階段校訂課程方案，透過行動研究的歷程，發展因應困境的可行策略與方法，以行動智慧理論為體，行動研究方法為用，交互實踐提出結論與建議。

柒　德懷術

德懷術（delphi technique）是一種透過群體溝通歷程的預測方法（Linstone & Turoff, 1975）。德懷術乃藉由一連串問卷調查的方式，以獲取學者專家對問題共識看法的研究方法。德懷術的實施可以歸納為下列步驟：(1) 確定研究主題，然後據以編製問卷；(2) 選定專家，請求協助；(3) 郵寄問卷給專家，請其表示意見；(4) 整理收回問卷，進行綜合歸納，此步驟可多次重複，直到獲致結論為止。最後的結論可採取眾數或中位數為依據（王文科、王智弘，2014；謝文全，2022）。

其優點是以書面方式提出個別的觀點，可蒐集專家學者不同的意見，以結束時所達成的共識作為結論。缺失是通常需要至少三次以上的問卷反覆調查，時間過於冗長，亦造成樣本流失（謝文全，2022；Yousuf, 2007）。

在教育行政領域，例如張文權（2013）以國民中學顧客關係管理模式建構與實徵分析為主題，以德懷術與問卷調查法為主要研究方法。首先進行文獻蒐集與文件分析，發展「國民中學顧客關係管理模式建構專家諮詢問卷」，請15位專家學者作為研究對象，進行三回合之德懷術調查研究，蒐集凝聚德懷術小組成員們的共識及觀點，藉以發展顧客關係管理模式之適切性與重要性。

捌　生命史研究法

生命史研究法（life history）是針對一個生命從生到死這個過中的一連串事件與經驗，以及其形成的歷史脈絡與所隱含的意義等進行研究，以便從中獲得啟示與教訓的一種方法（謝文全，2022）。目前教育興起一股「教育敘事學」的風潮，以傳記史研究，實有助於深入了解不同教育人員生涯發展歷程中的教育意義（王麗雲，2000；卯靜儒，2003）。

生命史研究是屬於質性研究之一，與採取因果關係及資料驗證研究不同，每個個體都有其獨特的生命故事，故事中之意義、經驗與脈絡，都需要研究者蒐集大量資料，加以轉錄、分析與詮釋。Denzin（1989）就認為生命史是根據對話或訪談的結果對生命的紀錄，從而建構意義。然生命述說或自傳常因信度、效度與倫理問題，引發歧見。因此，有關資料飽和豐富及詮釋就相當重要，透過深度訪談、文件分析、參與觀察、省思札記等方式進行，掌握整體的、脈絡的、主觀的與歷程的觀點，進而詮釋研究對象之個殊性與意義價值。

目前以移民、弱勢族群、校長辦學、代課教師等生命敘說研究論文，日漸增加。生命敘事或傳記史之研究，代表教育研究典範之變遷。連秀玉（2012）就以生命史之研究方式探究一位女性國中初任校長。該研究以批判詮釋學對話的觀點，探討一位女性國民中學初任校長生命史的發展：從起心動念報考校長到儲訓實習階段，經過遴選上任至初任校長一年間的心路歷程；同時透過批判詮釋學對話，了解在各歷程轉折時，所面臨的情境與因應方式，並透過自我的反思，為未來尋求更好的展現方式。

 # 第三節　教育行政理論發展

本節旨在分析教育行政理論發展，教育行政屬於應用科學，其理論與行政學之發展，有所關聯。依照學者（秦夢群，2011；秦夢群、

黃貞裕，2001；廖春文，1994；謝文全，2022；Bate, 1983；Begley & Leonard, 1999；Bush, 2003；Evers & Lakomski, 1991；Hoy & Miskel, 2013；Murphy & Forsyth, 1999）觀點，大體上可區分為四個時期：首先是傳統古典理論時期；其次行為科學時期；再來是系統理論時期；現在進入非均衡系統理論時期，茲說明如下：

表 1-1
教育行政理論的分期

時間	1900 至 1930 年代	1930 至 1960 年代	1960 年代開始發展	1990 年代後
時期	傳統（古典）理論時期（Traditional Theory）	行為科學時期（Behavior Science）	系統理論時期（System Theory）	非均衡系統時期（nonequilibrium system）

壹　傳統古典理論時期

　　傳統古典理論時期又分為科學管理理論、行政管理理論與科層體制理論為代表，茲分析如下：

一、科學管理理論

　　科學管理理論（Scientific Management Theory），代表學者 Taylor，其被尊稱為科學管理之父。科學管理主張必須採用科學方法來管理，方能提高行政的效果與效率。主要的理論要點包含（謝文全，2022；Hoy & Miskel, 2013）：

　　1.採取科學的方法：利用系統科學方式來管理組織人員以及訓練人員。

　　2.提供標準化的工作程序：員工在組織場所工作必須依照既定標準做事。

　　3.運用時間管理：將員工上班時間細分各項任務來要求最高的產能。

　　4.建立客觀的績效標準：每個員工之特殊任務有其應達成之績效。

5. 採取按件計酬原則：用工作件數來累績薪資，提高工作效率。

6. 管理與工作分離：管理人員與工作人員分工，推動管理人員專業化原則。

二、行政管理理論

Fayol 創立行政管理理論（Administrative Management Theory），被譽稱為行政歷程之父。此學派重視計畫（planning）、組織（organizing）、用人（staffing）、指揮（directing）、協調（coordinating）、報告（reporting）、預算（budgeting）的歷程。Fayol 提出 14 項管理原則（14 principles of management）包含（謝文全，2022；Parker & Lewis, 1995）：

1. 業務分工（division of work）
2. 權威（authority）
3. 紀律規範（discipline）
4. 指揮統一（unity of command）
5. 方向統一（unity of direction）
6. 組織至上（subordination of individual interests to the common goal）
7. 報酬（remuneration）
8. 集權化（centralization）
9. 層級節制（scalar chain）
10. 秩序（order）
11. 公正（equity）
12. 人事任期安定（stability of tenure of personnel）
13. 自動自發（initiative）
14. 團隊精神（esprit of corps）

三、科層體制理論

Weber（1964）提出科層體制理論（Bureaucratic Model Theory），科層體制是組織理想型式，是現代組織之基礎。Weber 提出三種權

威類型：(1) 傳統權威（traditional authority）是來自成員對傳統制度或文化的認同；(2) 魅力權威（charismatic authority）是來自領導者本身特殊人格魅力；(3) 法定權威（legal authority）是來自組織法令規章的約束力量，法令即賦予此職位某種權威。Weber（1946）特別強調理性合法權威乃管理組織活動之基礎，以現代組織而言，法定權威比較能建立制度並維繫組織發展。

科層體制理論主要觀點包含（黃昆輝，1988；Hoy & Miskel, 2013）：

1. 職位階層：組織必須訂定高階、中階與基層人員職位而且權限劃分清楚。

2. 法定職務：每一個職務都有法定的權力和既定工作任務。

3. 不講人情：組織運作一切依法行事，不能牽涉個人情感與私人關係。

4. 專業分工：組織各部門依照專業分工，聘用專門人員進行管理。

5. 書面檔案：各項重要計畫、任務與經費，都要建立書面檔案資料以利追蹤管理。

6. 資源運用：調查組織所有的人力、物力，財力等，資源充分利用以提高效能。

7. 資薪用人：建立薪資制度，依照成員人力貢獻給予合適薪水與福利。

從上述分析此時期其特點是：

1. 偏重靜態的組織結構，強調組織階層與分工，但是也忽略了成員的心理互動及人性價值。

2. 偏重正式組織層面，強調組織正式結構與標準化運作，而忽視非正式組織層面。

3. 重視物質獎懲，利用薪資、獎金或懲罰來規範成員行動，而忽略心理讚美或社會性鼓勵。

4. 重視組織目標，強調組織所期望達成之結果，而忽略成員尊重或隸屬感之心理需求。

5. 組織是封閉的系統，缺乏與外在社會系統交流，及組織和環境互動。

貳　行為科學理論時期

行為科學理論時期主要包含：霍桑實驗學派、動態平衡學派、需求層次理論、激勵保健學派與 XY 理論。茲分別論述如下：

一、霍桑實驗學派（人群關係學派）

此理論是由 Mayo、Dickson 和 Roethlisberger 等人在西方電氣公司霍桑廠（Hawthorne Plant）進行之實驗，實驗結果發現：(1) 非正式組織出現之後，其組成成員就會互相發展一套行為規範；(2) 社會心理因素對成員工作行為及績效有顯著影響度；(3) 領導者與成員人際互動關係影響組織目標（謝文全，2022）。此實驗結果發現重視人際關係有較高生產力，人際關係對組織發展有其重要性，亦即人的社會及心理因素是影響行為和績效的關鍵因素，因此在工作中要更重視激勵與人際關係。

二、動態平衡學派

動態平衡學派以 Barnard 為代表，著有《管理人員的功能》（*The Functions of the Executive*）、《組織與管理》（*Organization and Management*）等兩本經典著作。Barnard（1938）提出組織與合作之概念，組織即是人類活動之合作系統。一個組織要能繼續生存，就需要效能及效率。效能是指組織目標的達成，效率則是指組織成員需求的滿足。要發揮組織效能，必須依賴行政主管整合組織目標和個人需要，以及結合正式組織和非正式組織的功能。此理論觀點有五項：(1) 組織是為達成共同目標所建立的互動體系；(2) 組織有正式組織與非正式組織存在，都要重視；(3) 組織運作應兼顧效能與效率；(4) 精神層面的誘因或獎勵比環境物質有效；(5) 命令是否具有權威係決定於受命者的接受程度（張明輝，1990）。

三、需求層次理論

需求層次理論由人本心理學家 Maslow 提出，他認為人類所有的

行爲皆由需求所引起，而需求也有高低之分，人類的需求由低而高，依次有下列五種：(1) 生理需求（physiological need）：例如食衣住行等需求，這是最基本之需求；(2) 安全感需求（safety need）：組織員工除了溫飽之外，成員應有免除恐懼與害怕的自由；(3) 歸屬感與愛的需求（sense of belonging and love needs）：組織員工希望成爲組織一分子，能夠與同仁相處並良好社會互動關係；(4) 尊榮感需求（esteem need）：強調成員之自尊心與榮譽感，員工希望在組織當中，獲得同事與上司的褒獎、讚美及肯定；(5) 自我實現需求（self-actualization need）：員工秉持自我實現需求，態度積極向上，表現樂觀進取（謝文全，2022；Maslow, 1970）。

　　Maslow 認爲個體之低層次需求獲得滿足，才會往上提升，最終希望能達成自我實現需求。在自我實現者身上發現了高峰經驗（peak experience），這種經驗有助於開展個人最佳潛能，獲得完美人生。

四、激勵保健學派

　　Herzberg、Mausner 與 Snyderman（1959）出版《工作動機雙因子理論》，發現影響成員工作態度有兩個層面，彼此並不相同。第一個是維持因素（maintenance factors）或保健因素（hygiene factors），主張只可消極防弊，維持員工基本工作水準，無法提升員工滿意度。第二個是滿意因素，又稱激勵因素（motivators），要激發員工的強烈工作意願，使組織成員可由工作中獲得滿足感者，需依賴滿意因素。茲說明如下：

　　1. 激勵因素（滿意因素）：此因素包括受賞識感、成就感、工作環境、升遷等。這些因素存在的話，會引起人的滿足；若不存在的話，則不一定會不滿足。

　　2. 保健因素（不滿意因素）：此因素包括薪資、人際關係、工作環境等。這些因素若不存在，會引起不滿足；但存在的話，不一定會有滿足（黃昆輝，1988）。

五、XY 理論

McGregor（1960）發展出此理論，McGregor 關切組織人性之本質，因此提出傳統與新近之觀點比較。X 理論係傳統指揮控制觀點，假設人性偏惡，個體本性較好逸惡勞而逃避工作責任。根據此種假設所發展出來的領導，乃是強迫控制及威脅利誘的專制領導。管理的方法包括強迫和威脅、嚴密的監督、嚴格的控制（謝文全，2022）。

Y 理論係個人與組織目標之統合，假設人性是偏善，喜歡自動完成任務，達成組織目標並從中獲得自我實現。在情況許可下願意主動尋求承擔更多的責任，並能主動解決組織的問題。根據此種假設所發展出來的領導，乃是民主式領導，強調鼓舞、參與、自律、溝通等管理方式（謝文全，2022）。

由上述分析，行為科學時期有幾個特點：

1. 偏重成員行為與心理層面，重視個體各項需求之滿足，不強調正式化與標準化之組織結構。

2. 偏重成員之間自然形成之非正式組織，主張彼此共同價值與興趣，但是忽略正式組織運作。

3. 強調心理層面獎勵，重視人際互動與鼓勵、讚美、點頭方式等非實質性獎賞，但是亦較忽略物質層面獎懲。

4. 偏重成員心理滿足，重視成員基本安全、賞識感或成就感之需求，而較少重視組織目標。

5. 重視個人與組織之平衡，要去滿足個人基本需求與達成組織共同目標。但是忽略外在環境之互動影響。

參　系統途徑時期代表理論

在二十紀紀六〇年代，學術整合的需求更為重要，因而具有整合作用的系統理論乃應運而生。系統理論是由生物學家 Bertalanffy 所創立，他認為了解各個部門之間的彼此互動的關係才能理解組織全貌。系統指一組相關聯的要素，系統的元素必須要相互依賴和相輔相成，形成一緊密的整體，以達成共同目標（秦夢群，1989；謝文全，2022）。

此一時期包含 Z 理論、權變理論與社會系統理論，茲分析如下：

一、Z 理論

Megley 於 1970 年提出 Z 理論，Z 理論係針對 X 理論（Theory X）與 Y 理論（Theory Y）的偏失，所提出的綜合性管理哲學，其要旨為：(1) 制度與人兼顧：每一個組織都要建立制度規範，也要重視成員心理需求；(2) 懲罰與激勵並用：人性善惡都有，要提高組織效能，就要有獎勵與懲罰制度；(3) 生理與心理並重：組織要物質環境因素的滿足，亦要重視員工心理與成就感的滿足；(4) 多樣態組織：組織是一個多樣態的環境，有靜態組織結構、動態人際互動、價值觀念，也有與環境互動的生態系統（謝文全，2022）。

二、權變理論

權變理論（Contingency Theory）由 Fiedler 提出。領導是否有效，端視領導型式與情境是否配合而定。組織績效的高低或團體表現的優劣，主要取決於領導者與情境二者實際的契合程度。情境包含了領導者和成員的關係、任務結構（task structure）及職位權力（position power）三要素。領導型式分為工作導向（task-oriented）和關係導向（human-relation oriented）兩種。工作導向的領導人強調把工作做好，對工作績效要求較嚴格；而關係導向的領導較重視維持良好人際關係，注意成員的需求感受（謝文全，2022；Silver, 1983）。

三、社會系統理論

社會系統理論是由 Getzels、Lipham 及 Campbell 所發展的。他們認為組織是由制度（institution）與個人（individual）兩個部分交互作用而成的。而教育是一個社會系統，制度是由角色所構成，而角色則被賦予期望，這三者（即制度、角色、期望）構成社會系統的規範層面（nomothetic dimension）。個人具有人格，而人格則由需要傾向所產生，這三者（個人、人格、需要傾向）構成社會系統的個殊層面（idiographic dimension）（黃昆輝，1988；謝文全，2022）。社會系

統理論認為組織不是孤立存在的，而是具有環境並與其交互作用，組織中人員、物質與資源等都來自環境，經過組織轉換與運作歷程而有產出成果，具有開放系統與回饋（Hoy & Miskel, 2013）。

由上述分析，此一時期的特點為：

1.重視組織結構與成員心理行為，強調組織員工的心理需求人際關係，以及階層結構的行政運作。

2.重視正式組織與非正式組織運作，組織的發展，要兼顧組織規章與正式系統，也要重視人員心理互動而自然形成的非正式團體。

3.重視物質層面與精神層面，對於基本生理需求、環境安全的滿足，以及精神層面的歸屬感、自我實現，都要同時兼顧。

4.強調組織內部外部的交互作用，組織是生存在大社會環境當中，外在的環境各項因素都會與組織發生交流。

5.組織是開放系統，組織不是封閉、靜態不動，有次級系統，也有外在大系統，是具備複雜的生態觀點。

肆　非均衡系統理論時期

非均衡系統認為未來系統是混亂、缺乏規則，而且充滿未知因素，包括耗散結構、蝴蝶效應、奇特吸引子及回饋機能等現象，此混沌理論的核心是非線性原理，非線性系統其變數之間不是線性的或成固定比例的（Thietart & Forgues, 1995），對教育行政理論與實務亦產生影響。茲舉混沌理論及量子領導說明如下：

一、混沌理論

非均衡系統觀點代表是由 Glieck 與 Hayles 等人所提出混沌理論（Chaos Theory），混沌理論與人類自然科學觀的發展有關聯，在非均衡理論時期，系統是一個開放的系統而且不可完全預期的狀態，組織有外在大系統，也有許多次系統，彼此是交互作用的（謝文全，2022）。組織本身並非機械式的封閉關係，而是自發且充滿能量的有機體。混沌理論主要的理論要點（秦夢群，2011；Thietart & Forgues, 1995；Willower, 1980）：

1. 耗散結構：是指系統能量消耗之後，組織會吸收外界的能量以求維持系統的穩定。耗散結構是一種不穩定到崩潰再到重組的更新過程。

2. 蝴蝶效應：是指任何一種細微的現象都代表某種意義和力量，組織絕對不能夠輕忽，因為蝴蝶展翅也能造成重大的影響。在一個開放與非線性系統當中，變化是無法預知的，如果小問題無法解決，可能衍生出大的問題。

3. 奇特吸引子：系統有一或多個潛藏的規準或原則，組織內在的各個要素影響力，有時很簡單，有時又很複雜，可能無法完全預測。

4. 回饋機制：系統之輸入與輸出之間有其關聯性，組織系統之要素可透過回饋機制變成新的輸入，而影響組織未來的發展。

二、量子領導

隨著互聯網的網際網路時代來臨，不確定性是這個時代最大的特點。許多事物快速變化已經顛覆了我們對世界運作的方式。這種新科學之量子典範，則認為自然界是複雜的、混亂的、捉摸不定的；其強調的是如何接受複雜性，並從複雜中獲取最大用處。倘若試圖控制，可能會適得其反（謝綺蓉譯，2001）。在量子典範影響之下，領導領域提出新的概念即是量子領導（quantum leadership），量子與系統、混沌有異曲同工之妙，眾多量子在互動過程中所產生的變化，是萬端而不可預測的，因此必須揚棄絕對觀點，改為重視多元發展（何穎怡譯，1997；洪銘賜，2019；謝文全，2022）。量子的概念源自於自然科學，量子是能量最小的單位，但在社會科學當中，組織管理和領導也會面臨不同的世界觀與人生觀，而直接影響領導的思維和作法。傳統組織，強調壁壘分明、分門別類，採取制式的語言和指令來管理下屬；但是量子領導強調重視整體互動與文化而權變的領導概念，領導者正念或意識會影響組織文化與動能。

量子領導實施策略包含：(1) 適度增能賦權，因組織內外情境變化萬端而不可預測，領導者必須以變應變；(2) 形成夥伴關係，領導者與成員需共同經營組織，彼此為合作關係；(3) 適度彈性自主，引導成員活化思維，並信任成員適時的直覺判斷，讓其有更多的彈性自主決定；

(4) 重視創新未來，有效運用創新知識，領導者要與成員共創未來，未來社會中終身教育愈來愈普及，愈來愈多將在線上進行自我學習，遠距教學更是全球性的教育現象，這些趨勢將會持續發展（范熾文、陳惠華，2016；謝文全，2022）。

綜上，非均衡系統理論時期主要特徵為：

1. 細微與隨機事件可能有巨大影響，領導者要保持敏感度，對於細微與偶發事件都要特別留意。

2. 領導者對於內外部回饋機制須兼重改進機制與系統觀點。

3. 對非線性之系統，組織並無法完全掌控，領導者要理解組織內部與外部之影響因素。

4. 在非均衡系統時期，領導者要多重視教師專業社群、組織學習與創新之理念，引導學校成為自我組織。

問題討論

1. 請分析效能及效率之意涵及其對教育行政之啟示。

2. 請分析教育行政傳統（古典）理論時期之要點與應用價值。

3. 在非均衡系統時期教育行政領導有何特徵？

4. 請分析量子領導之意涵及其對學校校長領導之啟示。

5. 試說明教育行政與一般行政相同與不同之處，並說明如何秉持教育行政工作之特性，做好教育行政工作。（105年二級高考）

6. 系統理論（systems theory）興起於1960年以後，在教育行政上有一定的影響力，請問系統的特性為何？並請提出系統理論的主要論點及其在教育行政上的意涵。（106年三等身障特考）

7. 1990年代之後，教育行政的發展與演進受到「非均衡系統模式」（non-equilibrium system model）的影響，最引人矚目的複雜理論（complexity theory）成為研究組織變革的一股新興勢力。試述複雜理論的基本主張，並說明在教育組織上如何應用。（108年三級身障特考）

8. 如果將學校視為是一個社會系統，其主要意涵為何？為使此一社會系統運作順暢，其必須考量的重要因素及內涵有那些？（109年三等地特）

9. 請問後現代教育行政的機會與危機？（110年三等地特）

參考文獻

王文科、王智弘（2014）。**教育研究法**。五南。

王淑麗（2015）。**教練式領導課程之實施對高中學生內在發展性資產之影響之研究**（未出版博士論文）。臺北市立大學。

王麗雲（2000）。自傳／傳記／生命史在教育研究上的應用。載於中正大學教育學研究所（主編），**質的研究方法**（頁265-306）。麗文。

卯靜儒（2003）。性別、族群與教學——教師生涯之傳記史研究。**教育研究資訊雙月刊，11**(5)，59-82。

何穎怡譯（1997）。S. Davis原著。**量子管理**。大塊文化出版社。

吳定（2007）。**行政學**。三民。

吳清基（1990）。**精緻教育的理念**。師大書苑。

周祝瑛（2005）。**愛在紐西蘭：優質創新中小學**。書泉。

周愚文（1990）。**宋代的州縣學——設置、經費、師資之探討**（未出版博士論文）。國立臺灣師範大學。

周愚文（1991）。歷史研究法。載於黃光雄等（主編），**教育研究法**（頁203-228）。師大書苑。

林佩璇（2000）。個案研究及其在教育研究上的應用。載於中正大學教育學研究所（主編），**質的研究方法**（頁239-263）。復文。

林明地（1999）。學校行政領導研究的現況與趨勢。載於中正大學教育學研究所（主編），**教育學研究方法論文集**（頁125-152）。復文。

范熾文、陳惠華（2016）。未來教育的理念與策進發展。**教育研究月刊，270**，69-84。

洪雯柔（2000）。**貝瑞岱比較教育研究方法之探析**。揚智文化。

洪銘賜（2019）。**量子領導：非權威影響力**。采實文化。

秦夢群（1989）。**教育行政理論與應用**。五南。

秦夢群（2001）。**教育行政——理論部分**。五南。

秦夢群（2011）。**教育行政：理論與模式**。五南。

秦夢群、黃貞裕（2001）。**教育行政研究方法論**。五南。

馬扶風（2017）。**我國與澳洲高等教育品質保證制度之比較研究**（未出版博士論文）。國立暨南國際大學。

張文權（2013）。**國民中學顧客關係管理模式建構與實徵分析之研究**（未出版博士論文）。國立東華大學。

張明輝（1990）。**巴納德組織理論與教育行政**。五南。

張春興（1986）。**心理學**。東華。

連秀玉（2012）。**一位女性國民中學初任校長生命史之批判詮釋學對話**（未出版博士論文）。國立暨南國際大學。

郭生玉（1990）。**心理與教育研究法**。精華。

黃乃熒（2000）。**後現代教育行政哲學**。師大書苑。

黃昆輝（1988）。**教育行政學**。東華。

黃政傑（1989）。教育研究亟需擺脫量化的支配。載於中國教育學會（編），**教育研究方法論**（頁 131-140）。師大書苑。

黃瑞琴（1991）。**質的教育研究方法**。心理出版社。

楊深坑（2005）。朱利安比較教育理論與方法評析。**師大學報：教育類，50**(2)，13-32。

楊慧琪（2019）。**研究國立清華大學與新竹教育大學合併歷程及效益之個案研究**（未出版博士論文）。國立清華大學。

廖春文（1994）。**二十一世紀教育行政領導理念**。師大書苑。

潘致惠（2019）。**探討行動智慧導向的校長課程領導與校訂課程發展之研究**（未出版博士論文）。國立清華大學。

蔡清田（2000）。**教育行動研究**。五南。

蔡進雄（2000）。**國民中學校長轉型領導、互易領導、學校文化與學校效能關係之研究**（未出版博士論文）。國立臺灣師範大學。

謝文全（2003）。**教育行政學**。高等教育出版社。

謝文全（2022）。**教育行政學**。高等教育。

謝綺蓉譯（2001）。D. Zohar 原著。**第三智慧──運用量子思維建立組織創造性思考模式**。大塊文化。

蘇蘅、吳淑俊（1997）。電腦網路問卷調查可行性及回覆者特質的研究。**新聞學研究**，**54**，75-100。

Barnard, C. (1938). *The functions of the executive*. Cambridge. Harvard University Press.

Bate, R. R. (1983). *Educational administration and the management of knowledge*. Deakin University.

Begley, P., & Leonard, P. (1999). *The values of educational administration*. Falmer.

Bereday, G. Z. (1964). *Comparative method in education*. Holt, Rinehart & Winston.

Bush, T. (2003). *Theories of educational management*. Sage.

Denzin, N. K. (1989). Interpretive biography. Sage.

Denzin, N. K., & Lincoln, Y. S. (2005). *The Sage handbook of qualitative research*. Sage.

DeVellis, R. F. (2003). *Scale development: Theory and applications*. Sage.

Elliott, J. (1991). *Action research for educational change*. Open University Press.

Everard, K. B., Morris, G., & Wilson, I. (2004). *Effective school management*. Paul Chapman Publishing.

Evers, C. W., & Lakomski, G. (1991). *Knowing educational administration: Contemporary methodological controversies in educational administration research*. Pergamon.

Greenfield, T., & Ribbins, P. (2005). *Greenfield on educational administration: Towards a humane science*. Taylor & Francis.

Hans, N. (1958). *Comparative education: A study of educational factors and traditions*. Routledge.

Herzberg, F., Mausner, B., & Snyderman, B. B. (1959). *The motivation to work*. John Wiley & Sons.

Hodgkinson, C. (1996). *Administration philosophy: Values and motivation in administrative life*. Pergamon.

Hoy, W. K., & Miskel, C. G. (2013). *Educational administration: Theory, research, and practice*. McGraw-Hill Higher Education.

Jorgensen, D. L. (1989). *Participant observation: A methodology for human studies*. Sage.

Kochhar, S. K. (1993). *Secondary School Administration*. New Delhi: Sterling.

Linstone, H. A., & Turoff, M. (1975). *The delphi method: Techniques and applications*. Addison-Wesley Publishing Company.

Lunenburg, F. C. (2021). *Educational administration: Concepts and practices*. Sage.

Lunenburg, F. C., & Ornstein, A. C. (1996). *Educational administration: Concept and practice*. Wadsworth.

Maslow, A. H. (1970). *Motivation and personality*. Harper & Row.

McGregor, D. (1960). *The human side of enterprise*. Sage.

Murphy, J., & Forsyth, P. B. (1999). *Educational administration: A decade of reform*. Sage.

Palestini, P. (2011). *Educational administration: Leading with mind and hear*. Rowman & Littlefield Publishers.

Parker, L. D., & Lewis, N. R. (1995). Classical management control in contemporary management and accounting: The persistence of Taylor and Fayol's world. *Accounting, Business and Financial History, 5*(2), 211-235.

Silver, P. F. (1983). *Educational administration: Theoretical perspectives on practice and research*. Harper & Row.

Simon, H. A. (1976). *Administrative behavior: A study of decision-making process in administrative organization* (3rd ed.). The Free Press.

Stake, R. E. (1995). *The art of case study research*. Sage.

Starratt, R. J. (2003). *Centering educational administration: Cultivating meaning, community, responsibility*. Routledge.

Thietart, R. A., & Forgues, B. (1995). Chaos theory and organization. *Organization Science, 6*(1), 19-31.

Weber, M. (1964). *The theory of social and economic organization*. Oxford University Press.

Weber, M. (1946). *From Max Weber: Essays in sociology*. (Tr. by H. H. Gerth & C. Wright Mills.) Oxford University Press.

Willower, D. J. (1980). Contemporary issues in theory in educational administration. *Educational Administration Quarterly, 16*(3), 1-25.

Wilson, W. (1887). The study of administration. *Political Science Quarterly, 2*(2), 197-222.

Yin, R. K. (1994). *Case study research: Design and methods.* Sage.

Yin, R. K. (2013).Validity and generalization in future case study evaluations. *Evaluation, 19*(3), 321-332.

Yousuf, M. I. (2007). Using experts' opinions through Delphi Technique. *Practical Assessment, Research, and Evaluation, 12,* 1-7. DOI: https://doi.org/10.7275/rrph-t210

Yukl, G. A. (2002). *Leadership in organizations.* Prentice-Hall.

第二章

教育行政組織

黃宇瑀

　　教育組織是構成教育行政學門的重要內涵。健全的教育行政組織，不僅能提升行政運作效能，也能有效達成組織目標，因此，對教育行政組織進行探究，將有助於了解教育行政部門及學校組織運作的本質。

　　本章探討教育行政組織，重點如下：針對教育組織的基本概念進行分析、從組織思想源流探討教育行政組織發展歷程、針對教育行政（含學校）組織結構及相關理論說明介紹，最後則從變革與創新觀點闡述教育行政組織發展趨勢。

 # 第一節　　教育組織基本概念

組織及教育組織之定義

一、組織定義

　　教育組織研究如同其他領域的組織研究，早期研究觀點主要來自社會學，但因各學者專家所採取的研究途徑不同，故對「組織」一詞亦有不同見解。現代社會科學家對「組織」（organization）的研究，大致上已建構四種途徑：有從靜態的觀點來解釋組織，有從動態的觀點來定義，有從心態（精神）的觀點來界定，亦有從生態（發展）的觀點來闡釋（張潤書，2009: 111-114）。四種觀點簡述如下：

　　主張靜態的（static）觀點者，主要是從組織的結構來解釋組織的意義，認為「組織」是成員的職務（職位、任務）配置及權責（權限、責任）的適當分配或層級節制的體系，亦即藉由權力的運用，產生命令與服從的關係。謝恩（E. H. Schein）即傾向於此觀點的見解，認為「組織是為求達成某種共同目標，經由成員的分工及功能的分化，並利用不同層次的權力與職責，來協調群體的活動，以達成共同的目標（吳洋德譯，1973: 11）。」主張動態的（dynamic）觀點者，主要是從組織人員為達成組織目標所進行的交互行為來定義組織的意義，是機關人員在執行職務時分工合作的一種態勢，因此將組織看成一個活動體系，也是

組織功能的運作與發揮。巴納德（Chester I. Barnard, 1968）認為，「組織是二人以上有意的協調活動所形成的合作體系。」即屬此觀點的看法。主張心態（mentality）的觀點者，主要從組織成員的思想與情感交流及其所形塑的價值觀與精神來界定組織，懷特（L. D. White）認為，「組織是個人工作關係的組合，是人類所需求的人格聯合，而不是職務及權責等無生命物的堆積（吳挽瀾，1976: 4）。」主張生態（organic）的觀點者，主要從適應環境及自我調適的角度來闡釋組織，卡斯特及羅森威（F. E. Kast & J. E. Rosenzweig, 1974: 131）認為，「組織是一種與環境交換訊息能量與物質的開放系統」，即是將組織視為不斷適應外在環境變化而修正與調適的有機體。

　　上述四種觀點都構成組織的意涵，但拆開來又無法看出組織的全貌，因此，行政學者普遍主張宜採取統合的觀點，不但要兼顧靜態與動態，也應融合心態與生態（謝文全，1985: 24；黃昆輝，1988: 123；張潤書，2009: 111），此亦是現代系統理論者所持的立場。系統論者對組織所持之綜合立場，反映在對系統特性的描述，認為所有系統均具有下列七種特性：(1) 趨向於解組和凋零（tendency toward entropy）；(2) 生存於時空中（existence in time-space）；(3) 具有界線（boundaries）；(4) 具有環境（environment）；(5) 受內外變數之影響（variables and parameters）；(6) 具有動態交互作用的次級系統（dynamic interaction of functional subsystems），包括結構次級系統、技術次級系統、心理社會次級系統、目標價值次級系統及管理次級系統；(7) 具有超級系統（suprasystems）。其中，特性 (6)「具有動態交互作用的次級系統」即是持動態觀點的研究重點，其所屬次級系統則又分屬靜態、心態及動態觀者之主張，至其餘特性則為生態觀者之見解（謝文全，1985: 22，1978: 403-412；G. L. Immegart & F. J. Pilecki, 1973: 30）。系統論者主張之系統特性與組織四種觀點對照整理如表 2-1。

　　此外，社會學大師帕森思（Talcott Parsons）亦認為，組織必須解決下列四個問題，否則便不能稱之為組織：具有目標並能達成目標（goal-attainment）、能維持組織的型態（pattern-maintenance）、能協調成員行為成一整體（integration）、能適應環境（adaptation）（謝

表 2-1

系統特性與組織觀點對照表

系統特性	組織觀點	
具有動態交互作用的次級系統		
結構次級系統	靜態觀點（結構體系）	組織是一種職務配置及權責分配的體系或結構，涉及利益的衝突及權力的行使（政治性、結構性）。
心理社會次級系統	心態觀點（精神體系）	組織是由一群人的需要、意願、思想及情感等心理因素所交織而成的精神體系（心理性）。
技術次級系統 目標價值系統 管理次級系統	動態觀點（合作體系）	組織成員在互動下產生共同的價值觀及信念，相互間亦具有某種持續性的關係，並經由互動過程達成組織目標（文化性、社會性）。
趨向於解組和凋零 生存於時空中 具有界線 具有環境 受內外變數之影響 具有超級系統	生態觀點（有機體系）	視組織為一種有機體，觀察其與環境之間的一種關係（開放性）。

資料來源：作者自行整理

文全，1998: 176）。由於組織須不斷地依環境的變化而進行調整與適應，似乎難長久維持原始型態，因此，上述除「維持組織型態」之看法與統合派或生態觀點學者見解稍有異以外，其餘見解基本上與統合觀點近似。

近年來，國內學者對組織的研究亦採綜合性觀點，舉其要者如下：張潤書（2009: 113）認為：「組織乃一群人為了達成共同目的時，經由權責的分配、層級的結構所構成的一個完整的有機體，它是隨時代及

環境的改變而自謀調適與適應，同時人員之間建立了一種團體意識。」
謝文全（1998: 175）認為：「組織是人們為達成特定的共同目標，結
合而成的有機體，藉著『人員』及『結構』的適當配置與互動及對環境
的調適，來完成其任務。」從上述對組織的定義可知，組織亦具有心理
性、社會性、文化性、政治性、結構性及開放性等特性。

二、教育組織定義

上述係對組織的基本定義，至於教育組織，張德銳（2015: 218）
有較完整的界定，「教育組織是教育人員為達成發展與改進教育事業
的共同目的，結合而成的有機體，藉著『教育人員』及『教育結構』
的適當配置以及對教育環境的調適，來完成其任務。」黃昆輝（1988:
125）則進一步對教育行政組織加以界定：「教育行政組織乃是教育
行政人員的結構與行政運作的歷程。其透過階層體系之權責分配及運
用，經由機構目標與成員需求之交互作用，協調並統合人力與物力，並
不斷適應外在環境的需要，以達成發展與改進教育事業之共同目的。」

貳 組織類別及教育組織特性

一、組織類別

組織目的不同其適用的管理方式也不一樣，因此，建立分類標準有
其必要。學者對組織分類採行的基準不同，其分類的結果自然有異，實
務上可依需求選用適當的分類。綜合國內專家學者（黃昆輝，1988；
謝文全，1998；張潤書，2009；張德銳，2015）研究，本文歸納以下
分類向度：以主要功能分、以社會功能分、以主要受惠者分、以權力運
作方式分、以主客選擇權分，以下分別說明之。

（一）以主要功能分

蓋茲（D. Katz）及卡恩（R. L. Kahn）依組織的主要功能發展出
四種分類，包括生產性組織（productive organization）、管理性組織
（managerial organization）、維持性組織（maintenance organization）
及適應性組織（adaptive organization）。四種類型引申如下：「生產

性組織」指的是從事生產製造、交易買賣，並以追求利潤爲目的之組織，屬商業行爲或經濟活動，例如營利事業機構或企業。「管理性組織」指的是建立規章制度，進行資源的調控及人力的編配，以發揮最大效能爲目的之組織，屬行政作爲或政治活動，例如政府組織或公民營團體。「維持性組織」係指透過教學或傳授方式延續組織的文化與價值，以追求公共善爲目的之組織，屬公益行爲或利他活動，例如學校或教會。「適應性組織」則指爲因應環境變遷，必須不斷追求成長、帶動新知，以引領風潮爲目的之組織，屬創造行爲或社會活動，例如研究機構或學術團體。

（二）以社會功能分

帕森思（T. Parsons）認爲組織中之每一次級系統對社會都有其獨特功能，因此歸納出四種類型，包括生產的組織（organization oriented to economic production）、政治的組織（organization oriented to political goal）、整合的組織（integrative organization）及維持模式的組織（pattern-maintenance organization）。「生產的組織」是以經濟生產爲目標之組織，主要是從事經濟性或勞務性之生產，如公司或企業。「政治的組織」是以達成政治目標爲目的之組織，主要致力於資源及權力的統籌與編配，如中央部會或地方政府。「整合的組織」是以滿足民眾期望爲目標之組織，主要功能在協調衝突、化解紛爭進而促進合作，如政黨、法院或仲裁機構。「維持模式的組織」係以永續發展爲目標，致力於維持組織文化價值精神，如學校、教會或藝文機構。

（三）以主要受惠者分

布勞（P. M. Blau）與史考特（W. R. Scott）依組織的主要受惠者，區分爲互利組織（mutual-benefit organization）、服務組織（service organization）、企業組織（business organization）及公益組織（commonweal organization）四類。「互利組織」的主要受惠者爲機關全體成員，因此其成立的目的主要是爲維護並促進全體成員的利益，例如工商協會或政黨。「服務組織」係以該組織所服務的特定對象爲主要受惠者，例如學校（學生）或醫院（病人）。「企業組織」的主要受惠者爲

組織所有者或股東，其組織目標係以最小成本謀求最大利潤，例如公司或銀行。「公益組織」主要受惠者為整個社會民眾，目的在謀求全體民眾的利益，例如警察機關或消防機關。

（四）以權力運作方式分

艾齊厄尼（Amitai Etzioni）依長官對部屬權力運用方式及部屬不同程度的參與建立其組織分類標準，他將組織區分為強制性組織（coercive organization）、利酬性組織（remunerative organization）及規範性組織（normative organization）三種。「強制性組織」主要是透過威脅或壓迫等手段控制部屬，因此特別重視紀律與懲罰，如監獄、軍隊等，此種組織中，部屬對上級強制的權力容易產生疏遠的行為。「利酬性組織」主要是以功利或物質報賞的方式管理部屬，係以分紅或配股等方式激勵員工以提升組織績效，如金融企業、投顧公司等，此種組織中，部屬對上級的權力運用常會表現出計利的行為。「規範性組織」主要以榮譽或地位等象徵性方式管理部屬，藉由規範性措施以達成組織目標，如政黨、學校等，此種組織中，部屬對上級則抱持承諾與奉獻的態度。

（五）以主客選擇權分

卡爾遜（R. O. Carlson）分別以組織和顧客選擇權的有無將組織分為四類。「類型一」為組織和顧客都有選擇權，組織有權選擇其顧客，顧客亦有權選擇是否加入該組織，例如社福機構、私立學校、公立高中職及大專校院等。「類型二」為組織無法選擇顧客但顧客可以選擇組織，例如補習班及進修學校等。「類型三」為組織有權選擇顧客但顧客無權選擇組織，例如軍隊。「類型四」為組織與顧客皆無選擇權，例如屬義務教育之國民中小學，此類型之教育工作者應秉持有教無類的精神，不應有差別對待或抗拒的態度。上述四種分類中，要特別說明的是，類型一之公立高中職及大專校院，傳統聯考一試定終身的年代，主要以考試成績分發錄取學校，學校並無權選擇學生，而學生雖依其志願序選擇學校，但最終仍以考試成績為分發依據，嚴格講並無選擇學校的權力，似應歸屬於類型四，不過，隨著我國多元入學管道的暢通，學生

（顧客）實則可透過對自己有利的管道入學，大大提升其選擇所欲就讀的學校（組織）的權力，因此將其歸屬於類型一亦屬合宜。

二、教育組織特性

　　就教育組織而言，除了了解其意義與類別外，亦必須掌握其特性，以便能適當處理教育組織問題。一般而言，教育組織具有目標抽象、功能複雜、聯繫鬆散、易受外部控制等特性。若整合前述各分類觀點可進一步說明教育組織特性。就學校而言，從組織的主要功能及社會功能的分類觀點來看，是屬於維持組織；從受惠對象來看，屬於服務組織；從權力運作方式來看，屬於規範性組織；從主客選擇權來看，則分屬類型一（組織及顧客都有選擇權）、類型二（組織無選擇權而顧客有）及類型四（組織及顧客都無選擇權）。若再從教育行政機關而言，不管是中央教育部或地方政府教育局（處），從組織的主要功能及社會功能來看，係屬管理性組織或政治的組織；從受惠對象來看，係屬公益組織；從權力運作方式來看，兼具強制性（如義務教育）、利酬性（如獎補助款）及規範性（如記功嘉獎表揚）之組織特性；從主客選擇權來看，則屬類型一（組織及顧客都有選擇權），即中央或地方教育行政機關可依組織發展目標及業務屬性，甄選適合的人選，而顧客（成員）亦可就個人理想與抱負選擇適合發展的工作場域。

　　綜上，教育組織特性，在學校組織方面，具有維持性、服務性及規範性等特性，因此，學校教育工作者應善盡社會責任，傳承並延續組織價值與文化，秉持服務精神，建立明確規範與制度，並能有教無類（卡爾遜組織分類之類型二、四）及因材施教（卡爾遜組織分類之類型一）。在教育行政機關方面，具有管理性、政治性、公益性、強制性、利酬性及規範性，因此，教育行政人員於執行職務時，應透過制度的建立，統籌資源的調度及人力的分配，並能落實分層負責、權責相符，選拔優質人才以為國用，共謀全民福祉為目標。上述組織類別及教育組織特性如表 2-2 對照表。

表 2-2

組織類別及教育組織特性對照表

分類觀點	代表人物	組織類別	組織代表	教育組織特性
主要功能	蓋茲及卡恩	生產性組織 管理性組織	營利事業機構、企業 政府組織、公民營團體	管理性組織（教育行政機關）
		維持性組織 適應性組織	學校、教會 研究機構、學術團體	維持性組織（學校組織）
社會功能	帕森思	生產的組織 政治的組織	公司、企業 中央部會、地方政府	政治的組織（教育行政機關）
		整合的組織 維持的組織	政黨、法院或仲裁機構 學校、教會或藝文機構	維持的組織（學校組織）
主要受惠者	布勞與史考特	互利組織 服務組織 企業組織 公益組織	工商協會、政黨 學校、醫院 公司、銀行 警察機關、消防機關	服務組織（學校組織） 公益組織（教育行政機關）
權力運作方式	艾齊厄尼	強制性組織 利酬性組織 規範性組織	監獄、軍隊 金融企業、投顧公司 政黨、學校	強制性組織（教育行政機關） 利酬性組織（教育行政機關） 規範性組織（學校及教育行政機關）
主客選擇權	卡爾遜	組織顧客都有 組織無顧客有 組織有顧客無 組織顧客都無	社福機構、私立學校等 補習班、進修學校 軍隊 義務教育之國民中小學	類型一（學校及教育行政機關） 類型二（學校組織） 類型四（學校組織）

資料來源：作者自行整理

參 組織要素及教育組織目標

一、組織要素

　　從本文對組織及教育組織的探討即可知，組織係指眾人為達成共同的目標，藉由權責分配及層級分工所形成的有機體，而此有機體必須隨環境的改變不斷進行調整與適應。若再進一步分析，可知，構成組織的基本要件包括：組織是由眾人所構成、組織是結構化的團體、組織存在權力關係、訂有章則可供依循，以及具有願景目標。達夫特與史迪爾斯（Daft & Steers, 1986: 11-14）曾運用組織動態學的觀念，強調從動態環境中建構組織的要素。依據渠等分析，構成組織的要素包括六個層面：

（一）個人與團體（individuals and groups）

　　構成組織的基本單位是個人，而由個人所組成的組織單位則稱為團體，因此，個人與團體實乃構成組織的決定性要素。

（二）任務與技術（tasks and technology）

　　在組織的層級結構中，個別成員被賦予任務，而技術則代表整體組織所需要的知識、技術與能力，甚至包括儀器與設備等。

（三）組織設計（organization design）

　　管理者或領導者藉由結合組織的構成單元，重新建構組織，以便有效協調成員的行為與技術需求，進而發揮組織效能。此組織設計一般又指組織結構。

（四）管理（management）

　　管理是組織要素中的關鍵因素，主要負責指導與協調，藉由目標設定及策略研擬提供組織發展方向，並促使組織能有系統地正常運作。

（五）組織的程序（organizational processes）

　　係指組織運作的動態過程，包括領導、決策、權力與政治、溝通、評鑑乃至創新改變等，不僅賦予組織生命力，也決定組織運作的方式。

（六）外在環境（external environment）

　　組織的最後一項構成單元是外部的環境。組織是一系統，除了須獲得來自環境的資源，也必須對環境提供輸出，藉由對外在環境的要求做出回應與調適以達成組織發展目標。

　　上述六項組織構成要素，可從圖 2-1 進一步看出其組織動態情境模式。組織中「外在環境」要素，係指輸入雇員、資本、新科技及原始材料等，藉由提升團體效能及個人滿足，進而輸出組織目標。組織運作是否良好？輸入與輸出是否符合預期？最關鍵的便是當中的組織轉化過程。組織為一轉化系統，轉化過程需要「個人與團體」、「科技與任務」、「組織設計」、「管理」之間的交流互動，而此四項組織因素的交互作用便形成「組織程序」，它決定輸入如何有效轉化為輸出，也決定組織目標最後是否達成。組織與環境交互作用以及組織構成元素間彼此的交互作用，對照本文前述對組織定義之「生態觀點」，可知，組織實乃一開放的生態系統，其中，以組織個人行為研究為核心的，便屬微觀的組織理論；而以組織結構及制度的研究為核心的，則是屬於巨觀的組織理論（有關組織理論將於後面節次詳述）。

圖2-1

組織動態情境模式（Daft & Steers, 1986: 13）

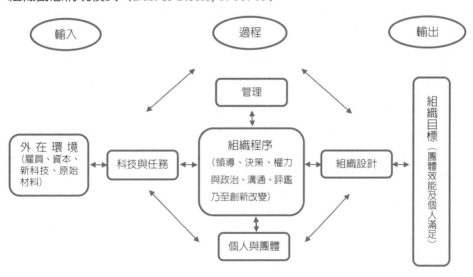

二、教育組織目標

從前述組織構成要素的探討可知，組織受到外在環境的影響，經由調整適應進而轉化內部運作程序，而此內部轉化的過程即決定組織能否達成目標。然而，所謂組織的目標，卻又因學者見解的不同而產生不同的看法。有人認為目標是用來調整組織在社會中的角色的一種標準；有人認為目標是促使組織活動的動力；亦有認為目標是組織特定的成就；乃至認為目標是組織所必須滿足的一套價值體系（Kast & Rosenzweig, 1974: 156）。一般而言，組織所欲達成的最後結果即是組織目標，此目標亦是組織成員所共同設定而努力的方向，但因為成員的動機並非全然一樣，因此，欲設定一能滿足共同願望的目標實非易事。再者，組織的性質不同，其目標亦有別，例如：政府組織與企業組織的目標即存在極大差異，前者為人民提供最大服務，以達成公眾需求為目標；後者則在於獲取最大的利潤，以創造組織最大盈餘為目標。雖如此，組織目標仍具有共同性，包括一致性、社會性、層次性、差異性、明確性及參與性等（張潤書，2009）。

從前揭組織類別及教育組織特性的探討可知，因為組織性質不同，其目標亦有所差異。企業組織的目標在營利；政治組織的目標在實現政治理想；服務型組織的目標在整合成員的願望；文教組織的目標則在維持與傳承。教育組織為社會系統之一環，惟其屬性特殊，尤其學校組織，其所服務的對象不僅參與組織中，也會影響組織的運作；教學場域上，教師須同時面對來自不同家庭背景與個人特質的學生，因此，教學活動比一般組織的運作更為複雜；教育組織中最基層也是最重要的教學活動，具有相當的專業自主性，以致造成部門或成員間的聯繫較為鬆散，因而不易建立組織共識；教學目標在培養學生人格發展、情意陶冶等，由於此等目標不易測量成效，致使教育組織在缺乏可靠的訊息回饋下，無法進一步評鑑及修正組織目標，凡此皆導致教育組織目標比起一般組織，不僅抽象且複雜。

第二節　教育行政組織發展歷程

 組織思想以及學派源流

一、組織思想

　　組織思想是組織運作的依據。教育行政組織是教育工作人員藉由一般行政學領域中有關組織理論的內涵基礎並加以運用，以促使教育工作之有效推展。教育行政組織的研究，有助於了解目前教育行政部門與學校組織運作的本質。教育工作不僅追求效率，也追求價值，前者有賴行政技巧，處理的是「如何」的議題；而後者則攸關哲學思維，處理的是「為何」的議題。由於教育工作是具有強烈價值導向的工作，而此工作價值的好壞問題，即屬哲學層次的問題，亦是組織思想的問題（吳清基，1995）。可知，教育組織思想是教育行政運作的重要依據，如欲對教育行政組織運作有完整的認識與了解，則必須對教育組織思想的演進及內涵作進一步的探究與分析。

　　早期教育行政組織思想受到科學管理學派的影響甚深，因為早期教育行政管理人員受到「人性本惡」的哲學觀影響，認為人性好逸惡勞，因此採取科學管理的方式訂定嚴格的法令規章，藉此規範從業人員的行為，重視的是組織的績效目標，無視個人的需求滿足。由於科學管理學派忽略個人的需求滿足，因而引起組織成員不滿，其後經由相關實驗發現，影響工作績效之因素中，成員內在心理因素占有關鍵地位，因此，主張「人性本善」的人際關係學派即受到重視。科學管理學派及人際關係學派猶如鐘擺兩個極端，過與不及都造成組織管理人員不安，因此乃有組織行為學派的興起，主張應重視正式組織與非正式組織的運作，兼顧組織目標與個人需求之滿足（吳清基，1995）。不管是科學管理學派、人際關係學派，抑或是組織行為學派，基本上都攸關人性看法及價值思維的差異，因此，探討教育行政組織，實有必要就組織思想的重要性先予認識與了解。

二、學派源流

組織理論係建基於諸如心理學、政治科學及社會學等各種不同學科的研究基礎上，組織的研究被視為一跨學科的研究領域（王如哲，1998）。教育行政組織思想及理論的發展，主要受到一般企業管理及公共行政的影響，而一般企業管理及公共行政的理論化，則是受到社會科學及行為科學發展的影響（黃昆輝，1988），因此，欲了解教育行政組織理論發展歷程，實有必要對其相關影響因素一併探究。一般企業管理及公共行政的理論化過程，可從卡斯特及羅森威所著之《組織與管理》一書進行說明（Kast & Rosenzweig, 1974: 52-126；張潤書，2009），該書將組織理論分為三個時期：傳統的組織理論時期、行為科學的組織理論時期、系統理論時期，本文即依此分期，藉以探討教育行政主要組織思想源流。

（一）傳統時期的組織理論（1900-1930）

傳統時期的組織理論又分為三個主要學派：

1. 科學管理學派

主要代表人物為泰勒（Taylor），注重基層工人的研究，著有《科學管理原理》，奠定其在科學管理學派的領導地位，被譽為科學管理運動之父。渠認為管理的目的在利用科學的原理原則，使組織成員的產出達到最高的限度。他特別重視達成組織目標的職務分析，工人就像一部機器，規律而有效地達到預定的目標。

2. 行政管理學派

主要代表人物為費堯（Fayol）及葛立克（Gulick），費堯主要以管理人員為研究的中心，著有《一般與企業管理》，渠提出著名的組織管理要素——計畫、組織、命令、協調及控制，進一步研析出 14 項管理原則。葛立克對於行政管理人員則提出三個重要的原理：分工、控制幅度（五至十人最有效）及職位同質，職位同質係依目的、過程、對象及地點，將同質的職位組合而成，以提高組織管理績效。

3. 官僚模型學派

主要代表人物為韋伯（Weber），其「科層體制理論」最廣為人知。

渠認為任何組織都有其共同的基本要素，包括：階層結構、功能專門化、規定的能力資格、檔案紀錄以及行為準則，這五個基本元素構成了一個理想而嚴謹的正式行政組織。尤其，對於組織成員的組織地位、職掌，均應詳細且明確加以規定，俾使其受到嚴格的管制。

　　綜上，傳統時期的組織理論思想特別關注工作的劃分、權力的分授以及職務的明細化，其著重科學管理，對學校組織和行政亦具有深遠和長久的影響，如強調效率、詳細嚴密的應用、一致的工作程序、周全的會計程序、績效計畫、能力本位計畫、目標管理等等，即是源自此時期的組織概念，但因忽視工作者個人的特異性格及工作中的社會動力，因此，此時期偏重於靜態的組織研究（如「組織結構理論」、「科層體制理論」）。值得一提的是，在傳統組織理論時期，福麗特（Mary Parker Follett）的獨特思想即對人際關係理論的發展提供特殊貢獻。福氏認為，不論地方或中央政府、商業組織、學校系統，即在建立並維持和諧的人際關係，渠修正了傳統組織理論中嚴苛的結構主義者的看法，對人際關係學派的發展提供有益的理論基礎。

（二）行為科學時期的組織理論（1930-1960）

　　行為科學時期的組織理論大致上又可分為兩個學派：

1. 人際關係學派

　　人際關係運動的發展，基本上是對科學管理思想的反動，其反對傳統組織理論所建構的「機械模式」，重視的是人際關係的價值，強調人際關係對組織發展的重要性。人際關係學派主要代表人物為梅堯（G. E. Mayo），渠利用系統性實徵資料以印證人際關係之論點，尤其在西方電氣公司霍桑廠從事一系列實驗研究至為有名。研究發現，人的變因是生產力最重要的決定因素，此即後來在社會科學研究文獻上相當著名的「霍桑實驗」，不僅奠定人際關係理論基礎，對人際關係論點之影響貢獻極大。此外，莫里諾（Jacob Moreno）認為在團體中有非正式的附屬團體，渠發展從組織成員中蒐集資料的技術，從而產生人類群體的非正式社會結構。貝爾斯（Robert Bales）則發展一種系統技術，以分析群體中個體交互作用的型態。勒溫（Kurt Lewin）所研究的組織行為，尤

其是群體作決定方面，深具創見，對後人幫助極大。

2. 組織行為學派

傳統科學管理學派注重組織的結構及科學的管理，較少研究組織中人的問題，也忽視了組織之社會關係的影響；人際關係學派則認為個人的動機、興趣以及發展的期望才是行政管理的核心，但過於重視人的問題，卻忽略了組織問題。組織行為學派的研究途徑鑒於上述兩學派的偏頗，而以統整的觀點來探討行政與管理的問題。組織行為學派研究的核心問題，即是正式組織的工作行為，主要代表人物巴納德、賽蒙（Herbert A. Simon）、羅斯伯格（Felix J. Roethlisberger）及艾齊厄尼，尤以巴納德及賽蒙兩人貢獻最大，以下即介紹此二人之理論思想。

巴納德是第一位將行政與行為科學加以關聯的人物，在其《行政主管的職能》（The Functions of the Executive）一書中，他提出增進正式組織和非正式組織相互了解的重要性。正式組織中，所有人員的努力均經協調，它總是有一個目的，即在協調並結合所有的努力；它總是有不可缺少之從事溝通的能力；它總是有個人意願的必要性；它總是兼具效能與效率以維持目的的統整與貢獻的持續。尤其最後一點可說是巴納德最重要的貢獻，他區別「效能」與「效率」兩個概念，「效能」指的是組織取向的，關注組織目標的達成；「效率」則是個人取向的，與組織成員個人的成就感有關，是首位將組織的成就與個人的滿足兩者加以關聯的學者，把科學管理時期強調的「組織成就」與人際關係學派注重的「個人滿足」統整在他的學說中。除了正式組織外，巴納德亦指出，在每個正式組織中亦有若干非正式組織的存在，而非正式組織的特徵即是組織中的人彼此接觸或交互作用，雖未受聯合目的的主導，但卻能改變人們的態度、看法及情緒，因此，巴納德認為非正式組織亦具有相當功能，不容忽視。研究組織行為，亦必須兼顧正式組織與非正式組織。

賽蒙被譽為行政決定理論的集大成者，渠以學術整合的觀點，闡述人類行為在行政歷程中的重要性。賽蒙承襲巴納德的觀點，對於科學管理學派重組織輕個人，以及人際關係學派過於強調個人而忽視組織都不以為然，因此，乃從組織效能及個人效率兩方面加以統整。效能是理想與實際產出的差距，是導向組織目的；效率則是投入與產出之間的差

距，是導向個人目的，其《行政行為》一書即在分析行政決定的行為，試圖發展一組概念以確當描述組織。行政決定除了在達成組織目標，也要能滿足個人的需求，因此，行政決定行為之分析，即成為組織行為研究的核心，其所建立之理性行為，如決定之合理性、有限理性等概念，對行政理論的建立貢獻極大。

綜上，行為科學時期的組織理論基本上又可分別從人際關係學派及組織行為學派加以探討。人際關係學派強調藉由人際因素處理組織事務，重視的是個人需求的滿足，其衍生之組織概念對當前教育行政措施亦有深遠影響，諸如工作士氣、團體動力、民主視導、需求滿足、動機增強等，即源自人際關係學派的重要主張，此種重視組織成員的思想與情感交流及其所形塑的價值觀與精神，大抵屬於組織心理學的研究範疇，偏重於心態的組織研究（如「需求層次理論」、「雙因子理論」）。至於組織行為學派則是企圖描述了解以及預測正式組織環境中人類行為的一門學科，除了重視人際關係面向的非正式層面，亦強調有效的行政管理也必須兼顧組織的需要和目的。若說科學管理學派強調目標導向，組織行為學派則是強調結果導向，此學派泛指組織人員為達成組織目標所進行的一種交互行為，是機關人員在執行職務時分工合作的一種態勢，注重溝通參與及協調合作等組織行為的分析，亦即以動態的觀點建立組織理論（如「順從理論」、「組織氣氛理論」）等。

（三）系統理論時期的組織理論（1960-）

傳統時期的組織理論以靜態的觀點來研究組織；行為科學時期的組織理論則從動態或心態（精神）的觀點研究組織，但兩者仍各有所偏，因此，1960年代以後，即有學者主張，除上述觀點外，也須注意組織與外在環境系統間的關係。此時期的主要代表人物，包括卡斯特（Fremont E. Kast）、羅森威（James E. Rosenzweig）、柏塔蘭非（Ludwig Von Bertalanffy）、李特里（Joseph A. Litterer）、葛佐爾斯（Jacob W. Getzels）以及顧巴（Egon G. Guba）等人。

系統論者認為，傳統封閉系統的組織理論認為組織和外在環境隔離，因此僅從內部結構和權責的正式關係探討組織，且將靜態平衡和

熵[1]的增加視為理所當然。但開放系統的組織理論則認為，組織能從外界接受各種輸入（input），然後加以轉換（transformation）後再進行輸出（output），在輸入和輸出過程中能抵銷熵的能量。開放系統的組織不僅影響環境、受環境影響，而且內部各次級系統彼此亦相互影響，最後再整合成完整體以適應環境。卡斯特與羅森威所著之《組織與管理》一書指出，組織系統包括五個次級系統：(1) 結構的次級系統：指組織中人員權責分配以及上下、平行關係的正式規定或指引；(2) 技術的次級系統：組織為達其目的，必須有效運用各種技術與知識以遂行其工作；(3) 心理社會的次級系統：是由個人之間、團體之間，以及個人與團體之間的交互行為所構成，包括個人的行為與動機、地位與角色的關係；(4) 目標與價值的次級系統：組織既然是一個開放系統，除了有其自身的目標要達成，也要能符合社會的需求，創造其存在的價值；(5) 管理的次級系統：其主要作用在整合、協調、設計及控制，貫穿整個組織。

　　根據柏塔蘭非的定義，「系統」即是組織的元素交互作用所形成的複合體。由於系統與其次級系統藉由交互作用進而對整體產生影響，因此，採用系統觀點以探討組織者，必須特別留意組織中各個次系統彼此間的關係。而在對系統進行探討時，有兩個基本概念必須掌握，即「界限」與「目的」。「界限」使系統能與其環境有所劃分，亦能過濾輸入與輸出之間的流動，惟若系統愈開放，其界限愈容易穿透；反之，若系統愈封閉，則界限愈不易穿透。而「目的」則是使系統中各種因素產生交互作用，系統需要從其外在環境輸入某些元素，經過系統內部交互作用後，也會將產品輸出到外在環境中，而這些輸出的產品即是所謂的目的。可知，系統理論的要義在於，唯有對各個次級系統作綜合性的分析，才能掌握複雜事件的相關因素，也才能得到較完整的了解並作妥適

---

[1] 熵（entropy）是熱力學的一函數，當總體的熵增加，其作功能力也下降，因此，熵的量度正是能量退化的指標。熵亦用於描述系統狀態的函數，計算系統的失序現象，即是計算該系統混亂的程度。在不同的學科中也引申出更為具體的定義，是各領域十分重要的參量。

處理。

　　從上述探討可知，組織爲因應外在環境的變化，往往須進行調整與適應，將來自外在環境的輸入因素轉變成內部輸出的組織目標，而此輸入與輸出能否進行順暢，其關鍵因素即是組織的轉化過程。換言之，組織透過外部適應與內部轉化所建構之一系列持續性穩定平衡關係，即代表組織調適順利，否則組織即崩潰，因此組織應視爲開放型系統，而非如傳統組織理論所視爲之封閉型系統，系統學者即根據此一觀點進行組織研究，從而建構更爲進步之組織理論。

　　綜上，系統理論時期的組織理論主要從適應環境及自我調適的角度來闡釋組織，卡斯特及羅森威（Kast & Rosenzweig, 1974: 131）認爲，「組織是一種與環境交換訊息能量與物質的開放系統」，即是將組織視爲不斷適應外在環境變化而修正與調適的有機體。影響所及，近年來有關組織理論的相關研究逐漸發展出新的趨勢，認爲組織中存在諸多變項，不同的情境可能需要不同的解決方式，傳統時期的組織理論與行爲科學時期的組織理論各有所偏，亦各有所長，很難有單一絕對的問題解決模式，而是端賴其特殊的情境因素而定，必須針對所涉及的各種不同的特定環境，而選擇不同的組織理論和管理方式，此時期偏重於生態的組織研究（如「社會系統理論」、「權變理論」等。

　　上述係探討影響教育行政發展之組織思想及相關學派源流，綜整而言，傳統時期的組織理論（或稱古典組織理論、科學管理時期組織理論），主要以泰勒、費堯、韋伯等行政學者爲代表；行爲科學時期的組織理論（包括人際關係時期及行爲科學時期，或稱組織行爲時期），主要以梅堯、馬斯洛（A. H. Maslow）、賀茲伯格（H. Herzberg）、巴納德、賽蒙、艾齊厄尼等行政學者及心理學家爲代表；系統理論時期則以卡斯特、羅森威、葛佐爾斯、顧巴等人爲代表。科學管理學派強調以科學的管理及嚴密的組織達成其組織目標；人際關係學派強調重視精神的、動態和諧的人際關係以滿足個人的需求；行爲科學學派則採整合的觀點，強調不但要提高效能達成組織目標，也要增進效率，滿足個人需求，唯有兼顧組織層面與個人層面，才能正確描述組織行爲（各分期論

點及代表人物如表 2-3）。現今行政學者已進入系統理論階段，強調組織的開放性，關注組織與環境間的關聯性，乃至系統內各次級系統的相互影響性，唯有權巧方便選擇性地利用不同種類的組織和管理方式，才能突破組織發展困境，可知，權變理論乃現今教育行政研究上相當受重視的發展趨勢，也是當前教育行政組織思想的主流。

表 2-3
影響教育行政組織理論發展之重要學派理論觀點對照表

	組織理論觀點	主要理論	代表人物	組織觀點
傳統時期的組織理論	1. 重視結構的、層級的 2. 分工明細化、工作標準化 3. 權責分配的體系 4. 法令規章的體系 5. 適當的控制幅度 6. 重視正式組織 7. 協調之體系	科層體制理論	泰勒 費堯 韋伯	靜態觀點
行為科學時期的組織理論	1. 心理、社會、交互行為體系 2. 平衡的體系 3. 提供合理決定的體系 4. 正視非正式組織的重要 5. 有影響力的體系 6. 溝通體系 7. 人格整合的體系	人群關係（霍桑）學派 需求層次理論學派 雙因子理論學派 XY 理論 動態平衡學派 組織氣氛理論	梅堯 馬斯洛 賀茲伯格 麥理格 巴納德 哈爾品與克羅夫特	心態觀點 動態觀點
系統理論時期的組織理論	1. 開放的體系 2. 內部具不同次級系統的體系 3. 具有界限性 4. 反饋系統 5. 反熵作用的系統 6. 系統交錯重疊的體系 7. 具有適應與維持的作用	系統理論（一般／社會） Z 理論 混沌理論 權變理論	卡斯特 羅森威 柏塔蘭非 葛佐爾斯 顧巴	生態觀點

資料來源：作者自行整理（僅做一粗略劃分，不宜視為絕對）

貳　教育組織理論類型概說

　　若希望對教育行政組織建構一完整的認知架構，回溯早期之組織研究實有必要。從上述探討可知，組織理論從傳統時期到行為科學時期再到系統理論時期，歷經多次的轉變與發展。根據羅德斯（Rhoades）研究，組織理論的轉變大致上包括幾個面向：自封閉的系統轉變為開放的系統；自制度系統的研究類型轉變為強調影響組織形成的政治與符號系統；自個別組織為研究焦點轉變為以大型組織社群與制度的新發展（Rhoades, 1992: 1884；王如哲，1998）。換言之，探討組織中個人行為態度與環境特質二者間的關係，已成為組織研究的一種新途徑。一般而言，心理學家較注重組織微觀的探討，而社會學家、政治學家及經濟學家則較重視巨觀的研究，組織研究如欲了解組織情境與個人行為態度之關係，則應能兼顧組織的巨觀層面與微觀層面為宜，因此，本文依序就巨觀的封閉系統組織理論、開放系統組織理論以及微觀組織理論中較常見者進行探討。

一、巨觀組織理論

　　組織係一多學科性的研究領域，因此，組織的研究即藉由各種學科觀點的應用建構不同的理論類型。組織理論所包含的研究類型，有屬於心理學的組織結構與個人人格契合程度之個案研究；也有屬於社會學方面針對某一特定組織的興衰之長期研究。以下即從封閉系統的研究觀點及開放系統的研究觀點兩方面探討巨觀組織理論。

（一）封閉系統的研究觀點

　　封閉系統研究專注於組織內部系統，假定組織是可經由內部的設計變得更有效率，由於著重描述與說明組織結構與特徵，諸如組織大小、複雜性、科層化、權威關係等，認為環境是穩定可以預測的，研究重點在於如何使組織內部事務有效運作。

1. 科層體制理論

　　科層體制（bureaucracy）是德國學者韋伯（Weber, 1947）所提出，韋伯從權威的觀點說明科層體制理想處，認為只要依此體制進行，組織

便能達到最理性的決定，並能發揮最高效率。韋伯認為，「權威」依歷史的演進可分為三個階段：傳統權威、魅力權威及法定權威。傳統權威主要是來自對傳統觀念或制度的信仰，因為具有崇高性，只能服從而不能違逆（如古代的天子或君王），不過此權威因具有威權色彩，因此易流於專制與獨裁。魅力權威係指特殊的人格特質，如品格高尚或才智高超，藉以吸引組織成員願意追隨（如早年強調的大人物論），正所謂的英雄造時勢，不過此權威易因英雄式或反現狀的情勢而使組織流於不穩定。法定權威則是指來自法令規章的賦權授予，成員係服從賦予此職務地位之法令而非個人，因為領導者依法行事，不能恣意妄為，不致有因人設事或人亡政息的現象，因此組織較穩定。韋伯認為三種權威中，以法定權威最合乎理性，因此決定以此作為科層體制採用的基礎。

科層體制至今仍廣被各種組織採用，教育組織亦深受此體制影響。以中央教育部為例，在層級結構方面，部長、次長（兩政次一常次）及各司處署長（八司六處三署）構成機關內的權力關係；若以學校組織為例，校長、主任及教師則構成校內權力階層。機關或組織內，其組織法及處務規程即明定每個層級成員的權力與任務，成員必須依法行事、探行專業分工、層級節制、建立檔案資料以及嚴守紀律等，即具濃厚的科層體制色彩。科層體制固然有其優點，不過若運用不當亦可能產生若干缺失，諸如墨守法令不知變通、缺乏創新流於僵化、徒具形式以及繁文縟節等，教育行政組織係以「人」為服務對象，教育行政人員尤須特別留意，掌握科層組織精神，適才適所依成員能力適度分工、適度進行工作輪調、建立溝通協調機制、控制管理幅度以及參與式管理等，俾降低科層體制所產生的弊端。

2. 社會系統理論

社會系統理論是社會心理學的基礎，它與社會心理學的許多理論具有密切關聯，關係最密切的是一般系統理論，社會系統理論可說是應用於「人類環境」的一般系統理論，係以「人的系統」作為理論的構成要素。葛佐爾斯與顧巴（Getzels & Guba, 1957）認為，在社會情境下，人的行為是受到個體心理獨特性及社會地位二者的影響。在社會系統裡，每個人的行為是受到社會實體的「社會層面」和「心理層面」兩個

層面所支配。社會層面稱爲「律則」層面，包括系統的結構特徵，其功能在於確保行爲符合社會規範，使得系統能對整個社會的運作有所助益，它是由三個互有關聯的元素所構成，即制度、角色與行爲期望。換言之，社會系統的律則層面係由社會制度所組成，社會制度是角色的獨特配置以顯示有別於其他制度，而每一角色則以其獨特的行爲期望而有別其他角色。至於在心理學方面稱爲「個殊」層面，係指系統內的人員之殊異的或個別的特徵，包括互有關聯的三項構成要素，即個人、人格與需求傾向。換言之，社會系統的個殊層面由個人所組成，個人係以其獨特的人格而顯示有別於其他個人，每一人格則以其獨特的需求傾向而與其他人格有所區別。總之，社會層面與心理層面影響社會系統的每一成員的行爲，如此，所有人際的交互作用均是行爲期望與需求傾向、角色與人格，以及制度與個人之間繼續不斷的動態交互作用。

　　社會系統理論在教育研究裡，廣泛地被用作概念架構。社會系統之概念架構可用於釐清組織裡角色衝突的類型範圍，當角色期望與人格需求傾向和組織目標一致時，則個人在組織裡將感到滿足；反之，將產生衝突。例如學校即屬一社會系統[2]，具有種種目標，每一目標蘊含順位不同的制度化角色，當教育目標在建構安全的學習環境、形塑優質的品格行爲等制度時，身爲教師，即被期望是校園安全守護者、品格教育的推動者與執行者，若學校所賦予的角色期望與教師個人的人格需求一致，教師將能發揮教學熱忱，達成學校所預期的目標，否則必然產生矛盾的行爲期望。另一方面，當教師集體採取新的行爲方式，該行爲方式進而影響學校對教師的行爲期望，則新的教師角色便被設定下來，經過若干時間，亦會形成校內新教學制度。可知，社會系統中制度（角色、期望）以及個人（人格、需求）會交互作用影響人員行爲，人員行爲也會反過來形塑新的制度（角色、期望）以及個人（人格、需求），此爲一動態性過程，在教育研究及其他組織的有關研究，正需要利用社會系

2　學校係屬社會系統，惟學校的任何措施，須隨時與社會發展需要相配合，以調適其發展策略與方向，具有一般有機體組織的成長特性，並非一成不變，因此，學校組織整體而言漸漸從封閉系統走向開放體系。

統的觀點予以深入探究人員行爲的改變。

(二)開放系統的研究觀點

　　大約在二十世紀中葉，組織理論開始強調環境對正式組織結構的影響。開放系統觀點認爲，組織必須與環境互動才能生存，它消耗環境的資源並對環境輸出成果，爲了適應環境，必須不斷革新與調整，此即開放系統的重要特徵，系統理論時期的組織理論即屬之，如一般系統理論、Z 理論、混沌理論及權變理論。

　　1. 一般系統理論

　　一般系統理論（簡稱系統理論）係對系統做一般性的論述與應用，主要代表人物爲柏塔蘭非。一般而言，系統包括二個基本概念：界限與目標。「界限」係指系統與其所處環境有所區隔，能將環境中的訊息過濾並輸入系統內，系統的界限若易穿透，則屬開放系統；反之，則爲封閉系統。「目標」則指系統內的各組成要素產生交互作用後能輸出環境。一般系統理論的論點是根據系統的特性衍生而來，謝文全綜合學者看法（謝文全，1998；Immegart & Pilecki, 1973；Lipham & Hoeh Jr., 1974），以系統的特性來論述系統理論的論點，包括：重視整體性及科際性、強調前瞻性與未來導向、重視行事的計畫性與系統性、強調產出或成果導向、重視反饋及自動調適、講求權變，亦即，系統理論的重點強調整體性、生態性及權變性。由於一般系統理論強調與外在環境的互動關係，因此屬開放系統的研究觀點，而社會系統理論認爲組織是由制度以及人交互作用而成的，著重於系統內成員行爲的變化，因此屬封閉系統研究觀點。

　　一般系統理論與科學的或實證主義的知識論相近，將社會現象看作是自然現象，依循自然法則運行，其目的在於爲系統中訊息與能源的運作，尋求可預測的恆常性模式。此理論主張，系統的資源自環境中投入，而系統的產品又產出到環境裡，系統一旦建立，即形成律則進而建立一致性通則。雖然理論具有整體性的觀點，但鮮少以社會現象的實證研究直接驗證理論的適用性，以致運用系統理論的概念架構來解釋複雜的教育組織時，常無法清晰地分辨系統中的各個因素。例如在學校組

織中，究應將校長、教師、教材、設備列爲投入項，抑或將知識、價值、金錢列爲投入項，即因爲定義不明確而難以分辨投入、構成要素及產出。雖如此，一般系統理論的整合觀點仍有助組織的了解與組織要素的解釋。

2. Z 理論

Z 理論與系統理論的精神相符，爲美國教授麥哥里（John E. Megley）針對 X 理論與 Y 理論的偏失所提出的綜合性管理哲學（有關 X 與 Y 理論，於後再述）。其要點如下（王德馨，1978）：

(1) 兼顧制度與人：如此才能使組織既有規範與紀律，又能符合人性的需要。

(2) 兼用激勵與懲罰：賞善罰惡才能養成明是非、辨善惡的觀念。

(3) 兼種生理與心理需要：員工在身心獲得滿足的情形下才能提高工作效率。

(4) 兼顧靜態、動態、心態與生態組織：因爲兼顧制度與人，因此重視靜態的組織結構及心態的需求滿足；另外，除了系統的動態運作外，也強調系統外部生態之環境。

可知，Z 理論將組織視爲一有機體，爲一必須和環境產生交互作用的社會系統，因此，應用在教育組織上，強調的是一具有全盤性、系統性、折衷性、權變性及生態性之現代化行政管理觀念。

3. 混沌理論

傳統封閉系統的組織理論僅從內部結構和權責的正式關係探討組織，且將靜態平衡和熵的增加視爲理所當然，混沌理論即是針對系統在此封閉環境下逐步邁向衰亡趨勢所造成之混沌現象進行探究的一種論述，因此，混沌理論（Chaos Theory）的基本觀點即認爲：我們生活在一個隨機變動與不確定的複雜世界中，所處的世界以快速變遷、令人困惑的，甚至是脫序、失控的現象爲其特徵。混沌理論認爲系統發展並非完全線性的，具動態複雜性，因此無法依一定的規則進行預測與控制。根據學者研究（謝文全，2012；秦夢群，2003；陳木金，2002；Gleick, 1987；Hayles, 1990），混沌現象具有蝴蝶效應、奇特吸引子、耗散結構及回饋機能等四個特性，以下簡要介紹：

(1) 蝴蝶效應

指的是見微知著及從小處著手，如「巴西的蝴蝶展翅，德州即颳颶風」。在教育行政上，教育人員應注重細微及隨機事件，掌握契機以解決問題，以免衍生難以收拾的局面。教育的對象是「人」，教育改革可以從小地方著手推動，有成效後再擴大實施，以免產生不可逆的後果。

(2) 奇特吸引子

指的是系統常隱藏一些陌生或未知的因素，會在因緣際會下吸引其他因素，出其不意產生巨大力量，進而影響系統的發展。在教育行政上，除了顯而易見的人事物要留意，也應該要注意潛在的因子，例如適時挖掘引導隱性人才使其有發展機會，也許渠等未來將成為帶領組織改變的契機。

(3) 耗散結構

指的是隨著組織內部能量的消耗，系統呈現出解構、凋零與鬆散的狀態，亦可能爆發突發狀況或危機，因而必須採取因應策略化解危機。在教育行政上，因為教育的對象具有獨特性及殊異性，因此，必須針對不同的個案或不同的情境採取權變領導及危機管理，才能有效化解問題。

(4) 回饋機能

指的是當系統處於蝴蝶效應、奇特吸引子或耗散結構時，藉由回饋機制的運用，才能隨時掌握系統狀態，適時進行調整以維持系統運作的平衡與穩定。在教育行政上，不管是教育行政機關或學校組織，藉由回饋系統的建立，有助於組織隨時掌握運作情形，並進行必要的調整。

4. 權變理論

權變理論主要以環境的不確定性與依賴性作為研究焦點，代表人物為費德勒（Fiedler）。此理論認為，領導是否有效取決於領導型式與情境是否相配合，亦即，不同的組織情境必須採取不同的領導型式，如此才能產生良好的組織成效。費德勒將領導分成兩種：工作導向和關係導向。工作導向重視工作任務，對工作績效要求較嚴格，依此形塑出來的組織類型近似於傳統科學管理時期的組織理論，重視的是工作效率及組織目標的達成。關係導向重視的是人際關係，對成員的需要與感受

比較注重，依此形塑出來的組織類型則近似於行為科學時期的人際關係學派。而領導情境則包括領導者與成員的關係、工作結構以及職權等三者，每種情境又可再細分為好壞、高低及強弱，共可組合成八種情境。可知，權變理論與前述混沌理論具有密切關係，皆屬非線性，組織發展亦難依循一定的規則進行預測與控制，而是應視情境脈絡的不同而採取權變的作法。

二、微觀組織理論

　　前述介紹了科層體制理論、社會系統理論、一般系統理論、Z 理論、混沌理論及權變理論等幾種主要的巨觀組織理論，以下則說明幾種主要的微觀組織理論。微觀組織理論係以組織個人行為研究為其核心，其研究主題、概念與理論屬於組織心理學的研究範疇。行為科學時期主張以科學方法研究組織人員的行為，藉以了解、解釋及預測成員的行為，進而領導組織的運作。以動機為例，最重要且最具代表性的組織理論學派包括人群關係學派、需求層次論學派、激勵保健論學派及 XY 理論學派，除此尚包括需求理論、目標設定理論、期望理論、公平理論、認知評價理論、增強理論等等，不過，本文僅舉當中較重要且為人知之理論說明並介紹。另，組織（動態）平衡理論因強調藉由非正式組織的功能或精神獎勵，激發成員的動機、滿足員工需求等方式改變成員的態度與行為，因此，一併於此處簡要說明；至於同樣攸關影響組織中成員的態度與行為之組織文化與組織氣候，則另立獨立篇幅探討。

（一）人群關係（霍桑試驗）學派

　　人群關係學派代表人物為梅堯、狄克遜（W. J. Dickson）、羅斯伯格，渠等於美國芝加哥附近之西方電器公司霍桑廠所進行之實驗研究，因此，人群關係學派又稱為霍桑試驗（Hawthorne experiment）學派。此學派的主要觀點為：(1) 人是社會人，影響人的生產積極性除了物質因素外，還有社會和心理因素；因此，應把工人視為社會人加以尊重而非機器人。(2) 生產效率的上升或下降，主要取決於員工的情緒（即士氣）；而士氣又取決於員工從家庭生活和社會生活中，所形成的態度

與企業組織內部的人群關係。(3) 組織中會產生「非正式組織」，它會影響組織目標的達成；因此，領導者要傾聽與溝通成員的意見，使組織的目標與非正式組織的社會需求取得平衡（俞文釗，1993）。

霍桑試驗目的在了解成員的組織行為，其研究發現社會與心理因素才是影響組織績效的主要原因。重視成員的心理需要、滿足成員的尊榮感，藉由激勵士氣以提升組織績效，開啟了行為科學時期的組織發展新方向。此學派思想在教育行政上，也影響行政學者及組織領導者對成員心理與社會關係的關注。

（二）需求層次理論

需求層次理論代表人物為馬斯洛，為著名之心理學家，對於組織與管理的研究，特別重視人員需求的滿足。馬斯洛（Maslow, 1970）認為，人類的需求是相關聯且有先後優先順序的，唯有先滿足低層次的需求，才能循階滿足高層次的需求，且當某一需求得到相當程度的滿足後，才會出現下一階的需求，需求與需求之間構成一階層體系。人類之所以有動機，即是源於需求，當需求獲得滿足後，動機即不復存在。馬斯洛所提出來的五種需求是：(1) 生理需求：維持生存所必須的基本需求，如飢、渴、性等；應用在教育行政組織上，是指組織應提供員工良好的工作環境及滿足基本薪資的需求。(2) 安全需求：包括身體安全需求、經濟安全需求及心理安全需求；應用在教育行政組織上，是指組織除了保障員工工作不受到威脅與剝奪外，也能提供成員參與或了解組織政策，以便消除不確定感所帶來的焦慮。(3) 愛與隸屬需求：是指隸屬於團體，能為組織所接受，包括同事間建立情誼、認同感、歸屬感；應用在教育行政組織上，組織應接納每位成員，並能營造和諧的組織氣氛。(4) 尊榮感需求：包括自尊（對自己的自信、自重與自主）與尊重（他人對自己的認可、賞識）；應用在教育行政組織上，是指組織應多讚賞員工的優點，肯定員工不同的特質與能力。(5) 自我實現的需求：是指充分展現自我才能，創造生命的高峰狀態，當自我愈能獲得實現，個人愈能創造最大的價值；應用在教育行政組織上，組織應提供具有挑戰性的工作，使員工能充分施展教育理念、實現教育理想。

上述五種需求，生理需求位於最下層，自我實現需求則位於最上層，謝文全（1998）認為，這些需求雖呈層級式排列，但層級間具有相互重疊的地方，因此，並非要等某一需求得到百分之百滿足後，上一層級的需求才會出現，往往是同時間內，部分需求滿足、部分需求不滿足，只是滿足的程度是由下往上逐層遞減。

（三）激勵保健（雙因子）理論

激勵保健理論主要代表人物為賀茲伯格，此理論認為影響工作滿意與不滿意的因素並不相同，影響工作滿意的因素稱為激勵因素，影響工作不滿意的因素稱為保健因素。若要提升員工的工作滿意度，則須提供激勵因素；若要降低員工的工作不滿意度，則要改善保健因素，激勵與保健分別為員工滿意與不滿意的兩個因子，因而此理論又稱為雙因子理論。

激勵因素包括成就感、受賞識感、工作本身、責任感及升遷等，因為可激發員工的工作意願，使員工產生自動自發的工作態度與精神，這些因素都直接與工作有關或隱含於工作之中，因此又稱為內在因素。工作上若具有這些因素，則會引起滿足感；若不具有這些因素，則未必會引起不滿足。保健因素包括組織的政策與管理、視導技巧、薪資、人際關係及工作環境等，因為這些因素與工作存在間接關係或外在於工作，因此又稱為外在因素。工作上若不具有這些因素，則會引起成員的不滿足感；但若具有這些因素，則未必會帶來滿足感（Herzberg, 1966）。換言之，激勵因素能在心理上產生激勵作用，而保健因素僅具有不讓工作水準下降的消極作用，並無法使成員發揮潛力。

激勵保健理論有其創新見解，惟其實證研究有支持者亦有否定者，謝文全（2012）歸納專家學者批評如下：忽略人的防衛機制、過度推論、研究樣本代表性不足。雖如此，應用在教育行政組織上，組織不僅要提供保健因素，使外在工作環境維持一定的水準，也要能增進激勵因素，才能滿足成員的需求、增強成員的動機，進而提高組織績效。

（四）XY 理論

XY 理論代表人物爲美國教授麥克葛瑞格（D. McGregor），主要從人性觀點探討組織管理問題（林錦勝譯，1969）。此理論認爲，管理人員對人性的假定不同，便產生不同的管理方式。X 理論代表傳統時期嚴格控制管理，對人性的假設是偏惡的，認爲人生性懶惰喜歡規避工作，對組織目標不關心且抗拒改革，缺乏進取心且不願意承擔責任，因此，根據此理論所導出的組織基本原則是：採取威權的方式以進行督導和控制。麥克葛瑞格認爲 X 理論「人性本惡」的看法並不正確，人之所以好逸惡勞，與組織的特性及管理策略不當有關，因此另提出 Y 理論。

Y 理論則假設人性是偏善的，生性勤勞且喜歡工作，不僅配合組織目標也能從中獲得自我實現，積極進取勇於任事，能協助組織解決問題，因此，其所導出的組織基本原則是：採取民主的管理方式，以協助代替指揮，以鼓勵代替控制。根據 Y 理論，麥克葛瑞格主張採用人性激發的管理，在這種管理方式下，個人與組織的目標可以相結合，不僅達成組織目標，也可達成個人目標，其所採取的管理原則與方法即是：民主領導、人人參與、積極溝通、滿足需要、潛能發揮及適當授權等（張潤書，2009）。應用在教育行政組織上，實施分權或授權制度、實施工作擴展計畫、分工不宜過細、准許基層承擔責任、實施參與管理及自我評鑑制度等。

上述 X 理論及 Y 理論各有所偏，X 理論著重制度，而 Y 理論則著重人：X 理論視人天性偷懶、不喜工作，故重懲罰之應用；Y 理論視人天性勤快、喜歡工作，故重激勵手段之應用；X 理論重視人類生理需要的滿足，故主張以高薪和良好工作環境來吸引人才；Y 理論重視人類心理需要的滿足，故主張以參與式管理和民主式領導來激勵員工；X 理論視組織爲靜態組織，故偏重組織結構之研究；Y 理論視組織爲心態組織，故偏重成員個人行爲之分析以及組織動態層面的研究。行爲科學時期的 XY 理論，到了系統理論時期，經 Z 理論加以調和兼顧，至此組織管理理論對人性乃有一全面且整合性的視野（有關 Z 理論，詳巨觀組織理論中開放系統研究觀點之介紹）。

（五）組織平衡理論

　　組織平衡理論（又稱動態平衡理論）代表人物為巴納德，此理論強調，組織效能的發揮有賴行政主管人員將組織目標和個人需要之間加以調和，以及將正式組織的功能和非正式組織的功能加以整合，俾維持組織平衡穩定狀態。巴納德著有《行政主管的職能》（*The Functions of the Executive*）及《組織與管理》（*Organization and Management*）等兩本管理學上的經典之作，其論點包括：(1) 組織是成員為達成共同目標所建立的互動體系：組織不是單純以人為內容，而是人群間互動的關係所組成的系統；(2) 有正式組織的地方就有非正式組織的存在：正式組織是有意的活動體系，而非正式組織則是一種無意的、不定型的及無結構的體系；(3) 行政應兼顧效能與效率：效能係指組織目標的達成，效率則指成員個人需求的滿足，只有效能和效率二者同時達成時，組織才能確保長期的生存和發展；(4) 精神的誘因或獎勵比物質有效：成員個人需求的滿足，對組織的生存發展有重大的影響。此外，組織要建立良好的溝通系統、命令是否具有權威係決定於受命者的接受程度、責任感係求之於成員的內心而非由外在制裁形成（張潤書，1999）。總之，巴納德組織平衡理論強調行政主管在組織中的功能在於維持組織處於均衡狀態，藉由非正式組織的功能或精神獎勵，激發成員的動機、滿足員工需求等方式改變成員的態度與行為，此著重強化動機與滿足需求之理論觀點可視為微觀組織理論之一部分。惟，組織平衡除了強調滿足成員需求與組織目標的內部平衡外，亦重視組織與環境的外部平衡，當組織內外環境發生變化時，原有平衡即被打破，需要根據變化建立新的平衡，此一動態組織平衡實現需要有系統和權變的觀念，可知，巴納德的組織理論實際上已超越行為科學的範疇，是現代組織理論中社會系統學派的創始人（吳復新，2004）。

三、組織氣候與組織文化理論

（一）組織氣候理論

　　組織氣候係指組織成員對其生存的環境所進行的主觀認知及察覺，是關於組織屬性的描述，而非整體的信念、價值觀，因此，組織氣候僅

是組織文化的一個組成部分。由於組織是由人員所構成，在個人與個人之間、團體之間以及個人與團體之間便產生交互作用，個人的行為與動機、地位與角色的關係，人員的情緒、價值觀念、態度及期望乃至外在環境，以及組織內部的結構、技術、工作等都會彼此產生影響，所有這些因素都將形成組織氣候，每個組織則有每個組織專屬的組織氣候（張潤書，2009）。組織氣候是組織內部環境相當持久的特質，此種特質是由組織成員交互反應所構成，不僅組織成員能充分感受到，也會影響組織成員的行為及組織績效。良好的組織氣候可使員工產生歸屬感而提高組織士氣；反之，則會形成疏離感而導致績效不彰。

組織氣候主要有三種架構：描述架構、需求─壓力架構及管理系統架構：

1. 描述架構

主要以哈爾品（A. W. Halpin）與克羅夫特（D. B. Croft）所編製的「組織氣候描述問卷」（OCDQ）為代表，為最早將組織氣候概念應用在教育組織。此架構主張，組織氣候是一種從開放型到封閉型所構成的連續體。學校組織氣候乃是校長行為層面和教師行為層面交互影響的結果，可歸納為六種不同程度的學校組織氣候，分別是開放型、自主型、控制型、親密型、管教型與封閉型，以此對校長和教師行為關係進行描述（謝文全，2012）。

2. 需求─壓力架構

由史騰（Stern）和史丹候（Steinhoff）所發展，認為組織成員的行為可視為個人心理需求與環境壓力兩層面交互影響的結果。環境壓力包括發展壓力和控制壓力，「發展壓力」會增強個人實現其心理成長的需要；「控制壓力」則會阻礙個人的表現及心理的滿足，組織在此二種環境壓力的動態交互作用下，交織成四種組織氣候：高發展高控制、高發展低控制、低發展高控制及低發展低控制，史騰及史丹候即據此發展出組織氣候指數量表（Organizational Climate Index）。上述高發展低控制因屬於開放型的組織氣候，對教育組織的發展較有幫助。

3. 管理系統架構

管理系統架構是探討組織氣候的另一種途徑，認為組織氣候即是組

織的內在特徵，組織的特性可從領導歷程、激勵力量、溝通歷程、交互影響歷程、決定歷程、目標訂定歷程、管制歷程及成就目標等八種功能加以測量描述。李克特（Likert）從組織內部的八種功能之不同程度的狀況，可以得到四種管理系統的型式：系統一（剝削－權威式）、系統二（仁慈－權威式）、系統三（商議式）及系統四（參與式）。因此，每個系統均可以用組織的氣候和領導的行為予以描述，亦即每種系統代表一種類型的組織氣候。管理系統架構不僅在描述組織的氣候及分析組織的變因，且試圖建立組織氣候與組織效能的關係（黃昆輝，1988）。

　　從上述關於組織氣候理論的探討，可知，組織氣候乃是 1960 年代以後行為管理學派研究的主題，其主旨在探究組織中成員的內在動機與外在顯現行為。至 1980 年後，管理學受到文化人類相關學科影響，而有「組織文化」（Organizational Culture）觀念提出，組織文化屬於宏觀的研究途徑，屬於長期性、綜合性組織管理型態的研究，在專家學者努力倡導下，有逐漸以組織文化取代組織氣候之傾向。

（二）組織文化理論

　　組織文化係指組織成員共享的一套價值系統和信念，以及由此價值系統和信念所形塑的行為規範與處事態度。前述組織平衡理論提到，組織面臨外在環境的衝擊以及內部成員的需求，必須不斷進行調整與適應。謝恩（Schein, 1985）即認為，組織文化的創造、發展或發現，係源自於組織為解決外部調適及內部整合所產生的需要。由於組織在調適與整合的過程中，組織成員會逐漸發展出一套約定俗成的基本規範或假說，組織成員的信念與知識經由社會化過程，再將其傳遞給新進人員，進而形成組織適應環境及凝聚成員共識的穩定力量，此即組織文化。

　　陳慧芬（1998）綜合各學者的論點，認為組織文化具以下功能：(1) 促進系統的穩定；(2) 提供意義的理解；(3) 增進成員的認同；(4) 劃定組織的界限；(5) 作為控制的機制；(6) 激發成員的投入；(7) 提升組織的表現。不同組織所面臨的內外在條件不一，因而形成風格迥異的組織文化。組織文化形成後，應藉由相關機制的建立以強化組織文化的生根

與落實。組織文化功能若能有效發揮，對組織績效將呈現正面作用，但不可忽略組織文化也會對組織產生負面影響，尤其面對外在環境快速變動時，固有的組織文化勢必無法適應，因此，組織文化亦可能產生阻礙變革、妨害發展、集體逃避、排斥交流等反功能。為解決此問題，可藉由建立學習型組織改變成員思考模式進而改變整體組織行為，以增進組織適應及變革的能力。

　　根據彼得‧聖吉（Peter Senge）的想法，「學習型組織」（learning organization）是一種為了創造共同願景而不斷學習與提升能力的組織。要成為一個學習型組織須具備五項修練，包括系統思考、自我超越、改善心智模式、建立共同願景以及團隊學習，此五項修練又可歸納成下列三項核心能力，分別是實現願景的能力、創造性交談的能力以及釐清動態複雜的能力（郭進隆、齊若蘭譯，2019）。組織理論學者鐵奇（Tichy, 1997）則進一步提出「教導型組織」，管理人員不僅要隨時學習，更要發揮教導的功能，親自傳授經驗、培育各階層領導人。教育行政機關一般而言較欠缺此種以組織領導者的心得與看法實際從事培育教育領導者，惟教導型組織的觀點似可提供教育行政（學校）組織形塑組織文化時參考借鏡。

 ## 第三節　教育行政組織結構理論

 ### 壹　教育行政組織結構

一、組織結構的重要性與組成

　　封閉系統研究專注於組織內部系統，假定組織是可經由內部的設計變得更有效率，由於著重描述與說明組織結構與特徵，諸如組織大小、複雜性、科層化、權威關係等，認為環境是穩定可以預測的，研究重點在於如何使組織內部事務有效運作。當前研究組織的學者們雖然對傳統時期的組織理論偏重於組織結構的探討有所批評，不過，不得不承

認組織結構確實存在，甚且認爲唯有組織結構的設置，才能表達出機關中許多重要變項之間的關係，如權威、責任、分工乃至與各部門之間相互依賴的關係（張潤書，2009）。卡斯特及羅森威認爲，每個組織系統乃由五個次級系統所構成（可參見本文表 2-1），而組織結構乃是組織系統中一個重要的次級系統，具有不可忽視的地位；且認爲機關組織的組織結構雖不能代表整個組織系統，但它卻是機關組織的最重要一部分，因它乃是機關組織的架構，唯有它才能顯示機關組織活動的功能及關係（Kast & Rosenzweig, 1974）。組織結構最大的優點是它可以決定成員的權威及其角色認知，一般常藉由組織圖來說明其層級節制的關係，因此，探討教育行政組織或組織理論，自然不能不強調組織結構。

　　組織結構係「機關組織各部門及各層級之間所建立的一種相互關係的模式」，組織結構通常是指正式的，可從兩方面說明（Kast & Rosenzweig, 1974；張潤書，2009）：(1) 指「正式關係及職責的一種模式，即機關組織的組織圖，加上工作說明書或職位說明書」；(2) 指「正式的法規、運作的政策、工作的程序、控制的過程、報酬的安排及其他引導成員行爲的設計」。麥克法蘭（McFarland）在其所著《管理：原則與實務》一書中，更提出五個具體而微的基本要素，包括：縱的層級、平行的單位及部門、職位的任務責任及義務、直線與幕僚單位、變態結構（即暫時性且非經常性的結構）等，渠亦提出四種組織結構型態：直線組織、幕僚結構、機能結構及委員會結構（張潤書，2009）。

　　綜上，組織結構的形成要素包括組織圖、職位、工作說明書、法令規章、權力關係的模式、溝通網絡及工作流程等正式方面的成分，也包括非正式方面的技術與社會及心理系統所產生的互動關係。由於組織結構存在於所有組織，因此，其類型與理論實有必要單獨抽出來說明。

二、組織結構類型

（一）正式組織結構

　　組織結構，一般可從正式化、專門化、標準化、權威階層、複雜性、集中化、專業化等層面說明。正式化係指關於組織中的書面文件數量，書面檔案文件一般反映組織的行爲與活動，因此透過計算組織的文

書檔案資料數量即可反映其正式化的程度。專門化是指組織細分工作項目的程度，愈是小範圍的工作任務，其專門化程度愈高。標準化是指類似的工作活動表現能趨於一致的程度。權威的階層則是指組織成員的從屬關係，以及每一位管理人員的控制幅度。複雜性則包括組織垂直層級的數量以及水平層級的數量。集中化係指當決策被保留在高層時，即代表組織集權化程度高。專業化即是指受過訓練與正式教育的程度，訓練期限愈長其專業化程度即愈高。我國中央教育行政機關（教育部）及地方教育行政機關（教育局或處）即具備上述正式組織結構的特性，藉由訂定目標、專業分工、層級節制、控制適當幅度、權責相稱、績效原則等交織成一健全組織。

（二）非正式組織結構

除了正式組織結構外，尚有一種非正式組織結構，係指未經正式規劃，卻存在於組織成員間的一種活動關係型態或模式。非正式組織結構常能發揮正式組織結構所無法達成的效能，且常對組織的政策執行產生潛在的影響，例如小團體的自發性發展，以及處理重要活動的一些非正式手段（張潤書，2009）。謝文全（2012）依成立目的，將非正式組織分為三類：「工作利益團體」，指追求工作上利益之非正式組織；「非工作利益團體」，指追求工作以外利益之非正式組織；「混合利益團體」，指既追求工作上的利益，也追求工作以外的利益。

傳統時期的組織理論集中於組織的正式結構關係，是靜態的、機械的結構系統；而行為科學時期以及系統理論時期的組織理論，例如人際關係學者著重的非正式關係，和混沌理論學派主張之組織耗散結構狀態，則較偏重於組織的非正式結構關係，其為一種動態的、有機的結構系統。不過，正式結構與非正式結構彼此交織於實際的組織中，無法截然分開（張潤書，2009）。

三、組織結構分化與整合

組織為達其目標，必須藉由適度的分化與整合。分化係基於工作的特性及人員的特性所進行的組織結構分工，包括平行分化與垂直分

化,前者係指橫向的部門與單位,而後者則指上下隸屬關係的階層體系。分化是組織結構分工的具體表現,但分化過細則易產生見樹不見林的缺失,因此必須再加以整合。組織在整合過程中,除了對分支目標的明確化、具體化、層級節制體系的應用、職位角色的清楚確認、上下內外意見的溝通,以及個人自我意識的控制外,還須靠組織成員的合作,尤其藉由領導、協調、溝通及監督等等途徑促使組織內部合作。當不同的結構分化與活動能在有效的途徑下加以整合,組織便獲得某些控制或影響其外在環境的工具,而個人則可以其有限的能力去求得超越個人的成就,因此,組織結構的整合對組織及個人皆產生正向的影響(張潤書,2009)。

四、組織結構相關理論

組織結構理論源自韋伯科層體制,其後不同的組織理論學家紛紛提出不同的組織結構觀點。組織結構理論依組織觀點的不同,可分為靜態的組織結構理論、動態的組織結構理論、心態的組織結構理論以及生態的結構理論。其中,靜態的組織結構理論如科層體制,認為所有組織的結構及運作,都具有普遍性的原則,組織中的權力分配如同金字塔般,每一層級的成員都受到上級長官的指揮與監督。然而,古典理論所主張的理性模式,也受到不同組織觀點的學者提出不同的看法,例如:順從理論即是從組織中權力的使用及部屬參與情形以區分組織結構類型者;而嘗試從組織的結構變項及功能變項之間的相互關係進行推論的,則有不證自明理論;認為古典理論所主張的理性模式在現實世界中幾乎不存在,主張組織結構及運作具有鬆散結合的情形者,則有鬆散結合理論;針對學校教育組織兼具鬆散與科層並存現象提出解釋者,則有雙重系統理論;乃至進一步描述教育組織中教學和行政之互動和競爭關係者,則有專業科層介面模式。有關科層體制理論前已述及,以下分別介紹組織結構的其他相關理論。

(一)順從理論

順從理論主要是從組織中權力的使用及其所導致部屬的參與程度

兩者間的關係探討組織性質及運作過程的一種理論，為艾齊厄尼所提出。艾齊厄尼特別強調，權力是一種交互的關係，也是一種交互的影響，認為組織間之所以不同，即是透過此種交互關係的性質予以區分。艾氏將權力區分為強制性、利酬性及規範性三種，而其所導致之三種不同程度的參與分別為道德型、計利型及疏遠型，依艾氏看法，三種不同權力與三種不同程度的參與彼此交互作用，便產生九種不同的順從類型，而實際上只能得到三種主要的組織類型：強制性組織、實利性組織及規範性組織（Etzioni, 1975；黃昆輝，1988）。可知，順從乃融合權力運用與成員心態的交互關係，艾氏對組織的分類，即是以成員順從的類型為基礎，強調部屬對上司權力運用所產生的心向類型。強制型權力運用生理壓力作為控制的工具、利酬型權力以物質資源作為控制的工具、規範型權力則以象徵性獎懲作為控制的工具，不同的權力運用產生不同程度的參與，因此，透過權力運用方式即可掌握組織類型。不管是道德型、計利型或疏遠型參與，基本上都含有部屬的情意與認知，每種參與心向也都融合部屬的動機與情感，因此，亦可依部屬的參與心向對組織進行分類。順從理論屬微觀組織理論範疇，若對照組織觀點，則接近於心態的組織結構觀點。

　　教育行政組織在本質上較屬於規範型的組織，因此，上司或主管應透過規範型權力的運用發揮影響力，以便獲得部屬道德型的參與，若採取強制型權力，恐會造成組織成員的抗拒與恐懼，亦將影響組織運作效能。

（二）不證自明理論

　　不證自明理論是由海格（Jerald Hage）所提出，海格將組織分為結構與功能兩個層面共八個變項，結構層面包括專業化、集權化、正式化和階層化四個變項，為組織的結構特徵，代表手段；功能層面包括適應、生產、效率和工作滿意等四個變項，為組織預懸的目標，代表目的。此手段與目的之間具雙向特性，即組織結構可影響組織目標的達成，而組織所形成的特定目的亦會限制組織的結構，且八個組織變項彼此之間相互關聯，互有影響。八個變項如下：(1) 專業化係指執行工作

所需要的專門知能，專業人員愈多或專門知能愈高，即代表組織專業化愈高；(2) 集權化係指組織成員參與決策的人數或程度，參與人數低或決策範圍小即代表集權化程度高；(3) 正式化係指組織對其工作職責及作業流程所作之規定，愈詳細明確即代表正式化程度高；(4) 階層化係指組織階層體系中的層級數目，數目愈多即代表階層化愈大；(5) 適應力係指組織面對環境變遷所作的反應，組織愈能做出改變即代表其適應力愈高；(6) 生產力係指組織以其產量及成長率反映組織效能，當效能愈高即代表生產力愈高；(7) 效率係指每一單位產出的最低成本，成本愈低即代表效率愈高；(8) 工作滿意可從員工轉職率及工作態度反映出，轉職率愈低態度愈佳即代表滿意度愈高（黃昆輝主譯，1985）。

　　上述組織結構是手段，目的在達成有利組織發展的目標，八個變項即構成組織不證自明理論的基本內容，海格並以此八個組織變項的交互關係為依據，描述「有機模式」和「機械模式」兩種極端典型組織的特性。有機組織特性為高度專業化、高度適應力、高度工作滿足，代表專業組織；機械組織則為高度集中化、高度正式化、高度階層化、高度生產力及高度效率，代表科層組織。由於海格假設此八個組織變項係在一個封閉系統中彼此聯繫存在，因此，不證自明理論似可歸屬於巨觀組織理論中封閉系統的研究觀點，亦屬動態的組織結構觀點。

　　學校組織即融合機械組織與有機組織兩種特性，教師代表專業組織，學校行政人員則代表科層組織，教育（或學校）行政人員唯有清楚掌握兩種組織特性之優缺點並加以規劃各項措施，才能既提升學校組織效能又能兼顧教師專業發展。

（三）鬆散結合理論

　　鬆散結合理論是由魏克（Weick）所提出。傳統組織理論受到韋伯科層體制理論影響，認為靜態的組成結構和動態的運作程序都是緊密結合的組織，而鬆散結合理論則是彌補科層體制理論之不足，認為組織並非完全緊密連結的結構，而是呈現一種鬆散的狀態，並稱此種沒有緊密連結的現象為鬆散結合。對教育行政組織的研究而言，傳統上係使用科層體制模式進行組織研究，而鬆散結合理論則是跨越此傳統，提供教育

組織研究不同的思維方向。

　　魏克所謂鬆散結合，指的是部門與成員間雖然共同結合成一個組織，但彼此卻是各自獨立存在，以學校組織為例，行政單位包括教務處、總務處、訓育與輔導以及其他處室，雖然共同構成學校組織，但彼此之間的聯繫並不嚴密。教學單位方面，班級與教師在編制上雖受命於校長，但教師基本上基於專業自主性，因此，與校長或行政單位間的關係常是處於鬆散狀態。魏克認為，鬆散結合的組織具有如下優點：(1) 系統中的每個部門可依其對環境的需要做最佳的調適；(2) 系統中某部門發生狀況，不會影響到其他部門的運作；(3) 系統中成員或團體具有較大自主空間；(4) 可節省組織中各部門之間溝通協調所需的資源（Weick, 1976）。然而，組織結構的鬆散連結優缺互見，各部門雖能自主適應環境的變遷，但卻會造成整體組織標準的低落，且部門對環境的反應若過度敏銳，容易產生一時興起，流於追趕時髦；其次，單一部門出現問題，雖不致影響整體組織運作，但各部門未能充分支援，改造的幅度局部有限，有時甚至難以回復正常功能；其三，鬆散結構較無法迅速有效將政令貫徹到組織中的每一部門，各部門雖有更多自主空間，但往往也要獨自面對並解決問題。魏克認為，在鬆散結合的組織中，領導者或行政人員必須不斷形塑組織願景與價值信念，藉由共同語言與規範來強化組織成員的連結，以引領成員共同邁向組織目標。

（四）雙重系統理論

　　自從魏克指出學校組織結構是一種鬆散結合系統後，陸續有不同學者針對學校組織特性提出釐清與補充的看法。雙重系統理論係由梅爾（Meyer）與羅旺（Rowan）以及歐文斯（Owens）等人所提，是對魏克鬆散結合系統的概念再加以釐清。梅爾與羅旺認為，教育組織在現代社會中逐漸朝向大型組織發展，基於對效率的要求，自然產生行政上的控制與監督，因此具有韋伯科層體制的管理色彩；然而學校組織中卻存在諸如魏克所提鬆散結合的事實。換言之，學校組織在教學系統方面具有鬆散結合的特性，而在行政系統則具有緊密結合的特性，此兩種不同特性的組織結構可同時並存於學校組織中。在教學系統，教師在教室中

所進行的教學活動被認爲須具有較高的專業自主性，行政人員無法對其
進行直接監督與控制，因此教師與行政人員的關係是微弱且鬆散的。例
如：教師雖受命於校長，但校長並不直接干預教師的教學，僅是透過相
關行政手段（課表安排、班級安排及教學資源的控制等）影響教師教
學；而在行政系統方面，校長和處室主管及行政同仁之間的督導關係則
較爲緊密，各處室也需要「科層體制」般有明確的規定，諸如對師資條
件的規定、入學標準、學科劃分以及其他相關典章制度，均是受到現代
科層體制影響所產生的結果。

（五）專業科層介面模式

　　學校組織運作，除了由行政人員所主導的行政系統，其背後隱含科
層體制的運作型態，講求法理規章及層級節制關係，尚有以教師爲核
心的教學專業系統，講求的是教學擁有自主決定權限，強調專業自主權
的維護。行政部門與教師團體在特定領域內分別享有不同的合法性決定
權，因此，從學校組織內的權力運用範圍亦可提供學校組織運作的詮
釋觀點。韓申（Mark Hanson, 1996）的「專業科層介面」模式即可用
來解釋行政人員與教師團體之間的權力分配與控制，此模式以「作決
定」（decision making）和「管轄」（governance）在行政人員和教師
團體之間流動的情形，形成一種「互動領域模式」（interactive spheres
model），作決定和管轄同時存在於行政領域及教學領域，兩個領域重
疊處則產生競爭，可說此模式是對魏克鬆散結合理論的再詮釋，希望對
教育組織中，行政系統與教學系統的互動及衝突，提供進一步描述。

　　「互動領域模式」顯示，就環境而言，行政人員所處的是科層理性
環境，而教師團體則是專業的彈性環境；以決定的範圍而言，行政人
員常以學校全體爲考量對象，而教師以教室內的決定爲限；以自主性來
說，行政人員依照法令規章來決定相關事務，而教師卻擁有隨手可得的
教學自主權；就權威和權力來區分，行政人員因爲較受限於法令規章，
所彰顯的是權威色彩，而教師則因教學自主性大，在教學的權力或影響
力則相對明顯；就次級聯盟而言，兩方各有其目標而結合成正式或非正
式團體。至於兩者競爭領域部分，則通常透過協商、衝突解決和形成混

合的次級結盟以獲取雙方皆認可的目標（陳幸仁，2007）。韓申認為，學校行政人員在處理行政事務方面受到科層體制的影響比較大，權力的分配呈現階層式態樣，而在權力的自主性上，則受制於法令規章；至於教師團體，由於擁有較高專業自主權，可不受行政約束自行決定教學歷程。

行政與教學二領域看似各自獨立，但卻又存在相互依存關係，教學要能順利進行，有賴行政提供支持性系統；而行政的推動，也須仰賴教師團體的配合才能竟其功。不同於以往的組織結構理論，韓申的「專業科層介面」模式既從靜態的理性系統概念來解釋學校行政人員的影響領域，也從動態的社會政治系統描述教師的影響領域，尤其行政領域及教學領域兩者重疊之間的行動與衝突，則更能彰顯學校組織的真實狀況。

貳 學校組織科層結構性質

一、教育組織具有獨特性

教育（含學校）行政組織研究受到各種不同觀點影響，從靜態的階層體制與權責分配而言，有組織結構理論，如韋伯的科層體制理論及艾齊厄尼的順從理論，此二者從「權威」與「權力」的概念，探討上司與部屬之間的互動關係，俾有效達成組織目標，尤其韋伯的科層體制理論，不僅代表組織研究的正統思想，而且對於組織生命的了解亦具有相當的影響力。從動態的成員交互作用而言，有組織歷程理論，如巴納德的動態平衡理論及賀茲伯格的雙因子理論，此二者皆強調成員之所以願意為組織貢獻心力乃是因為組織能給予他各種滿足，組織的生存、發展有賴於確保貢獻和滿足的平衡。從心態的組織成員情感交流及其所形塑的價值觀而言，有需求層次理論與組織氣候理論，此二者皆強調組織成員的行為可視為個人心理需求與環境壓力兩層面交互作用的結果。從生態的因應外在環境變遷與發展而言，有柏塔蘭非的一般系統理論及葛佐爾斯與顧巴的社會系統理論，此二理論乃強調，除了組織內部交流外，更應該重視外部環境的變遷與影響，以使組織能順利發展。教育（含學校）行政組織雖受到各種不同組織觀點影響，然而教育行政組織

畢竟有異於一般行政組織，有其獨特性，因此，在分析與探討時，仍須兼顧其特殊性，鬆散結合理論、雙重系統理論、專業科層介面模式等，即來自教育組織的研究，屬教育組織的獨特理論。

　　綜合本章各節次探討可知，教育組織具有獨特的理論與運作模式，除了科層原則也同時擁有專業原則，科層的紀律與專業的知能乃是適應不確定性的兩種變通方法。科層紀律可縮小不確定性的範圍，而專業知能則可用來應付組織發展的不確定性，此兩種模式往往交互運用以處理問題。教育組織除了科層體制及專業化導向，其運作過程亦牽涉到許多複雜的思想、觀念、環境變遷等議題，必須不斷調整與適應，因此，教育組織的研究實應朝整合模式發展，方能精準描述、解釋及預測教育組織生態。

二、學校組織研究整合模式

　　學校本身即是一個小型的社會系統，是由教師、學生及行政人員所組成的一個複雜的組織，其目標在達成預期之學校教育目的及應有之教育產出水準。教師致力於教學方法的實踐、學生務求於知識技能的提升，行政人員則扮演服務的角色，協助師生間「教」與「學」的進行，俾使學校組織結構運作能獲得更好的發展及組織目標能獲得最大的實現（吳清基，1995）。

　　霍伊（Hoy）與米斯基沃（Miskel）以系統理論為基礎，提出學校的社會系統整合模式（model of synthesis）。根據學校的社會系統模式，組織行為至少受到三組重要的組成單元的影響，即科層體制的期望、非正式的規範與價值，以及個人的需要與動機（Hoy & Miskel, 1991；王如哲，1998）。換言之，霍伊和米斯基沃將學校視為一開放系統，在系統中包含強調科層體制的「結構性系統」、權力運作的「政治系統」、價值信念的「文化系統」，以及增強與激勵的「個人系統」。此四種系統貫穿於學校的「行政」、「教學」與「學習」的運作，形成學校組織運作歷程，並與學校組織輸入及輸出兩個系統連結，即從環境輸入資源，經內部運作機制運作後，再將目標輸出環境，構成學校社會系統的架構。

　　從結構性系統而言，學校乃是一科層制度的正式組織，在此組織中，行政人員、教師與學生間之角色及其職責各有不同，尤其行政人員之權責職守，更有合理分工及規章和分層負責明細可資憑依。從政治系統而言，學校亦屬具有社會政治色彩的政府組織，是政府用以表達社會政策的運作工具，因此，學校為開放性組織，須與社會發展需要相配合，具有一般有機體組織的成長特性（吳清基，1995）。從文化系統而言，學校成員所共享的價值與意義體系會形成學校的特殊文化，包括物質文化（教學設施、物質條件）、制度文化（學生守則、教職員工作規定）及精神文化（思想觀念、價值判斷），藉由文化的形塑可激起教職員工生的認同與向心力，形成有別於其他組織的組織特質。從個人系統而言，組織乃是由個人所組成，其目的在完成特定目標，惟教育（學校）組織目標不易具體化及明確化，且學生個別差異大，因此，組織行為不僅難以評鑑且改革成效亦緩慢（謝文全，1998）。

　　綜上所述，學校組織在運作上具有四方面意義：在靜態方面，它是由教師學生及行政人員所共同組合而成的體系，揉合科層化與專業化，彼此角色不同、職權分明、目標亦有別；在動態方面，三種角色交互作用，各部門亦協調合作共同完成組織目標的實現；在心態方面，強調組織學習及個人專業進修，滿足組織成員的成長與需求，亦有助於組織效能的提高；在生態方面，學校組織必須不斷自我調適發展，以因應環境的變化與社區的需求，使能充分表現出學校組織的有機特質。

第四節　教育行政組織議題與發展趨勢

壹　教育組織的危機與趨勢管理

一、組織構面設計不當易生風險

　　組織結構往往因「專業化」、「正式化」、「集權程度」及「整合機制」等構面設計上的不同而呈現出不同的結構形式，一般可依其機能

性區分為機械式組織結構以及有機式組織結構。傳統固定而靜態的組織結構乃是一種機械的結構系統，偏向於固定、嚴密、制式化，強調依法行政，重視主管的指揮監督，層級分明，採取高度正式化方式，強調規章與標準作業程序，在整合機制上係透過職權層級進行溝通協調。相對於機械式結構，有機式結構則較有彈性，且在職務與角色上有較大的變動性，由於主管人數較少，在垂直分化上偏向扁平式，重視組織成員專業技能，採取應變調整的方式以適應變遷中環境的需要，因此規章與程序並非一成不變，在整合機制上需要複雜的團隊或整合能力，並透過水平式進行溝通協調。可知，機械式結構是偏向集權化的，效率高但彈性低；有機式結構強調提升組織彈性而非著重效率的追求，需要的是一動態的、變動的組織結構。有機式組織結構及機械式組織結構代表一連續體的兩個極端，有機的組織系統雖較能因應環境變遷，但並非所有組織都能實行（張潤書，2009）。教育行政組織雖深受科層體制影響，卻非純然機械式組織，也非有機式組織，若組織構面設計過於朝機械化組織發展，不僅無法適應多元時代下環境變遷及社會需求，也容易陷入組織發展危機。

二、多元變異情境中的危機管理

（一）組織設計的權變理論

　　權變理論主張，應視情境脈絡的不同而採取權變的作法，若組織要產出高水準的產物或提供高水準的服務，此種組織在形式上似乎需要科層制度的型態；但若組織要能適應迅速和不預期的改變，則組織需要更多專家的努力以及更少科層結構作法去適應它。可知，若在一可預見的環境下去行使例行固定的工作，則可運用傳統組織理論的高度正式科層化的組織結構；但若組織被期待以處理改變環境的緊急問題時，則可藉強調集體工作、分工合作、共同參與以達到預期的目的（吳清基，1995）。換言之，從權變理論的觀點而言，組織的生存與發展是一個內部整合與外部適應的過程，當組織設計配適其內外部情境，諸如組織規模、生命週期、環境、策略、生產科技等，則組織生產效能愈高。

（二）權變理論化危機為轉機

　　當組織處創生階段，通常需要集權、低正式化及簡單整合的結構，以彈性因應許多生存危機；處於成長階段通常會維持非正式的組織結構，持續創新，員工高度的承諾與投入；隨著組織規模逐漸擴大，需要更複雜的專業分工、部分分權、正式化的組織結構與規章制度；當組織規模更龐大，任務與任務間、次級單位間的溝通協調，以及所面臨的問題更加複雜時，則須隨內外部環境的變化而不斷進行組織變革與更新，以確保組織能持續成長（楊仁壽、卓秀足，2017）。從組織成長與發展過程中所經歷的各個階段，不同階段須配合不同的結構設計，採用權變理論觀點，使組織在多元變異的情境中能化危機為轉機。

貳　教育組織的衝突與趨勢管理

一、教育組織發展過程充滿衝突

　　造成組織衝突的原因複雜，謝文全（2012）將之歸納為表層、深層與根層等三層原因。表層原因包括目標不一致、職權不明確、角色衝突、權力不平衡、酬賞不公平、溝通失敗或不良，以及次級文化矛盾等。深層原因包括利益衝突、認知歧異、情緒干擾。根層原因包括工作互依性以及資源有限性。至於學校組織，則須再面臨科層化與專業化間的衝突。

　　學校係一專業性教學組織，惟學校行政運作逐漸朝科層化發展。德國社會學大師韋伯指出，一個社會組織的運作，若想獲致高度的行政效率，則必須強調其科層體制的組織結構。教育組織既為一種複雜的社會組織，自不免受到晚近社會組織科層化發展趨勢的影響，致表現出多方面科層體制的特徵。比德威（C. E. Bidwell）認為，社會寄望學校提供齊一水準的教育產出，將是促使學校導致科層化的主力因素。布魯貝克（D. L. Brubaker）及尼爾遜（R. H. Nelson）則認為學校組織科層化有三個原因：(1) 科層組織可提供學校法令規章，作為教務訓導施行的依據；(2) 科層組織的階層體制將劃分學校權力與責任的明確界限，促使學校教育措施職責分明，各自分層負責，以健全學校行政體系；(3)

科層組織將釐定確切的學校教育目標，俾供學校教育發展的指導。再者，受到社會變遷及科技發展的影響，促使教育組織必須重新調適扮演新的社會角色功能，而此教育組織發展之趨勢，亦將促使學校本身逐漸走上科層化體制之重要原因（C. E. Bidwell, 1965；D. L. Brubaker & R. H. Nelson, 1974；吳清基，1995）。

二、科層化與專業化的衝突管理

（一）學校兼具科層與專業精神

　　學校組織具有兩種顯著的特徵，即行政的科層化與教學的專業化。目前的學校組織即是高度發展了的科層體制，其表現出許多科層體制的特性，尤其在行政部門部分，科層模式已為大部分學校行政人員所採用。行政科層化的結果，凡事「依法行政」，所有行政措施係依制度化的成規辦理，較不受人情關說或特定人員權力的影響。至於教學專業化，係指教師除了須具備教學的系統知識，其所受養成教育的時間亦漸加長，且須不斷接受在職訓練，須具備豐富的學科知識及教學知能。

（二）行政扮演支持教學的角色

　　學校組織的科層化及教學工作的專業化雖兩個平行的發展趨勢，惟二者之間確有相互衝突之處。在科層體制中，任何決定均須依制度的成規，隨權威階層逐級而上，重要行政事務最後由校長決定；在專業系統中，有關教學事項或教學問題的處理，則須交由教師作最後的決定。科層化與專業化的分途常導致行政人員與教師之間的衝突，惟此二者之衝突，目前已有初步的調和理念，即：教學是學校組織的最內圈，屬技術層級，教師具較高的專業，因此，行政人員或校長應提供教師參與的機會，並尊重其意見。質言之，行政支援教學，教師支持行政，共同朝組織目標努力，方可將此潛在的衝突化解於無形。

（三）解決教育組織衝突的方式

　　教育組織對象是人，所面對的情境極其複雜，不可避免會產生衝突。衝突一般而言較屬負面觀感，不過，衝突亦能發揮正向功能。湯瑪斯（Thomas）從「合作性」及「堅持性」兩個向度提出組織面臨衝突

時的五種處理方式。「合作性」係指願意與對方配合以滿足對方之程度；「堅持性」則是堅持自己立場以滿足自己的程度，依此「雙向度應付衝突模式」即開展出競爭（高堅持低合作）、退避（低堅持低合作）、順應（低堅持高合作）、妥協（中堅持中合作）、統合（高堅持高合作）等五種衝突處理方式。五種方式各有其適用時機，需視時間急迫性、雙方實力差距、事件本身對錯及成本效益等因素進行綜合性評估與考量（謝文全，2012）。

參 教育組織的變革與趨勢管理

一、封閉系統難發揮效能及應變

　　傳統封閉系統組織理論偏向內部結構和權責正式關係之探討，忽略環境因素的影響，致組織無法因應環境的變遷而進行適度調整與轉型。現代組織理論已朝系統論觀點發展，認為探討組織理論，除了靜態的組織結構，也要能兼顧動態的交互作用、心態的需求滿足及生態的環境變遷。組織因環境的刺激而進行活化與改變，分化程度亦日趨提高，形成了組織的新型態，然封閉系統下的組織因為熵作用的影響，將使組織朝向自我解體而崩壞，不僅降低組織效能，也因組織長久處於封閉狀態無法及時回應外界變化而顯得僵化。組織變革即是為達成組織發展目標、為因應組織生命週期發展及環境變遷需要，所進行之漸進式或革命式的改變，當運作過程與期待不符時，便會發起變革力量將組織調整至新的平衡狀態，由此觀之，組織即是處於一種動態平衡的狀態。教育行政組織屬開放性的社會系統，不僅處理組織中「人」的問題，也必須觀照環境中各種可能的影響因素，尤其，隨著外在環境持續且快速變化，既有的組織編制與運作模式是否能符應這些變化所帶來的新課題與新挑戰，正可用以檢視政府機關能否落實預定的教育政策與目標。一般而言，組織面臨外在挑戰時，往往會歷經調整與適應的階段，面對變革時亦會產生抗拒現象，從組織層次方面，多為結構慣性與體制壓力、組織文化、組織認同，以及過去成功的包袱；而在個人層次方面，則是來自誤解、缺乏信任、利益衝突、不確定感，以及習慣（楊仁壽、卓秀

足，2017）。組織如欲提升效能，可進行適度改造，而組織變革要能有效管理，必須掌握關鍵因素，才能有助於組織的轉型與重構。

二、組織轉型與重構的變革管理

（一）組織改造可提升效能與競爭

　　從組織發展過程而言，組織變革係指組織從現在的狀態轉變到未來期望的狀態，藉由轉型或重構，以增進其效能及競爭力的過程。組織變革原因，一方面來自其為達成設定的目標或理想狀態，另方面則來自發展歷程中，因本身發展階段不同及所處外在環境的演變而發生改變。組織為因應外在環境的改變，必須適度調整其規模，當從創生的小規模成長為大規模時，組織結構通常會從低正式化逐漸改變為較高的正式化，也會新設部門與單位，進而改變組織的垂直與水平分化。例如：為改造政府體質，提升整體行政效能，行政院於民國 101 年正式實施院組織改造方案，教育部亦於 102 年完成組織重構，將原 30 個一級單位整併成 15 個，並整合全國體育、青年輔導等相關工作，於教育部下成立「國民及學前教育署」、「體育署」及「青年發展署」等三個三級機關，以因應社會環境變遷、國際情勢轉變及人民期待。可知，教育行政組織改造，即透過對教育部整體及各層面的重新思考與檢視所進行之結構及運作等各層面的改善或重新設計，用以適用環境並提升整體行政運作效能之一種手段或方式。

（二）重塑組織之核心價值與文化

　　有學者認為，影響員工個人與組織績效的因素包括「轉型」與「交換」。「轉型因素」是組織為了因應外部環境而需要改變的因素，如願景、文化、策略；「交換因素」則是組織為了改善效率與效能而需改變的因素，如組織結構、管理與領導作為、系統等，這兩類因素間是相互影響的（W. W. Burke & G. H. Litwin, 1992；楊仁壽、卓秀足，2017）。組織改造是強化政府體質之變革趨勢，除了組織結構的調整，還必須塑造組織核心價值與文化。尤其，面對知識經濟、全球化及資訊化時代來臨，為增進國家競爭力，除了健全組織運作結構與流

程，**關鍵重點在於組織核心價值與文化**。核心價值是一個組織恆常的信念，在變革過程中，若屬核心價值就不應輕易變更；若不是核心價值，則可隨環境變遷與時俱進。至於文化則是組織成員共有的規範、價值信念及基本假定。在組織文化的三個層次中，表層的人爲飾物與不成文的規範較易改變，深層的價值觀與基本假定則較難改變，因爲前者外顯，容易管理，而後者內隱，不易察覺（楊仁壽、卓秀足，2017）。教育行政組織係從事教育工作之行政組織，因此，教育組織的核心價值與理念思維決定著組織是否能成功改造，否則，空有硬體卻缺少軟體，組織改造仍不算成功，而軟體即有賴組織成員的價值信念與素質。可知，調整教育人員行爲及心理層面，使之具備正確的價值觀及倫理觀，進而形塑優質之組織文化，亦是提升教育行政組織效能的重要方式。

（三）發揮鯰魚效應刺激組織變革

組織發展均會歷經幾個過程，包括新興、成長、成熟、退化等生命週期，當組織在邁入成熟期之後，往往需要異質性思考以刺激組織活絡，因此，引用外來人力，會讓原本穩定的組織生態產生激烈競爭，管理學上稱此種被外來物種激活的現象爲鯰魚效應[3]。管理者若想刺激一個停滯的組織，與其改變工作目標或調整 KPI，不如爲組織尋找合適的刺激，例如在生態系裡放入一條精挑細選的鯰魚，才能眞正達到釜底抽薪的效果。換言之，爲了不讓組織停滯，領導者或管理人員必須持續引入優質的異種人才，不斷刺激才能加速質變，組織才有可能在新賽局中扮演顛覆者角色，而不至讓組織成爲一灘死水（林之晨，2022）。鯰魚效應是組織進行變革時，常用的方法之一，因此，組織若能善加運用，將能帶動組織進行變革。不過要留意的是，同物種間的競爭因爲大

3　傳說北歐有一些漁夫，捕到沙丁魚之後，會在魚池中放入一些生命力旺盛的鯰魚，沙丁魚爲了躲避鯰魚的攪擾，自己的生命力也旺盛起來，讓沙丁魚在運回岸邊之後，不會奄奄一息，因此稱此現象爲鯰魚效應。鯰魚效應的基本假設是「競爭會激活組織」。但在物競天擇的競爭中，又可以分爲「同種競爭」與「異種競爭」。鯰魚與沙丁魚是異種，惟必須注意同種競爭的假鯰魚效應。

家天賦能力相當，需求相當，容易導出直接正面廝殺的競爭。例如許多大學，若只增加大學數量是無法有激活效應，因為同物種競爭，只會分散資源，讓臺灣的大學國際競爭力衰退，此時反而應鼓勵大學間進行合併。而異種的天賦能力與需求是不一樣的，當被放在同一個池子中，不只是正面對抗，還必須要找到自己適當的生態位，發揮真鯰魚效能，才能互利共生（盧希鵬，2022）。總之，幾乎所有組織都免不了歷經變革，而成功的變革始終來自願景方向，繼而持續行動學習，終而達成企盼的理想狀態，組織在此基礎上，精益求精，邁向創新與卓越的未來。

肆　教育組織的創新與趨勢管理

一、組織設計影響創新效能效率

組織設計影響創新的效能與效率。組織創新係泛指組織對於新想法或新行為的採用。前述提及漸進式或革命式變革，主要就組織變革的幅度與力道而言，至於在創新方面，漸進式創新較適合機械式組織結構，以及重視效率與短期導向的組織文化；革命式創新則適合能孕育創業精神的有機式結構，以及實驗精神與長期導向的文化（楊仁壽、卓秀足，2017）。教育活動係一種合價值性、目的性及認知性的性質，因此，教育組織所推動的變革與創新，往往屬於漸進式、計畫性的；再者，教育行政組織雖深受科層體制影響，卻非純然機械式組織，也非有機式組織，惟仍以漸進式之創新模式較有助於教育組織在穩定中求改變，也較不會引起強烈反彈。至於創新方式，則可透過組織設計的全盤檢視與調整，例如透過組織內某些部門或是組織成員行為、結構、運作方式及歷程等進行改變，使組織能在既有基礎上挹注創新創意元素，不僅可活絡組織，亦有助於提升組織運作的效能與效率。

二、塑造學習型組織的創新管理

（一）建構有助於創新的組織設計

教育行政組織具有濃厚科層色彩，層級節制、結構分明，尤其「依法行政」是公務體系的最高指導原則，必須具備法令依據以及法制程序

下使得以進行相關業務的推動與執行，然礙於法規研修曠日廢時以及避免動輒得咎，組織成員往往率由舊章，不敢也不願有創新突破的想法與作為。組織創新包括「管理創新」及「科技創新」。在管理創新方面，首先可在組織設計上建立彈性制度與作法。例如：國際上早已上演人才搶奪大戰，為協助各大專校院延攬國際頂尖人才，教育部於 2018 年推出〈教育部協助大專校院延攬國際頂尖人才實施計畫〉，期藉由提供符合國際競爭之薪資待遇，以吸引國際人才來臺任教，讓國際人才之學術能量在臺灣學術環境扎根，並提升我國高等教育之國際影響力，即是在薪資結構上所建立的彈性制度。再者，組織職務的安排若缺少流動，容易造成組織成員思維僵化，亦不利組織創新發展。為留住人才以及讓成員維持高度投入，採取輪調制度以增加不同的職務歷練，並鼓勵組織成員創新提案，將有助於營造組織的創新想法與作為。其三，可建立授權的組織文化。公部門一般而言守成有餘創新較不足，因此，若能採開放式領導方式，鼓勵行政同仁及各級學校屬員在經辦業務過程中擁有較高自主權，藉以引發積極投入，應有助於營造勇於任事、積極承擔的組織氛圍。至於科技創新方面，係指在投入與產出間，藉由新科技方法與技巧的應用（如行動通訊軟體 Line 的應用），將可讓訊息獲得即時同步且廣泛的宣達，減少科層體制逐級而下的時間成本浪費。另外，近年受到國際新冠疫情影響，各級學校中斷實體課程，遠距教學成為新常態，科技設備的創新與應用亦將成為組織能否面臨環境挑戰的關鍵因素。

（二）培養組織永續學習的軟實力

面臨瞬息萬變的國際情勢，唯一的因應之道就是改變，一切的改變都來自學習。學習除了是組織適應環境的重要機制，同時也是導致組織創新的契機，因此，建構學習型組織，是組織邁向變革與創新的重要機制。學習型組織係建立在系統性的學習結構上，才能將個人的學習、團體的學習乃至組織的學習產生有力連結。個人層次的學習主要透過學習新知或從經驗中學習，目的在改變心智模式，進而提升行動效能。提供組織成員教育訓練或鼓勵在職進修，都可讓成員獲得新知，而藉由工作

的歷練，讓成員從實務情境中觀察，做中學習，亦能加深學習印象。團體層次的學習則是藉由相互交流的方式，提供組織成員彼此經驗分享的機會（如主管共識營或議題研討會），目的在透過共同的行動與反思，縮短團體的認知差距。至於組織層次的學習，即是透過體制化的方式，將組織中個人與團體的學習成果嵌入組織體制中，形成優良的組織文化，組織文化進而又影響組織學習行為，創造周而復始、循環共生的結構，組織發展因而生生不息。前述提及聖吉所提「學習型組織」已為各界普遍接受與應用，尤其在面對快速變動的國際社會，教育行政（學校）組織應極力思索此理論之意涵與應用，可透過安排行政人員及教師進行專業對話，隨時汲取新的知識與技能，組織學習行為愈多，組織學習的能力愈強，從個人層次的洞察與創新，透過團隊及組織層次的詮釋與整合，最後產生可據以行動的新知識，才能維持組織的永續發展。

（三）從創新邁向恆久卓越的修煉

　　1990 年羅克（Locke）與雷森（Latham）提出了工作動機模式（model of work motivation），此模式統合了許多組織行為相關理論並成為具有凝聚力的整體，同時解釋工作動機與工作滿足，而「卓越行為表現的循環」論證基礎即是建立在工作動機─努力─滿足等概念上。工作動機模式的觀點為：工作滿足係來自個人對於工作的自我評價，並對照自己的價值標準及衡量獎勵的結果，進而有滿足或不滿足。滿足是經由對組織目標與價值的承諾方式，因為受到增強，因而有繼續留在組織工作的願望，個體願意再次回到具挑戰性、高價值目標及有助於成長之一系列任務的起始點，因而形成卓越行為表現的循環（王如哲，1998）。

　　管理思想家詹姆‧柯林斯（Jim Collins）及比爾‧雷吉爾（Bill Lazier）最新鉅著《恆久卓越的修煉》（齊若蘭譯，2022），從用人、領導、願景、策略、創新到執行，把「卓越」兩個字拆解成可設定、可執行的元素，並用「卓越藍圖」來說明最重要的觀念，如第五級領導人、轉動成長飛輪、提高運氣報酬率等。認為組織不管在哪一個發展階段，只要能按圖索驥，找到對的人，用對方法，將能一步步邁向卓

越。卓越藍圖總共分為四個階段，分別是「有紀律的員工」、「有紀律的思考」、「有紀律的行動」和「基業長青」。「紀律」在藍圖當中是最主要的元素，因為有紀律的員工，組織就不需要層級之分；有紀律的思考，就不需要官僚制度；有紀律的行動，就不需要過度掌控。讓組織長久運作的關鍵方法則是「多造鐘，少報時」。「多造鐘」指的是設計一套能一再重複的配方、廣泛的訓練計畫、強化核心價值的運作機制；「少報時」指的是減少微觀管理，不要萬事萬物都要員工層層回報，領導者應該管理的是系統，而不是分分秒秒盯著人。最後，「保存核心、刺激進步」，組織必須有一套永恆的核心價值和目的，不隨時間而輕易改變，但又必須不斷追求進步，持續變革、改善、創新。為了長久不墜的長青基業，必須勇於做出改變。卓越指的不是終點，而是持續進步、持續追求核心價值的途徑，可知，「邁向恆久卓越的修煉」即是一種「卓越行為表現的循環」。

問題討論

1. 作為中央教育行政機關之教育部以及地方教育行政機關之教育局（處），其行政組織型態皆屬科層體制。科層體制自古典社會學大師韋伯（Weber）提出後，為何至今仍廣泛為各種組織所採用？面臨社會環境變遷及國際情勢轉變，組織變革與重組的聲浪不斷湧現，科層體制對當代組織社會帶來何種衝擊與影響？

2. 組織的變革與創新係建立在動態循環的發展基礎上，變革沒有終止，創新也不會停止。管理思想大師柯林斯與雷吉爾的鉅著《恆久卓越的修煉》一書，揭示卓越藍圖的四個階段：「有紀律的員工」、「有紀律的思考」、「有紀律的行動」和「基業長青」，對教育行政組織的管理與發展提供什麼樣的啟發？

3. 當組織漸趨穩定，組織成員因為熟悉業務職掌，工作態度不免放鬆且安於現狀，思想觀念也漸趨保守，以致缺少變革與創新的鬥志。鯰魚效應是組織進行變革時，常用的方法之一，透過競爭與危機，激發職

場員工的戰鬥力。教育組織如何將鯰魚效應引進官僚體制並活絡組織文化？

4. 教育行政組織間偶因一些因素，會產生組織衝突事件，試從組織間彼此運作之角度，分析組織產生衝突之主要原因，至少舉出五項說明：而處理組織衝突應注意什麼原則？至少寫出五項說明。（104年高考）

5. 20世紀後興起的教育組織結構，大都應用Max Weber的科層結構（hierarchical structure）理論。試述Weber科層組織的特徵，並就現行學校組織之運用加以評論。（108年三級身障特考）

6. 組織文化的意涵為何？其具有那些特性？教育行政領導者或學校行政人員如欲推動組織文化領導應把握那些要點？（109年三等身障特考）

7. 教育組織創新可以從那些層面著手？要如何減少創新歷程所遇到的抗拒或阻力？（109年高考）

參考文獻

王如哲（1998）。教育行政學。五南。

王德馨（1978）。現代工商管理。三民。

林之晨（2022年4月）。不當鯰魚就變鹹魚。天下雜誌，**745**，43。

McGregor, D.（1969）。企業的人性面（林錦勝譯）。協志。（原著出版於1960年）

Schein, E. H.（1973）。組織心理學：最新的工商管理概要（吳洋德譯）。協志。（原著出版於1965年）

吳挽瀾（1976）。行政組織與管理。文景。

吳清基（1995）。教育與行政。師大書苑。

吳復新（2004）。行政學名家選粹（一）。國立空中大學。

俞文釗（1993）。管理心理學。五南。

秦夢群（2003）。教育行政——理論部分。五南。

陳木金（2002）。學校領導研究——從混沌理論研究彩繪學校經營的天空。高等教育。

陳幸仁（2007）。微觀政治學：一個學校行政的新興研究領域。**教育行政與評鑑學刊**，3，67-86。

陳慧芬（1998）。組織文化的意義與功能。**臺中師院學報**，**12**，1-22。

黃昆輝主譯（1985）。**教育行政原理**。三民。

黃昆輝（1988）。**教育行政學**。東華。

張德銳（2015）。教育行政組織。載於謝文全（主編），**教育行政學——理論與案例**（頁 217-249）。五南。

張潤書（1999）。整合理論與公共行政。載於吳定、張潤書、陳德禹、賴維堯（合編），**行政學**（頁 109-144）。國立空中大學。

張潤書（2009）。**行政學**。三民。

Collins, J & Lazier, B.（2022）。**恆久卓越的修煉：掌握永續藍圖，厚植營運韌性，在挑戰與變動中躍升**（齊若蘭譯）。天下雜誌。（原文出版於 1992 年；2020 年增訂版）

楊仁壽、卓秀足（2017）。組織理論與管理：個案、衡量與產業應用。**雙葉**。

Senge, P. M.（2019）。**第五項修練學習型組織的藝術與實務**（郭進隆、齊若蘭譯）。下文化。（原著出版於 1990 年）

盧希鵬（2022 年 3 月 21 日）。同種競爭的假鯰魚效應。**經濟日報**。https://gvlf.gvm.com.tw/article/92513

謝文全（1978）。系統的特性與其對教育人員的啟示。載於黃昆輝（主編），**教育學研究**（頁 399-437）。偉文。

謝文全（1985）。**教育行政論文集**。文景。

謝文全（1998）。**教育行政——理論與實務**。文景。

謝文全（2012）。**教育行政學**。高等。

Barnard, C. I. (1968). *The functions of the executive.* Harvard University Press.

Bertalanffy, L. V. (1968). *General system theory: Foundations, development, applications.* G. Braziller.

Bidwell, C. E. (1965). The school as a formal organization. In J. G. March (Ed.), *Handbook of organization* (pp.976-1026). Rand Mcanlly Co.

Brubaker, D. L., & Nelson, R. H. (1974). *Creative survival in educational bureancracies.*

McCutchan Publishing Co.

Burke, W. W., & Litwin, G. H. (1992). A causal model of organizational performance and change. *Journal of Management, 18*, 523-545.

Daft, R. L., & Steers, R. M. (1986). *Organizations: a micro/macro approach.* Harper Collins Publishers.

Etzioni, A. (1975). *A comparative analysis of complex organization.* Macmillan.

Getzels, J. W., & Guba, E. G. (1957). Social behavior and the administrative process. *The School Review, 65,* 423-441.

Gleick, J. (1987). *Chaos: Making a new science.* Viking Press.

Hanson, E. M. (1996). *Educational administration and organizational behavior* (4th ed.). Needham Heights, MA: Allyn and Bacon.

Hayles, N. K. (1990). *Chaos bound: Orderly disorder in contemporary literature and science.* Cornell University Press.

Herzberg, F. (1966). *Work and the nature of man.* World Pub. Co.

Hoy, W. K., & Miskel, C. G. (1991). *Education administration: Theory, research, practice* (4th ed.). McGraw-Hill.

Immegart, G. L., & Pilecki, F. J. (1973). *An introduction to systems for the educational administrator.* Addison Wesley Publishing Co.

Kast, F. E., & Rosenzweig, J. E. (1974). *Organization and management: A Systems Approach.* McGraw-Hill.

Lipham, J. M., & Hoeh, J. A. Jr. (1974). *The principalship: Foundations and functions.* Harper & Row.

Maslow, A. H. (1970). *Motivation and personality* (2nd ed.). Harper & Row.

Rhoades, G. (1992). Organization Theory. In B. R. Clark & R. Neave (Eds.), *The encyclopedia of higher education.* Pergamon.

Schein, E. H. (1985). *Organizational culture and leadership.* Jossey-Bass.

Tichy, N. M. (1997). *The leadership engine: How winning companies build leaders at every level.* Harper Business.

Weber, M. (1947). *The theory of social and economic organizations* (A. M. Henderson & T.

Parsons, Trans.). Oxford University Press.

Weick, K. E. (1976). Educational organization as loosely coupled system. *Administrative Science Quarterly, 21*(1), 1-19.

第三章

教育行政計畫

張國保

教育乃樹人之百年大計，《管子‧權修》：「一年之計，莫如樹穀；十年之計，莫如樹木；終身之計，莫如樹人。一樹一穫者，穀也；一樹十穫者，木也；一樹百穫者，人也。」教育計畫係教育行政機關規劃百年大計之施行方案。本章介紹教育行政機關規劃教育計畫的意涵、類型與影響因素、教育計畫的規劃程序與原則，最後說明計畫的實施與發展趨勢。

第一節　教育計畫的意涵

什麼是「計畫」？「計畫」和「計劃」有何差異？爲何要探討教育行政計畫？什麼是教育行政計畫？以及教育行政畫應有那些內涵，說明如下。

壹　教育計畫的重要性

依據教育部統一用字參考表：「畫：名詞，計畫、繪畫」，如《中低收入家庭幼童托教補助實施計畫》；而「劃：動詞，策劃、規劃、擘劃、劃分、重劃」，如「規劃創校百年校慶活動」等。教育行政計畫係教育行政機關針對教育問題、教育改革或期望，規劃構思好而更好的執行策略。如 1995 年 410 民間教育改革團體提出「落實小班小校」訴求。政府爲發揮小班教學的精神，規劃〈降低國民中小學班級學生人數計畫〉，自 1998 年度起開始執行。國民小學（簡稱國小）自 1998 至 2003 學年度，逐年降至每班 35 人；國民中學（簡稱國中）自 2002 至 2004 學年度逐年降至每班 38 人，至 2007 學年度止，每班降至 35 人，至 2018 學年度，每班降至 30 人（教育部，2022a）。依據教育部（2022b）統計顯示，2021-2022 學年度公立國中每班學生 25.5 人、私立 38.76 人，公私立平均 26.83 人；公立國小每班學生 22.75 人、私立 33 人，公私立平均 23.01 人。無論國中或國小，均已達成每班學生數的預期目標。應驗「凡事豫則立，不豫則廢」的道理。「豫，通預，就是預先」亦即「事前妥善的準備」（國語辭典）。可見行事前規劃良好

計畫，當可發揮事半功倍之效。

貳　教育計畫的定義

　　我國自古以農立國，老祖宗之「一日之計在於晨，一年之計在於春，一生之計在於少。」很有智慧的道出一日、一年及一生計畫的重要性。國語辭典「計，謀劃、打算；畫，設計、繪圖之意；計畫乃規劃預定實施的方法。」教育的推動必須有因地制宜的學制、課程、教師、教科書、教材教法、評量方式、校園規劃及校舍建築等制度與實施計畫，以適合不同年齡、性別、區域、族群需求的教育方式，這些鉅細靡遺的教育事項，就是主管教育行政機關制定行政計畫必須兼顧的重點。1999 年 2 月訂頒之《行政程序法》第 163 條「行政計畫，係指行政機關為將來一定期限內達成特定之目的或實現一定之構想，事前就達成該目的或實現該構想有關之方法、步驟或措施等所為之設計與規劃。」因此，教育行政計畫定義為「教育行政主管機關為落實其教育政策及施政理念，有系統的訂定願景、發展重點目標或實施方案，分年或分階段有效加以推動實施及管考，以因地制宜適合學生學習並提高學習成效且持續滾動修正的歷程。」

　　由此可知，教育行政計畫的制定由主管教育行政機關而為；其目的在落實教育政策及施政理念的實現；為遂行政策及施政理念，透過訂定願景、發展重點目標或計畫方案以為實施之依據；並採分年或分階段有效加以推動實施及管考策略；據此達成因地制宜、適合學生學習並提高學習成效的目標；最後，教育係持續的歷程，教育計畫需持續滾動修正，使計畫更臻完善，符應教育目的的實現。

參　教育計畫的內涵

　　依據《中華民國憲法》第 7 條規定「中華民國人民，無分男女、宗教、種族、階級、黨派，在法律上一律平等。」第 160 條「國民受教育之機會，一律平等。」《教育基本法》第 2 條第 2 項「人民為教育權之主體。」第 4 條「人民無分性別、年齡、能力、地域、族群、宗教信仰、政治理念、社經地位及其他條件，接受教育之機會一律平等。」

《中央法規標準法》第 5 條第 1 項第 2 款「關於人民之權利、義務者，應以法律定之。」第 3 條「各機關發布之命令，得依其性質，稱規程、規則、細則、辦法、綱要、標準或準則。」《行政程序法》第 2 條第 1 項規定「本法所稱行政程序，係指行政機關作成行政處分、締結行政契約、訂定法規命令與行政規則、確定行政計畫、實施行政指導及處理陳情等行為之程序。」主管教育行政機關規劃之「教育計畫」須視其性質，透過法律、命令、實質法規、行政規則、公告計畫等方式據以發布施行。因此，教育行政計畫含有理念與目標、權責的單位、適用的對象、計畫的時程、實施的策略、計畫的經費、執行的管考、預期的效益及附件資料等內涵，說明如下：

（一）理念與目標

教育行政計畫應有明確的理念，而該理念可能來自於政策、法令或施政之教育決定或教育期望。更須符合《中華民國憲法》第 158 條「教育文化，應發展國民之民族精神、自治精神、國民道德、健全體格、科學及生活智能。」及《教育基本法》第 2 條第 2 項「教育之目的以培養人民健全人格、民主素養、法治觀念、人文涵養、愛國教育、鄉土關懷、資訊知能、強健體魄及思考、判斷與創造能力，並促進其對基本人權之尊重、生態環境之保護及對不同國家、族群、性別、宗教、文化之了解與關懷，使其成為具有國家意識與國際視野之現代化國民。」之精神。

（二）權責的單位

教育計畫必須有負責主辦與協辦的單位以為綜理及統籌計畫事務的權責。如 2021 年 1 月 29 日行政院核准之〈我國少子女化對策計畫（2018 年至 2024 年）〉的權責單位，含教育部、衛生福利部、勞動部、內政部、財政部、經濟部、科技部、交通部、人事行政總處、國家發展委員會等中央部會。可見該計畫的規劃雖以教育部為主，但涉及層面廣泛，需經行政院協調始能克竟其功。

（三）適用的對象

　　教育的學制含學前教育、國民教育、中等教育及高等教育，教育計畫的適用對象必須清楚，如〈Young 飛全球行動計畫〉之適用對象為「具中華民國國籍之 18-35 歲青年，且對永續發展目標（SDGs）或國際事務推動有興趣者。」即以個人為對象。

（四）計畫的時程

　　教育計畫有短程、中程及長程之分，一般以 3 年內為短程，4-6 年為中程，超過 6 年以上為長程。教育部〈高教深耕計畫〉明定「計畫期程自 2018 年 1 月 1 日至 2022 年 12 月 31 日，共計 5 年為期。」五年期滿，再進行檢討或滾動修正下一期程之計畫。

（五）實施的策略

　　計畫應有可行之策略、作法、自主管理機制與評價方法。執行的方式有自辦、合辦、委辦等，如教育部 2020 至 2022 年班班有冷氣政策的〈公立高級中等以下學校電力系統改善暨冷氣裝設計畫〉，三年之執行策略「本計畫由台電會同電機相關專業人員、學校人員、地方政府教育局（處）人員，進入校園盤點及勘查學校電力系統情形，勘查後各地方政府教育局（處）將依據評估報告書辦理預算審查，並核實向教育部申請經費。」係藉專業之協助以資完成。

（六）計畫的經費

　　教育計畫的實施需有經費作後盾，經費含經常門及資本門為主，且須有負責編列及執行之單位與預算科目。如人事費、演講費、耗材費、差旅費、行政管理等皆屬於經常門經費；硬體設施、教學設備、學校建築及維修等屬於資本門支出。一般計畫以經常門補助為主，有些計畫需執行單位提出配合款約 10% 至 20%。如〈前瞻基礎建設─城鄉建設─營造休閒運動環境計畫〉自 2017 年 9 月至 2021 年 8 月總經費約 157 億元，年度預算經費 19.56 億元，由教育部體育署編列。

（七）執行的管考

　　計畫、執行與考核是行政三聯制重要的歷程，計畫時應規劃執行進

度或以甘梯圖表示，或註明期中、期末提報資料。如〈第 2 期高齡教育中程發展計畫〉量化指標於每年度各進行 1 次統計，各項次由相對應之策略主協辦單位共同填列，於期末掌握計畫執行的進度。

（八）預期的效益

計畫執行之後，須含有量化和質化的預期效益指標，以追蹤計畫目標及經費投注之成效。如〈新南向人才培育推動計畫（2017-2020）〉量化預期「新南向國家在臺留學研習僑外生人數，每年均能以 20% 成長，至 2019 學年度成長至 5.8 萬人」；質化預期略以「提供產業南向布局優質人才、培育新住民子女、提升高等教育國際化及促成新南向國家優秀學生畢業留臺工作」等，以為計畫執行結束，確實核對成效。

（九）附件資料

計畫附件可以補充計畫內容的完整性，使執行單位更清楚了解計畫始末，有的以附則、附錄、申請表件或其他呈現。如〈青年海外和平工作團計畫〉的附件為青年海外和平工作團推動委員會組織架構及 2020 年推動會委員名單等二項。2020 年 6 月核定之〈國立社教機構環境優化服務躍升計畫〉則有附則和附表內涵。

綜上可知，教育計畫的內涵依不同的性質會有不同的組合，如《教育部推動及補助地方政府與私立教保服務機構合作提供準公共教保服務作業要點》係依據〈我國少子女化對策計畫〉訂定行政規則以利施行。

 第二節　教育行政計畫的類型與影響因素

主管教育行政機關規劃的教育行政計畫有哪些類型，規劃時會受到哪些因素的影響，說明如下。

壹　教育計畫的類型

計畫的類型有許多不同的介紹（林天祐、林雍智，2017；黃昆輝，1989；謝文全，2004）。本節依據教育行政機關公布施行之計畫，依

不同的目的與屬性，將教育計畫區分為目標型、專案型、實用型、例行型、競爭型及發展型，說明如下：

（一）目標型計畫

　　教育計畫的規劃須有明確之目標以為計畫執行的導向。如教育部為優化技職校院實作環境計畫，推動落實技職教育務實致用之精神，並透過產、官、學、研通力合作，縮短學用落差，規劃〈前瞻基礎建設——人才培育促進就業之建設優化技職校院實作環境計畫〉，達成「技專校院獲補助計畫校內實作實習學生畢業後就業率達 70%、產業菁英訓練基地每年培育教師師資比率逐年成長 5%」之目標。

（二）專案型計畫

　　遇特殊問題或業務面臨困難或必須專案處理者，須專案規劃以資施行。如為落實十二年國民基本教育之推動，行政院於 2017 年 10 月 12 日核定〈十二年國民基本教育實施計畫〉。使 15 歲以上之國民，接受普及、自願非強迫入學、免學費、公私立學校並行、免試為主、學校類型多元及普通與職業教育兼顧之教育，以符合《高級中等教育法》之規定。

（三）實用型計畫

　　計畫讓參與的對象可以發揮務實致用的精神。如教育部（2020）自 2014 年起推動〈產業學院計畫〉，鼓勵技專校院對焦政府重點產業，與產（企）業共同辦理契合之人才培育專班或學程，以縮短學用落差；2020 年起調整辦理模式，對焦國家重點發展產業推動「產業實務人才培育專班」，以及鼓勵師生接軌業界實務推動「精進師生實務職能方案」，藉以創造教師、學生、學校、企業四贏。

（四）例行型計畫

　　教育乃持續性的實施歷程，每天皆有師生進進出出，每年亦有畢業生及入學的新生，不少業務必須循環實施，此類例行型計畫甚多。如《學校餐廳廚房員生消費合作社衛生管理辦法》明定「學校餐廳採盒餐供餐者，應保留盒餐樣本至少一份；採非盒餐供餐者，每餐供應之菜

式，屬高水活性、低酸性之菜餚應至少各保留一份。保留之食品應標示日期、餐別，置於攝氏七度以下，冷藏保存四十八小時，以備查驗。」爰為各校餐飲服務人員必行之例行業務。

（四）競爭型計畫

基於資源分配或公平原則，採競爭性原則，供適用單位規劃申請，經審查後據以擇優或分配相關經費資源者。如〈高級中等學校適性學習社區教育資源均質化實施方案〉係由「學校申請，以社區為單位，由召集學校擬訂計畫，報教育部核定計畫及補助金額；教育部得組審查小組，進行計畫書初審及複審。計畫書及補助金額經複審通過及教育部核定後，由教育部通知召集學校。」經費依據審查後核給。

（五）發展型計畫

教育除了傳承更要不斷創新發展，故主管教育行政機關輔導學校提出中長程校務發展計畫，如〈私立技專校院校務發展及年度經費支用計畫書〉包含二大部分提報，第一部分為學校概況及（學）年度校務發展計畫；第二部分為年度整體發展經費支用計畫。透過支用計畫審查及私校獎補助經費，以滾動修正校務發展，提高學校競爭優勢。

由上可知，教育計畫的類型雖有不同，但依據不同的目標、適用對象及預期成效等，會有不同的計畫類型，由教育行政機關視需要規劃決定。

貳　教育計畫的影響因素

教育計畫的規劃，有學者（Iain et al., 2012）以政治（political）、經濟（economic）、社會（social）及科技（technology）（PEST）分析，亦有以 SWOT（strengths, weaknesses, opportunities, and threats）（林天祐，2003；Cheong et al., 2016；Orit et al., 2018）對教育的背景進行分析，教育部的〈高教深耕計畫〉、〈高中職均質化計畫〉，以及〈私立技專校院校務發展及年度經費支用計畫書〉等，皆要求學校提報計畫的同時，須先進行 SWOTs 分析，即在提出 SWOT 之後，

需有相應的可行策略（strategy），如：將優勢與機會提出增長性策略
（SO），劣勢與機會提出扭轉性策略（WO），優勢與威脅提出多元化
策略（ST），劣勢與威脅提出防禦性策略（WT）。而學校的自我分析
只站在個別學校或其區域性思考，與主管教育行政機關推動發布的教育
行政計畫，需思考的角度以及兼顧全面性思維所受到的影響，仍略有差
異。以下說明教育行政機關規劃教育計畫的影響因素。

（一）政治因素

　　我國是一個民主法治國家，自 2000 年 5 月起無論中央或地方，都
陸續進入政黨輪替的局面。選舉期間的政見，於執政之後由主管教育行
政機關納入政策評估。除涉及人民權利義務者須立法外，或以行政規
則或行政計畫方式，結合預算編列，納入施政計畫中。而民意機關質
詢、審查預算或法案時，常有不同黨派基於政黨因素而提出附帶決議
者，有些也能催生新的政策、法案或教育計畫，但遇有杯葛案件則需加
強溝通協調。

（二）經濟成長

　　教育計畫的人力供需、產學合作、就業率等都與經濟成長有關。
而學用落差、高學歷高失業率乃多年來產官學研界期望解決的教育問
題。教育部訂頒《教育部產學攜手合作計畫補助要點》結合高級中等學
校、技專校院、產業及勞動部勞動力發展署所屬分署合作培養四至七年
之技術人才，採高級中等學校（簡稱高中職）加技專校院加合作企業之
三合一模式辦理：得發展三加二（高中職加二專）、三加二加二（高中
職加二專加二技）或三加四（高中職加四技）縱向彈性銜接學制，解決
產業缺工及培養業界所需人才。

（三）社會結構

　　我國從農業社會演變到終身學習社會，家庭結構變化，雙薪家庭小
孩早送學校，但放學得參加課後照顧班或託付安親班或補習班照護。教
育部訂頒《兒童課後照顧服務班與中心設立及管理辦法》明定「國民小
學辦理課後照顧班，應儘量配合一般家長上班時間，並由家長決定自由

參加。」也於 2021 年 3 月公布《學習社會白皮書》就是反映社會變遷下教育計畫配合調整因應之措施，以為家庭教育、學校教育及社會教育三者的有機銜接；正規、非正規及非正式學習有效的統整，以符應瞬息萬變的社會需求。

（四）科技發展

自從 1957 年蘇聯史波尼號（Sputnik）太空船登上太空之後，美國、蘇聯及世界各國開始展開科技競爭。1970 年代電腦的發明及精進之後，機器人、人工智慧（artificial intelligence, AI）、智慧型手機、無人駕駛、無人機、半導體、大數據、金融科技等不斷推陳出新，對教育的影響更是日新月異。如生活與科技納入《十二年國民基本教育課程綱要總綱》（簡稱 108 課綱）、班班教室有電腦、課程教學結合電腦、平板實施。親師溝通採用 e-mail、Facebook、簡訊及班級教師與家長成立的 Line 群組，以及教育行政機關透過 Linebot 公告政策訊息，而 2021 年 5 月因 Covid-19 新冠肺炎實施三級警戒全面遠距授課，無不顛覆傳統的行政、教學與溝通模式。整體來說，科技導引人類的生活，教育計畫的規劃與實施，也須仰賴科技設施與功能，並培育具備未來科技發展所需的人才。

（五）文化資產

教育對文化資產的傳承與創新扮演重要任務。《文化資產保存法》第 3 條「文化資產，指具有歷史、藝術、科學等文化價值，並經指定或登錄之有形及無形文化資產。」第 12 條「為實施文化資產保存教育，主管機關應協調各級教育主管機關督導各級學校於相關課程中為之。」另為尊重國家多元文化之精神，促進國家語言之傳承、復振及發展而制定《國家語言發展法》，教育部於 2021 年 3 月再修正 108 課綱，將國家語言列為國民小學、國民中學及高級中等學校部定課程並自 2022 學年度開始實施。此外，《藝術教育法》第 5-1 條「各級主管教育行政機關應督導所轄高級中等以下學校落實藝術教育課程依課程綱要排課及授課。」因此，教育計畫當需配合相關法令以利施行。

（六）國際競爭

臺灣四面環海，亟需培養人才接軌國際及國際移動的能力，以提高競爭優勢。2018 年 12 月教育部依據行政院發布之「2030 雙語國家政策發展藍圖」，訂定〈教育部推動雙語國家計畫〉。為提升中小學國際教育普及化及營造學校國際化環境，教育部國教署（2022）制定〈學校國際化計畫〉包含「國際化目標、校園國際化、人力國際化、行政國際化、課程國際化及國際夥伴關係」等六大面向 25 項具體學校國際化指標。2021 年 3 月修正 108 課綱強調「盱衡社會變遷、全球化趨勢，以及未來人才培育需求，持續強化中小學課程之連貫與統整，培養具有終身學習力、社會關懷心及國際視野的現代優質國民。」

（七）人民期望

為廣蒐民意，政府設置「公共政策網路參與平臺」（國家發展委員會，2015）提供人民「想提議、來附議、眾開講、來監督、找首長」等開放平臺，以廣泛蒐集意見。2008 年 3 月教育部成立十二年國民基本教育專案辦公室，2010 年 8 月教育部召開第八次全國教育會議，十二年國民基本教育成為各界共同關注的焦點。2011 年元旦總統宣示啟動十二年國民基本教育（教育部部史，無日期 a），符合「民之所好好之」的期待。

（八）家長參與

《教育基本法》第 2 條第 3 項「為實現教育目的，國家、教育機構、教師、父母應負協助之責任。」第 8 條第 3 項「國民教育階段內，家長負有輔導子女之責任，並得為其子女之最佳福祉，依法律選擇受教育之方式、內容及參與學校教育事務之權利。」《國民教育法》第 20-2 條第 2 項「國民教育階段內，家長為維護其子女之權益，應相對承擔輔導子女及參與家長會之責任，並為保障學生學習權及人格權，有參與教育事務之權利。」《國民教育階段家長參與學校教育事務辦法》第 7 條「家長或學校家長會對學校所提供之課程規劃、教學計畫、教學內容、教學方法、教學評量、輔導與管教學生方式、學校教育事務及其他相關事項有不同意見時，得向教師或學校提出意見。教師或學校於接獲意見

時，應主動溝通協調，認爲家長意見有理由時，應主動修正或調整；認爲無理由時，應提出說明。」是以，教育計畫的規劃須兼顧家長的參與及表達意見的機會。

（九）教育領導

行政院爲辦理全國教育業務，特設教育部。1950 年迄 2022 年教育部共經 27 任教育部長（教育部部史，無日期 b），不同部長任內都有不同的教育任務、教育理念需克服與推行。如因應新冠肺炎疫情，潘文忠部長於 2020 年發布「新課綱延至 108 學年度實施」；吳清基前部長於 2010 年完成《臺灣地區與大陸地區人民關係條例》、《大學法》及《專科學校法》（簡稱陸生三法）修正案，促使陸生來臺就學。換言之，歷任教育部長爲遂行教育政務，透過不同的行政作爲訂定法規命令、行政規則或教育行政計畫，領導教育持續進步與發展。

綜合上述，教育計畫的規劃固由教育行政機關主導，但教育行政機關規劃時，除了基於教育專業的考量，其受到的影響因素相當多元。在大環境影響下，增加許多教育計畫規劃過程的難題，但也因此讓計畫更周延嚴謹。

第三節　教育計畫的規劃程序與原則

教育計畫的訂頒皆須經過嚴謹的程序規劃，以下說明計畫的規劃程序與原則。

壹　計畫的規劃程序

教育計畫的規劃程序，通常須經確定政策方向、籌組專案小組研擬、邀請專家諮詢研商、擬訂計畫草案、公開徵詢意見、檢討修正草案、完成計畫雛形、凝聚單位共識、簽請權責長官核准及對外發布實施等程序。但有些計畫涉及跨部會權責，或須制定法律以爲實施之依據者，必須報請行政院核定或核轉立法院審議之程序（教育行政法令與制

度請參考本書第 11 章）。教育計畫規劃流程如圖 3-1，說明如下：

圖3-1

教育計畫規劃流程圖

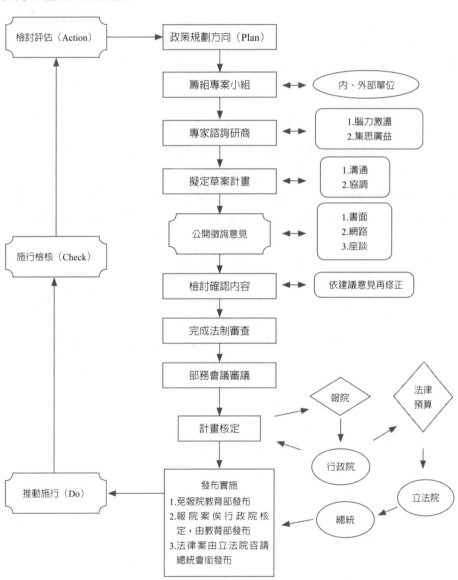

（一）政策規劃方向

　　教育計畫的規劃需先衡酌主管教育行政機關的政策決定（行政決定請參考本書第 4 章）。而政策的來源有來自於政黨政見、機關首長的教育理念、民意機關的施政質詢、家長或民間教育組織的陳情建議、媒體反映的社會需求、關係人的陳情建議，以及教育行政機關之職權行使或專業發展考量。無論何種方式蒐集的訊息來源，主管單位開始制定教育計畫前，需就政策方向加以確定，以為後續規劃與推動的依循。

（二）籌組專案小組

　　確定啟動教育計畫規劃時，通常需由機關首長指定副首長或業務主管一人擔任召集人，業務相關的主（協）辦單位或人事、財務、法規等單位為專案小組或工作圈。而專案小組需視業務的性質、內容或範圍，考慮是否包含內部或外部單位或相關人員參與。專案小組的任務在依據長官裁示的政策方向，於一定期限內完成相關教育計畫的擬定與公告施行。

（三）專家諮詢研商

　　初期規劃階段，為使構思更具學理基礎、國際競爭、科技發展或社會需求趨勢，除有些計畫進行先導性試辦者外，一般皆會邀請該領域有關的學者專家、關係人、社會公正人士或家長及教師組織代表等，進行計畫方案規劃的集思廣益，使計畫的規劃透過多元思考後更臻周延、完整與可行。

（四）擬定計畫草案

　　在專案小組的推動及專家諮詢腦力激盪後，方向與共識經過一次或多次研商，意見即可慢慢聚焦，相關共識經彙整成書面資料並反覆審視後，教育計畫的草案即可逐漸歸納成型。此時更需凝聚單位共識，包含內部的相關單位，以及有關的同級或地方教育行政機關。若涉及各級學校單位者，也須加以徵詢，以完成關係人的溝通、協調與共識。

（五）公開徵詢意見

　　教育計畫草案，依據《行政程序法》第 154 條第 1 項需對外公開徵

詢意見。其方式有舉辦座談會、專屬網路意見徵詢或透過教育行政機關公文函請相關單位於一定期限內表達意見。政府爲落實資訊公開及便民措施，「行政院公報電子報」設有草案預告專欄，外界對於公告內容有任何意見或修正建議者，應於公告刊登公報之次日起 60 日內陳述意見或洽詢承辦單位。

（六）檢討確認內容

教育計畫草案對外徵詢意見之後，若有獲得外界提供之內容或具體建議意見，就會再由專案小組進行檢討與評估，惟若意見不多就逕提法規會審查，若屬合理可行之建議，通常會被採納修正於相關計畫內容，使計畫更能符應外界之需。

（七）完成法制審查

教育計畫草案於進行徵詢及專案小組檢討確認之後，即需進入教育行政機關的法制審查程序。經過法規委員會議的逐條審查，以確認相關法規或計畫的競合性、法理性及政策性，確保教育計畫的實施符合《行政程序法》第 1 條「確保依法行政之原則，以保障人民權益，提高行政效能，增進人民對行政之信賴。」之法旨。

（八）部務會議審議

教育部訂定之教育計畫經過法規委員會審議通過之後，需彙提教育部部務會議審議。通過之後，就已完成教育行政機關的計畫規劃、諮詢、法制及審議程序。

（九）計畫之核定

教育部對於部務會議通過的案子，無須呈報行政院者，簽請部長核准後發布施行。但涉及法律、預算、重大政策計畫（如《人才培育白皮書》、〈高教深耕計畫〉等）或需相關部會協商者（如〈我國少子女化對策計畫〉），需報請行政院審核，無須送請立法院者由行政院核定；若需送請立法院審議（法律、預算）或備查（依法訂定之相關子法）案件，由行政院核處。

（十）發布實施

　　教育部訂頒之教育計畫經由教育部依據公文處理程序對外發布，即完成計畫訂頒之程序。而報請行政院函請立法院審議之法律案，於完成立法程序之後，由立法院咨請總統發布實施。

（十一）執行與滾動修正

　　由圖 3-1 顯示，計畫發布之後才是執行的開始，有的計畫須有相關配套，如依據〈教育部推動國民中小學英語教學合作團隊第二期實施計畫〉訂定《教育部國民及學前教育署補助直轄市縣（市）政府協助公立國民中小學引進外籍英語教師要點》。且實施之後仍需滾動修正，教育計畫的實施管考將於本章下節說明。

　　由此可知，教育計畫的規劃從政策決定一直到完成發布，須歷經不少時間及程序，若是必須提高到法律位階的訂修法律案件，尤須協商立法機關，有時候更非教育行政機關依其職權就能掌握時程。

貳　教育計畫的規劃原則

　　教育計畫依其性質、類別或有不同，規劃時有其重要的參考原則，說明如下。

（一）整體規劃原則

　　教育計畫的規劃須兼顧到計畫可能產生的影響層面整體構思，使計畫的實施容易符合預期。如十二年國民基本教育之推動，採整體規劃，分階段實施。又如 2022 年 6 月 14 日修正《教育部國民及學前教育署補助推動精緻國教基礎設施建設計畫作業要點》第 4 點「量體較大之工程或計畫，一年內無法完成者，以一次核定經費，並分年編列預算之補助方式辦理。」

（二）政策導引原則

　　教育計畫基於教育政策的決策而來。因此教育計畫成為政策的相關配套或實施方案。如教育部為提高師資素質，除訂頒《師資培育白皮書》，為落實「先考試後實習」之政策，爰修正《師資培育法》第 10

條第 1 項第 2 款「教育實習：通過教師資格考試者，始得向師資培育之大學申請修習包括教學實習、導師（級務）實習、行政實習、研習活動之半年全時教育實習。」即先啟動政策方向，再執行修法細節，以達成教育行政機關之作為。

（三）績效評估原則

教育計畫應有明確的關鍵績效指標（Key Performance Indicators, KPI）以為成果檢核的衡量標準。如〈高級中等學校適性學習社區教育資源均質化實施方案〉之預期質性與量化績效指標含部定指標及社區自訂指標兩部分。可作為管考及計畫完成之重要檢核指標。

（四）特色競爭原則

所謂特色就是自己較他人更獨特的優點，亦即我有他無或他有我有但我比他更優更突出之成果。當教育行政機關由上而下頒布計畫時，接著就是關係人或學校單位必須據以提報可行之執行計畫。此時，特色就會成為評比或公平競爭的考量，若無法彰顯特色，就易流於泛泛，不具競爭優勢。

（五）程序公開原則

教育計畫的關係人含各級教育行政機關人員、教育人員、家長及學生，有些更與社區、社會教育機構或人員、相關產業或相關組織等有關，為使教育計畫的執行更公開透明，除法定應予公開或開放民眾閱覽者外，在制定新計畫或修正原有計畫過程就應廣泛蒐集關係人意見。不但可收集思廣益之效，更可減少施行時的阻撓、抗拒壓力或成本。

（六）永續發展原則

所謂永續發展（sustainable development），就是持續不間斷地滾動精進，使教育一天比一天進步。基於學生是教育的主體，每年都有新血輪的替換，是以，教育計畫的規劃與構思須為學生做最周延與完美的規劃。聯合國在 2015 年宣布「2030 永續發展目標」（Sustainable Development Goals, SDGs），訂定 17 項目標作為全球邁向永續的指引，其精神符合教育計畫須永續發展的原則。

　　由上可知，教育行政機關於規劃教育計畫時，爲求計畫更臻周延完整，且符合計畫執行之政策效益，參考相關原則更能精益求精，臻於完善。

 ## 第四節　　教育計畫的實施與發展趨勢

　　千里之行，始於足下。好的計畫重在實施，以及實施之後的效益考核。本節說明教育計畫的實施管考與發展趨勢。

壹　教育計畫的實施與管考

　　教育計畫的實施大皆以「計畫（plan）—試作（do）—檢核（check）—修正（act）」（PDCA）循環圈（引自林天祐，2003: 58-60），對於教育現場的教育評鑑、教學實施、教學評量及教學檢討精進進行管考與檢核效果。教育部訂頒《教育部及所屬各機關（構）個案計畫管制評核作業要點》，第 3 點明定「各單位個案計畫採例外管理原則分級管考，並區分爲三級：（一）行政院管制計畫。（二）部會管制計畫。（三）教育部內部單位或所屬各機關（構）自行管制計畫。」計畫執行落後者，主辦單位應立即檢討，增列落後原因說明，並研提具體因應對策；教育部管考單位、主辦管考單位或人員應提出管考建議，並及時協助解決問題。本節提出計畫準備、執行程序、期中評估、期末檢核及檢討精進等實施管考程序，如圖 3-2，並說明如次。

（一）計畫準備

　　語云「徒法不足以自行。」經發布之教育計畫，依其內涵即須啟動適用細節，而萬事起頭難，以學校配合計畫執行之作法：(1) 啟動執行計畫的專案小組進行溝通協調事宜；(2) 解讀教育計畫的內容、精神以及相關規定，透過腦力激盪或工作圈等方式進行構思；(3) 進行分工，依計畫內容的相關性動員單位人員分工合作，並指定主（協）辦單位及執行祕書，同時指派相關人員參加教育行政機關的說明會；(4) 討論撰

圖3-2

教育計畫實施管考圖

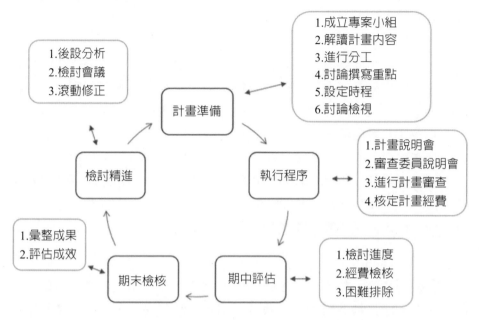

寫計畫的重點，使各單位的體例、內容、格式與思考方向一致；(5) 設定完成時間，參考計畫提報時間及內部應有的配合事項，如申請經費的配合款比例與來源；(6) 針對彙整的計畫草案進行跨單位的討論與檢視，務使計畫準備周延完善，以利送核暨未來的施行與管考；(7) 完成校內審查程序，如提行政會議、校務會議或私校董事會審議通過。

（二）執行程序

　　教育行政機關訂頒教育計畫之後，透過計畫說明會、審查委員說明會、計畫審查及核定經費等程序落實執行，說明如下：

　1. 計畫說明會

　　計畫執行的第一步由主管單位辦理關係人說明會，就計畫內容、提報計畫時程、經費規劃及注意事項，加以詳細說明，同時解答關係人的疑問事項。

2. 審查委員說明會

就計畫性質與內容，由教育行政機關聘請合宜且足夠的審查委員人數，並邀請審查委員進行審查說明會。

3. 進行審查

一般分為書面審查及簡報審查等方式，複雜的案子或經費額度較龐大、執行期程較長者，有時候會分為初審、複審及決審等程序。而複審或決審階段，視情形邀請申請單位進行簡報或實地訪視。

4. 核定計畫經費

審查委員就教育行政機關規劃的計畫重點，視申請單位提報計畫的可行性、內容的完整性、經費支用的合理性、效益性、永續性及自我管考的嚴謹性等項目，綜合衡酌之後據以建議合宜之計畫經費，以為教育行政機關核定計畫經費及申請單位執行的依據。

（三）期中評估

計畫的實施一般都有一定的期程，為確保在該期程內的計畫執行進度與品質，能依據簽訂的合約或計畫明定的時間完成，通常會進行期中成果的檢核，針對執行進度、品質與相關配合事項加以檢視，以了解前半期的計畫實施概況，檢視執行之困難問題，同時進一步評估後半期的執行是否保證如期如質完成。因此，期中評估是教育計畫執行非常重要的關鍵步驟之一，更是教育行政機關對於主管的教育計畫進一步了解初步執行進度與管考成效的重要作為。

（四）期末檢核

計畫執行結束，必須就計畫的目標、經費、執行情形，與預設的質化與量化預期成效指標等項加以檢視，同時對經費的執行率加以盤整檢核，尤其是有些計畫要求自籌配合款比例（一般約補助款的 10%）之達成程度，綜合歸納計畫執行之後的成果資料與特色事項，以為資源投入（input）、執行過程（process）與成果（outcome）展現的綜整呈現。而申請單位或執行單位提報的成果資料，通常教育行政機關會進一步透過書面或期末審查會議進行檢核；延續性計畫之執行成果，則併入次年度計畫規劃的滾動計畫中加以審查。

（五）檢討精進

　　教育的運作是持續的歷程，教育計畫無論是單一性或持續性，於執行之後，都須進行自我檢討程序。首先，透過計畫關係人的書面意見進行後設評析，檢討計畫目的、申請提報、計畫審查、執行過程與規定、經費支用、成果資料彙整等，進行量化滿意度或質化意見蒐集，以了解審查委員、申請單位或執行單位之行政或學術人員對教育計畫的檢討意見。其次，召開檢討會議，邀請審查委員或關係人針對計畫內容交換意見，提出應興應革的改善建議或修正方向，以為教育行政機關滾動修正教育計畫的參考。

貳　教育計畫的發展趨勢

　　教育是永續的歷程，教育計畫是落實教育政策的重要行動方案，其重要性備受矚目，以下說明教育計畫的發展趨勢。

（一）教育計畫的擬定，以教育政策為方針

　　教育行政計畫為主管教育行政機關施行教育政策的藍圖，影響的關係人含各級教育行政主管機關、教育行政人員、學校行政及學術單位、教師、學生及家長等。因此，計畫依政策規劃，計畫之施行結果更能展現政策的成效。換言之，先有教育政策的確定，當有助教育計畫的推動。

（二）教育計畫的規劃，以競爭經費為誘因

　　教育計畫的實施，不管是硬體或軟體，都須仰賴龐大的教育經費為後盾。但教育經費須配合年度預算編列，資源有限下如何發揮最大成本效益，有些需挹注基本需求經費，有些須提供長遠性的建設經費。而競爭性經費，則須設定基本條件，開放符應資格的單位提出規劃申請，經審查之後擇優給予專款補助，以提高教育計畫的執行成效。

（三）教育計畫的程序，以各關係人為諮詢

　　為使計畫的訂定更為嚴謹，需有機關代表、學者專家、家長會、教師組織、教師、社區、弱勢族群及學校行政人員等代表參與，主辦單位

亦應於適當時機進行對外公開的意見徵詢程序，使計畫內容尊重民意更符合關係人需求。

（四）教育計畫的執行，以定期追蹤為管考

完成審查核給的計畫經費，應專款專用，且須依照原始規劃旨意或審查建議的方向確實執行，執行過程若涉及不同的單位或眾多人員者，宜有管考單位以定期督導、追蹤執行進度與品質，以強化執行過程的有效性，確保期末成果能符合預期目標。為控管計畫之執行，必要時得定期填報執行進度、召開進度列管會議、進行實地訪視、視導或查核。

（五）教育計畫的成效，以績效成果為指標

所謂成效係指教育計畫執行之後，依據投入（input）及過程（process）展現出的質量化成效（output），而績效成果（outcome）則是執行計畫之後所能展現出的具體效果。因此，質量化成效如辦理的活動場次、參與的師生人數（次）、參與率（%）等過程資料；成果面則須展現出增值效益（add value），如取得有助就業加值之專業證照人數、專利件數及技轉回饋金額、產學合作件數及經費、推廣教育收入、創業人次及金額等。

（六）教育計畫的檢討，以滾動修正為永續

好的政策必能帶來好的教育計畫，但再好的計畫也無法一次到位或立竿見影。為了強化教育計畫的延續性與周延性，必須定期不斷地檢討與修正，使教育好而更好，不斷精進永續發展。

問題討論

1. 何謂教育計畫？計畫與計劃有何區別？教育計畫應包含哪些內涵？
2. 教育計畫的類別有哪些？教育行政機關制定教育計畫時會受到哪些因素的影響？

3. 教育計畫規劃的流程有哪些？試舉一例說明有哪些應注意的相關程序。

4. 教育計畫的實施與管考應注意些什麼？如何落實計畫實施之後的滾動修正，使教育永續發展？

5. 因應十二年國民基本教育的實施，教育部訂頒哪些計畫方案？試評估其成效，並提出有效的建議策略。

6. 從事教育行政工作，須預擬計畫，才能經濟而有效地達成目標，請問計畫的意涵和程序為何？擬定教育行政計畫應把握那些原則？請加以申論。（104年三等特考）

7. 教育行政計畫對學校與行政機關相當重要，在做教育行政計畫時，有很多種技術可以運用，讓所做的行政計畫具體可行。請指出五項做計畫的技術，並說明其運用時機。（108年高考）

8. 競爭經常被利用作為教育政策引導與品質提升的工具，請舉一個中央政府的教育相關競爭型計畫，說明其計畫理念及策略設計，你覺得競爭作為政策工具，是否能達成原來的目標？又會有那些負面或未預期的影響？（110年高考）

參考文獻

十二年國民基本教育實施計畫（2017 年 10 月 12 日核定）。https://ws.moe.edu.tw/Download.ashx?u=C099358C81D4876C725695F2070B467E436AA799542CD43DD77DA1FDC37EDDFE48CC650384AE6EB6BFC85D6C12328CA0195288BCFE92EDCF8C4A9B291054F60DF969AEE499E1A7E155163F6986309498&n=4B4C369F9FBEA8E2012BCE2930FB7DC51729A6E37B3998B8DB8D1E349868AAF1E06B0927DBF0EC02BEC432D845850B63E205D861B51B7A1B095A796628FEA58ACFB1FB426D809484&icon=..pdf

十二年國民基本教育課程綱要總綱（2021 年 3 月 15 日修正）。https://edu.law.moe.gov.tw/LawContent.aspx?id=GL002057&kw=%e5%8d%81%e4%ba%8c%e5%b9%b4

%e5%9c%8b%e6%b0%91%e5%9f%ba%e6%9c%ac%e6%95%99%e8%82%b2%e8%
aa%b2%e7%a8%8b%e7%b6%b1%e8%a6%81%e7%b8%bd%e7%b6%b1

文化資產保存法（2016 年 7 月 27 日修正）。https://law.moj.gov.tw/LawClass/LawAll.
aspx?pcode=h0170001

中央法規標準法（2004 年 5 月 19 日修正）。https://law.moj.gov.tw/LawClass/LawAll.
aspx?pcode=A0030133

中華民國憲法（1947 年 1 月 1 日公布）。https://law.moj.gov.tw/LawClass/LawAll.
aspx?pcode=A0000001

公立高級中等以下學校電力系統改善暨冷氣裝設計畫（109 至 111 年）（2020 年 9 月
2 日核定）。https://www.edu.tw/News_Plan_Content.aspx?n=D33B55D537402BAA
&sms=954974C68391B710&s=9794AA0A966BC136

行政程序法（2021 年 1 月 20 日修正）。https://law.moj.gov.tw/LawClass/LawAll.asp
x?pcode=A0030055&kw=%e8%a1%8c%e6%94%bf%e7%a8%8b%e5%ba%8f%e6
%b3%95

兒童課後照顧服務班與中心設立及管理辦法（2019 年 12 月 5 日修正）。https://edu.
law.moe.gov.tw/LawContent.aspx?id=GL000660#lawmenu

我國少子女化對策計畫（**2018 年至 2024 年**）。https://www.edu.tw/News_Plan_Content.
aspx?n=D33B55D537402BAA&sms=954974C68391B710&s=1F066099DDDA393B

林天祐（2003）。教育行政計畫。載於林天祐（主編），**教育行政學**（頁 47-80）。
心理。

林天祐、林雍智（2017）。教育行政計畫。載於林天祐（主編），**教育行政學**（頁
53-96）。心理。

青年海外和平工作團計畫（2020 年 1 月 3 日核定）。https://www.edu.tw/News_Plan_
Content.aspx?n=D33B55D537402BAA&sms=954974C68391B710&s=34029B0B67
1C2553

前瞻基礎建設－城鄉建設－營造休閒運動環境計畫（2017 年 7 月 10 日核定）。
https://www.edu.tw/News_Plan_Content.aspx?n=D33B55D537402BAA&sms=95497
4C68391B710&s=103759A75EF4FA90

前瞻基礎建設計畫——人才培育促進就業之建設 優化技職校院實作環境計畫（2017

年 7 月 10 日核定）。https://www.edu.tw/News_Plan_Content.aspx?n=D33B55D537 402BAA&sms=954974C68391B710&s=CF3793C588C0CA53

高等教育深耕計畫（2017 年 7 月 10 日核定）。https//www.edu.tw/News_Plan_Content. aspx?n=D33B55D5374028AA&sms=954974C68391B710&s=333F49BA4480CC5B

高級中等學校適性學習社區教育資源均質化實施方案（2022 年 7 月 27 日修正）。 https://comm.tchcvs.tc.edu.tw/File/NewFile/672.pdf

師資培育法（2019 年 12 月 11 日修正）。https://edu.law.moe.gov.tw/LawContent. aspx?id=FL008769#lawmenu

教育部（2020）。產業學院計畫。https://industrycollege.ntust.edu.tw/About. aspx#Purpose

教育部（2022a）。重大教育政策發展歷程——國民教育。https://history.moe.gov.tw/ Policy/Detail/0697417e-275b-44f3-98ec-3d906f6c7747

教育部（2022b）。國民中小學校概況統計（110 學年度）。https://stats.moe.gov.tw/ bookcase/Basic/111/22-23/index.html

教育部部史（無日期 a）。教育大事記——十二年國民基本教育。https://history.moe. gov.tw/Memorabilia?yearInterval=0&keyword=%E5%8D%81%E4%BA%8C%E5%B 9%B4%E5%9C%8B%E6%B0%91%E5%9F%BA%E6%9C%AC%E6%95%99%E8% 82%B2

教育部部史（無日期 b）。歷任教育首長。https://history.moe.gov.tw/Chief

教育部及所屬各機關（構）個案計畫管制評核作業要點（2020 年 7 月 2 日修正）。 https://edu.law.moe.gov.tw/LawContent.aspx?id=FL051318

教育部國民及學前教育署補助直轄市縣（市）政府協助公立國民中小學引進外籍英 語教師要點（2012 年 12 月 20 日修正）。https://edu.law.moe.gov.tw/LawContent. aspx?id=FL034148

教育部國民及學前教育署（2022）。持續推動中小學學校國際化 國教署提供建構國 際化學習環境及校園支持系統。https://www.edu.tw/News_Content.aspx?n=9E7AC 85F1954DDA8&s=A69AFBCAAA0CA328

教育部國民及學前教育署補助推動精緻國教基礎設施建設計畫作業要點（2022 年 6 月 14 日修正）。行政院公報，**28**(109)，1-2。

教育部推動及補助地方政府與私立教保服務機構合作提供準公共教保服務作業要點（2022 年 3 月 4 日修正）。https://edu.law.moe.gov.tw/LawContent.aspx?id=GL001795

教育部新南向人才培育推動計畫（2017 年 1 月 5 日核定）。https://www.edu.tw/News_Plan_Content.aspx?n=D33B55D537402BAA&sms=954974C68391B710&s=04395417836BAB59

教育部產學攜手合作計畫補助要點（2021 年 11 月 11 日修正）。https://edu.law.moe.gov.tw/LawContent.aspx?id=FL043621&kw=%e6%95%99%e8%82%b2%e9%83%a8%e7%94%a2%e5%ad%b8%e6%94%9c%e6%89%8b%e5%90%88%e4%bd%9c%e8%a8%88%e7%95%ab%e8%a3%9c%e5%8a%a9%e8%a6%81%e9%bb%9e

教育基本法（2013 年 12 月 11 日修正）。https://edu.law.moe.gov.tw/LawContent.aspx?id=FL008468

第 2 期高齡教育中程發展計畫（2021 年 2 月 25 日核定）。https://www.edu.tw/News_Plan_Content.aspx?n=D33B55D537402BAA&sms=954974C68391B710&s=996BDA04041D4D8C

國立社教機構環境優化‧服務躍升計畫（2020 年 6 月 5 日核定）。https://www.edu.tw/News_Plan_Content.aspx?n=D33B55D537402BAA&sms=954974C68391B710&s=47DC06CDB940F4B9

國民教育法（2016 年 6 月 1 日修正）。https://law.moj.gov.tw/LawClass/LawAll.aspx?pcode=H0070001

國民教育階段家長參與學校教育事務辦法（2012 年 4 月 24 日修正）。https://law.moj.gov.tw/LawClass/LawAll.aspx?pcode=H0070029&kw=%e5%9c%8b%e6%b0%91%e6%95%99%e8%82%b2%e9%9a%8e%e6%ae%b5%e5%ae%b6%e9%95%b7%e5%8f%83%e8%88%87%e5%ad%b8%e6%a0%a1%e6%95%99%e8%82%b2%e4%ba%8b%e5%8b%99%e8%be%a6%e6%b3%95

國家發展委員會（2015）。公共政策網路參與平臺。https://join.gov.tw/

國家語言發展法（2019 年 1 月 9 日發布）。https://law.moj.gov.tw/LawClass/LawAll.aspx?pcode=H0170143&kw=%e5%9c%8b%e5%ae%b6%e8%aa%9e%e8%a8%80%e7%99%bc%e5%b1%95%e6%b3%95

學校餐廳廚房員生消費合作社衛生管理辦法（2016 年 7 月 6 日修正）。https://edu.
law.moe.gov.tw/LawContent.aspx?id=FL024580

學習社會白皮書（2021 年 3 月）。https://ws.moe.edu.tw/001/Upload/3/
relfile/6315/78766/cd4b2755-dcd2-46c9-bfed-05e986141b51.pdf

黃昆輝（1989）。**教育行政學**。東華。

謝文全（2004）。**教育行政學**。高等教育。

藝術教育法（2015 年 12 月 30 日修正）。https://law.moj.gov.tw/LawClass/LawAll.
aspx?pcode=H0170037

Young 飛全球行動計畫（2021 年 10 月 12 日核定）。Download.ashx（moe.edu.tw）

Cheong, C. Y., Keung, C. A. C., & Wing, N. S. (2016). *Internationalization of higher educa-
tion the case of Hong Kong*. Springer.

Iain, D., Caroline, S., & Dominique, P. (2012). The challenges and opportunities for profes-
sional societies in higher education in Australasia: A PEST analysis. *Australasian Jour-
nal of Educational Technology, 28*(1), 105-121.

Orit, H., Einat, H-M., Anat, E-Z., Tali, T., & Judy, D. Y. (2018). *Application of management
theories for STEM education the case of SWOT analysis*. Springer.

第四章

教育行政決定

楊振昇

　　「行政無他，決定而已。」不論從事教育行政工作或是學校行政工作，作決定可說是最重要的核心功能之一；唯有正確可行的教育行政決定，才能提高組織的效能與成員的工作士氣，進而促進組織的健全發展，不可不慎。因此，不論是一般的教育行政人員或是學校行政人員（以下通稱爲教育行政人員），均有必要深入了解行政決定的重要性並妥善應用在領導作爲上。

　　本章主要在探討教育行政決定的內涵及其應用。首先分析教育行政決定的意義與重要性，其次則探究教育行政決定的步驟與影響因素，最後則闡述教育行政決定在領導上的應用。

第一節　教育行政決定的意義與重要性

　　以下分別從教育行政決定的意義與重要性兩部分加以探討，期能幫助讀者進一步了解教育行政決定的概念。

壹　教育行政決定的意義

　　首先，在探討教育行政決定的意義之前，有必要了解作決定（decision-making）與作決策（policy-making）的區別。基本上，兩者有以下兩方面的差異：

（一）主體不同

　　一般而言，作決定的主體在權責階層分布上較爲廣泛，不論是高層、中層或基層的教育行政人員，往往都具有作決定的權力，只是所作決定的內容與性質不盡相同；而作決策的主體，則多屬於高階層的行政人員，中層或基層人員作決策的機會較少，甚至不存在。舉例來說，教育部的部長、次長及教育局處長往往具有決策的權責，而中央與地方的科長及以下的同仁雖然也具有決定的權力，但較屬於例行性或影響力較小的決定。

（二）範圍不同

　　通常作決定所涉及的事務較爲廣泛，大如十二年國教政策的制訂、課綱的修訂、大學多元入學政策的研訂、國中升高中會考政策的研訂等等國家重大教育政策的訂定，小至一個學校志工隊的成立、學校家長會活動的舉辦、個人結婚對象的選擇，以及個人日常生活事物的抉擇等等，均屬於作決定的範疇；而決策的範圍則通常是屬於全國性、整體性的，誠如前述，又如我國大學的學費政策、大學校長的遴選制度等等均屬之。就此而言，作決定的範圍遠比決策來得廣，作決定包含了決策，而決策乃是作決定的一環。

　　綜上所述，可知作決定與作決策二者在主體面與範圍面均有所不同。就前者而言，幾乎是人人都會有的一種行爲抉擇活動，它也涉及一般性問題解決的歷程，並不必然與政策的決定有關；至於後者則屬於全面性、整體性的抉擇活動，通常只有較高層級的行政人員才具有決策的權責，讀者有必要加以區別。

　　其次，若能探究行政決定的內涵將有助於了解教育行政決定的意義。就行政決定的意義而言，中外學者在 1950 到 1970 年代就曾有許多精彩的論述，這些論述也深深影響日後學者的研究。例如 Bross（1953）強調行政決定的本質就是一種選擇，乃是在許多可行的變通方案（alternatives）中選擇一種行動的過程。而著名的學者 Simon（1960）與 Ofstad（1961）也指出行政決定可說是在兩種或兩種以上可能的方案中，經過深思熟慮後所做出一種選擇的行爲。另外，Elbing（1978）也指出，在所有可行的變通方案中作一抉擇，可說是行政決定的主要概念。

　　就國內而言，有關行政決定意義的探討與國外相似，在 1970 到1990 年代有許多著名的學者就曾加以界定並受到國內學術界的推崇。例如張金鑑（1978）認爲行政決定是一個機關爲達成任務，在若干可能的方案中運用智慧與判斷力，進行最佳抉擇的過程。再者，黃昆輝（1988）認爲行政決定乃是學校行政人員爲促進教育的進步與發展，針對特定的問題，透過組織的運作，擬訂若干變通方案，並作合理抉擇

的過程。另外，吳清基（1989）則對行政決定有以下的界定：行政決定是指有相對權責的個體或組織，在面臨問題解決或行為抉擇時，依據一定的價值標準或目的，從許多可行的變通方案中，選擇一種最佳的或令人滿意的方案。再者，謝文全（1995，2012）則強調行政決定乃是指人在遭遇問題時，從若干解決的變通方案中作最佳抉擇以解決問題的歷程，期能順利達成目標。

就以上國內外有關行政決定意義的論述，可看出行政決定基本上是在面臨已存在或即將來臨的問題時，根據組織發展的特性、目標與實際需要，經過審慎思維與判斷，而從兩個或兩個以上的變通方案中，作一較佳的抉擇，以解決問題並達成預定的目標；換言之，作決定乃是選擇較佳變通方案的一種歷程。

如果進一步探討教育行政決定的意義，可界定為當教育行政領導者（包含中央及地方教育行政主管機關首長以及學校校長）在面臨已經存在或即將來臨的問題時，根據組織發展的特性、目標與實際需要，經過審慎思維與判斷，而從兩個或兩個以上的變通方案中，作一較佳的抉擇，以解決問題並達成預定的目標。在過程中必須蒐集相關的資訊，傾聽相關利害關係人的心聲，並充分掌握決定發布後可能產生的負面影響與衝擊。

貳　教育行政決定的重要性

就教育行政領導者而言，必須謹記「方向永遠比速度更重要」，而要帶領組織往對的方向前進，則必須深刻體認作出正確的教育行政決定扮演著重要的關鍵地位，因為一旦決定失誤，不僅勞民傷財，浪費組織有限的資源，也將影響組織的進步與發展（吳明清，2015）。誠如俗話說：「錯誤的決定比貪官汙吏更可怕。」貪官與汙吏橫奪民財、魚肉百姓，往往遭人唾棄而在歷史上遺臭萬年；然而，一項政策或制度的錯誤決定，其影響層面則更為廣泛深遠，因此，教育行政人員，尤其是組織的領導者，不可不慎！

就教育行政決定的重要性而言，歷來中外學者均有相當多的論述。例如：教育行政學者 Griffiths（1959）指出作決定乃是任何教育行政組

織的中心；教育行政的本質就在於控制作決定的歷程；他進一步指出當前各項決定乃是過去決定的延續，而未來的決定則是當前決定的延伸，也因此，審慎、周延、合理的決定，乃說是確保決定品質的重要關鍵，對於組織發展有重要的影響。另外，Sergiovanni 和 Carver（1980）也指出，行政決定乃是行政活動與教育活動的中心，有助於了解教育行政組織的效能。再者，行政學大師 Simon（1976）則進一步指出，行政管理的歷程，就是作決定的過程，行政的理論必須包含能夠確保正確作決定的組織原理。

其次，在我國方面，吳清基（1989）與張慶勳（1996）均強調作決定乃是行政歷程的中心所在，更是任何行政組織運作成敗的重要關鍵，作決定貫串了所有教育行政的活動，也支配了整個教育行政的歷程。我國另一位學者黃昆輝（1988）則由「行政三聯制」的觀點來闡述教育行政決定的重要性。黃教授指出，就計劃（planning）而言，乃是一系列的決定，不僅在尋求問題解決的辦法，或思考改進現狀的策略，更須考慮到所定計畫的有效實施。就執行（implementation）而言，是在執行所定的計畫或決定，若計畫不周詳或決定有偏失，則將無法順利執行。而考核（evaluation）則在檢證執行的效果，並了解所作決定是否適切。因此，如果計畫不佳，決定不智，都會影響執行與考核的工作，也會直接關係到整個教育行政組織的運作。

綜合以上所述，可知行政決定乃是推動教育行政工作的重點與核心，唯有周延、有效、合理的行政決定，才能為工作的推展訂下正確、可達成的目標，以及具體、可行的執行策略，教育行政決定的重要性不容忽視。筆者進一步加以分析，認為可以從以下四面論述教育行政決定的重要性：

（一）展現領導者專業知能

領導者能否發揮應有的角色功能攸關組織的發展，而作出正確可行的決定則能充分展現領導者的專業知能，不僅能有效因應快速的環境變遷，更能在一片競爭激烈的紅海中開創組織發展的藍海策略。誠如嚴長壽（2021）指出，領導者要勇於作決定，並透過本身的專業知能妥善處理危機。

（二）凝聚組織成員向心力

領導者對外代表組織，若領導者所作出的決定目標正確、策略可行，自然能凝聚組織成員的向心力，成員間認同組織的領導者，有溫馨和諧的組織氣氛，將有助於工作目標的達成。

（三）激發成員的工作士氣

在組織的運作過程中，如果領導者欠缺專業，無法作出合理可行的決定，很容易招致「將帥無能累死三軍」的批評，影響所及，導致人員流動率高，工作士氣低落。基於此，唯有領導者作出合理可行的決定，才能激發成員高昂的工作士氣。

（四）強化組織對外競爭力

誠如前述，身處快速的社會變遷時代中，組織要面對的不是會不會有競爭，而是會面對何種競爭，以及如何在高度競爭中逆勢創造出更好的績效？這也充分印證商場上耳熟能詳的一句話：微軟距離失敗只差兩年。企業要有憂患意識，教育行政組織何嘗不是如此，因此，領導者必須審慎思考如何作出合理可行的決定，才能不斷強化組織對外的競爭力，進而促進組織的長遠發展。

第二節　教育行政決定的步驟與影響因素

教育行政決定的良窳與組織是否能健全運作密切相關，也攸關組織效能是否能有效提升，以及組織目標是否能充分達成。本節主要在探討教育行政決定的步驟與影響因素。

壹　教育行政決定的步驟

教育行政決定攸關組織發展，也因此教育行政決定的步驟是否周延縝密自然不容忽視。就此而言，中外學者專家論述頗多。舉例來說，Griffiths（1959）曾提出行政決定的六個步驟，分別是：(1) 認識並界定問題；(2) 分析並評鑑問題；(3) 建立標準，藉以評鑑解決方案是否合理

可行；(4) 蒐集有關資料；(5) 發展並選擇變通方案；(6) 實施所選擇的變通方案。其次，Simon（1960）認為行政決定應有以下三個步驟：

1.情報活動（intelligence activity）：本階段主要在於調查環境，發現有待解決的問題並了解問題的來龍去脈。

2.設計活動（design activity）：本階段主要在於蒐集相關的訊息並聽取相關利害關係人的意見，進而尋求解決問題的變通方案與實施辦法。

3.選擇活動（choice activity）：本階段主要在預測各種變通方案的可能結果，分析其利弊得失，而作較佳的抉擇。

再者，Hoy 和 Miskel（1996）認為在決定過程中，有以下五個步驟必須注意：(1) 認識並界定問題；(2) 分析現況中各項困難；(3) 建立解決問題的標準；(4) 發展行動的方案或策略，其中應明確敘述各種可行方案與結果的預測，以及審慎選擇行動的途徑；(5) 執行行動方案。

另一方面，筆者在綜覽國內相關學者的看法後，認為謝文全（1995）對於行政決定步驟的看法很值得參考，以下結合謝教授以及筆者的看法，提出教育行政決定應包含的步驟：

（一）認識問題界定目標

認識問題、澄清問題，並界定明確的目標，乃是作決定的首要步驟。教育現場的問題有時相當複雜，如果只看表面往往容易忽略背後真正的原因，例如縣市教育局處長面對民意代表的質詢時，必須考慮教育資源公平有效合理的分配，才能免於頭痛醫頭、腳痛醫腳的決定。也因此作決定者必須主動去了解問題，才能及早因應；同時，也應在深入了解問題之後，依據問題特性訂定明確的目標，作為組織成員共同努力的方向。

（二）設定前提或判斷標準

前提或判斷標準是將來選擇變通方案的原則，由於決定的執行有時是在未知的情境中進行，存在許多不確定性，因此必須先訂定若干前提或判斷標準以為因應；例如：在經費有限的情況下，對於數百所學校提出有關操場跑道整修或新建的要求時，自有必要研訂相關的指標，諸如

學生數、整修或新設、所提經費額度等等作為補助的優先順序。在設定前提或判斷標準時，需考慮受決定影響的人或組織的道德標準、法律規範、價值體系、組織文化與傳統，以及可用的人力與物力資源。

（三）蒐集有關資料

大數據是時勢所趨，凡事強調科學與證據本位，也因此教育行政決定不能全憑直覺或經驗，也不應該憑空想像，必須以客觀詳實的資料為依據，才能作出合理可行的決定，就此而言，相關資料的蒐集自屬必要。惟所蒐集的資料，必須有解決問題的價值，且應具有正確性，始能避免誤導決定的方向；當然，平時資料的蒐集、整理與適當保存，也是因應問題解決的重要途徑。

（四）研擬變通方案

組織的領導者必須善用組織內部的人力資源，以及組織外部的專家系統，才能擬定出較佳的變通方案。當然通常在作決定時，並非僅提出單一解決方案，而應盡可能多列舉若干的變通方案，以作為決定前的評估與參考。也因此，領導者必須藉助於組織內部與外部的諮詢系統，彼此廣泛交換意見，集思廣益。

（五）選擇較佳方案

作決定本身就是一個選擇的過程，如何在許多變通方案中選出適切可行的方案考驗著領導者的經驗與智慧。進一步來說，有關方案的利弊得失、影響範圍以及可能結果的因應，均應深入盤點思考，不應一味求快或僅為少數人的利益著想。

（六）進行檢討改進

在實施所作的決定以後，必須進行檢討改進，以深入了解執行情況及所遭遇的問題與困境，以作為修正的參考依據。如同讀者所了解的，應兼重執行過程中的「形成性評鑑」（formative evaluation）與執行結果的「總結性評鑑」（summative evaluation），以供下次決定之參考。

綜觀上述，筆者要強調任何一項決定都具有「循環」（recycle）的特性，也就是現在的決定是過去決定的延續，而未來的決定則是現在決定的延伸，這是組織領導者必須謹記在心的，因為如果現在的決定有誤，必將影響到日後組織的運作與各項決定。

貳　教育行政決定的影響因素

誠如前述，教育行政決定是領導者的核心功能，就影響教育行政決定的因素而言，大體上可區分為組織因素與個人因素（吳清基，1984，1989；黃昆輝，1988；魏鏞，1978；Simon, 1976）。

首先，就「組織因素」來說，包括組織外在的壓力、組織的資源、組織的溝通系統、組織內部人際關係與組織內部傳統等等：

（一）組織外在的壓力

不可諱言地，領導者在作決定的過程中，難免會受到許許多多外在的壓力。一般說來，壓力團體之所以對行政機關施加壓力，往往是因為利益上的衝突、價值的認知不一，或對事實理解不清所造成，因此，領導者應儘量做好與外界意見溝通的工作，雖然有時候已經盡全力進行溝通，但難免仍然無法有效化解。筆者要強調的是，即使面對外在壓力，領導者也應堅守原則，不可流於鄉愿、自毀立場，而使組織作出傷害大眾、圖利少數人的錯誤決定。以教育部長及教育局處長而言，外在的壓力難免存在，如何妥善因應並作適切因應，自然考驗著部長與局處長的智慧。

（二）組織的資源

不論是各級教育行政主管機關或是學校，所具有的資源終究有限而難以滿足所有人的需求。在此情況下，也就會影響所作的決定。舉例來說，教育部對於高等教育、高中教育、國民教育以及特殊教育經費的分配往往會受到教育總預算的影響；相同地，縣市教育局處如何在每年有限的教育預算中，訂定優先順序補助各校操場與跑道的整修、校舍的修繕，以及教學設備的需求等等，也是教育局處長必須面對的重要課題。

（三）組織的溝通系統

　　教育行政機關的縱向溝通與橫向溝通是否暢通，往往會影響所作決定是否可行。舉例來說，因應少子化的趨勢，教育局為保障教師的工作權而提出新學年度總班級數不變的政策。就此而言，高中、國中、國小均應有一致性的作法，而對於特殊教育自然也應該秉持同樣的作為，而不應該貿然實施減班。然而在實務上，有時因橫向聯繫不夠而產生作法的不一致，值得各級教育主管機關加以注意。

（四）組織內部人際關係

　　領導者在作決定的時候，除了會受到外在壓力的影響外，組織內部成員之間的關係也是不容忽視的重要因素。詳言之，如果組織內部擁有和諧的人際關係，彼此能相互協調合作，往往較能對組織的發展目標產生認同感；相反地，如果組織成員之間勾心鬥角、相互猜忌，則整個組織必定士氣低落、分崩離析，也將導致所作的決定窒礙難行、功虧一簣。

（五）組織內部傳統

　　在組織的運作中，內部傳統與成員的舊有心智模式往往會影響領導者的決定。舉例來說，如果組織內部長期存在「組織惰性」或成員抱著多一事不如少一事、多做多錯少做少錯的心態，即使領導者想要開創新局，作出有突破性的決定，但受限於組織成員的保守與抗拒，自然很難順利推動而達成預定目標。

　　其次，就「個人因素」來說，包括個人的學驗背景、價值觀念、人格特質與直覺經驗等等，以下分別加以說明：

（一）個人的學驗背景

　　領導者是否具備充分的專業知能攸關組織未來的發展，而在作決定者的過程中，領導者本身的知識與經驗將直接影響所作決定的正確性與可行性（毛治國，2003）。進一步來說，如果領導者對問題具備充分的問題意識與經驗，往往較能因應問題特性，作出較佳的決定；也因此，如何有效提升作決定者的專業知能，並豐富其相關經驗，值得領導

者本身加以重視並付諸實踐。

（二）個人的價值觀念

在作決定的過程中，難免必須運用領導者的哲學思維，而哲學思維往往與領導者的價值觀念關係密切。舉例來說，教育局長本身是否重視國民中小學的美感教育，包括書法、音樂等等，都會影響到相關業務的推動。還記得筆者在擔任直轄市的教育局長期間，曾提醒終身教育科長應把藝術美感教育同步推展到偏鄉的學校。當筆者經過大約三小時的路程趕到臺中市和平區海拔最高的學校，並與全校小朋友一起欣賞紙藝術的動態表演，看到全場小朋友是那樣的雀躍、聚精會神，似乎正將他們深藏內心的藝術細胞激發出來，筆者熱淚在眼眶裡打轉，孩子們滿心期待下次還能看到類似的演出。試想只要編列一些經費，卻能讓這些偏鄉的孩子也能享有接觸藝術表演的機會，這不是縮短城鄉差距具體的作法嗎？同樣的道理，技職教育是目前深受重視的領域，教育領導者應該編列經費，提供國中端的師生提早接觸，而對於高中端的學生也應提供職涯試探的平臺，幫助他們提早認清本身的優勢與興趣，日後才能選擇適當的就讀科系，避免學非所用、用非所學的落差，進而充分呼應「選技職、好好讀、有前途」的期勉。

（三）個人的人格特質

影響作決定的另一項重要因素乃是個人的人格特質。通常過於主觀或自卑的人格特質，常因作決定者的獨斷、偏見或防衛心理，導致所作決定有所偏失，也就是這類型的領導者所作出的決定往往無法照顧到相關的對象，只有少數或與領導者互動密切者才能獲益，並不符合公平正義的原則；另一方面，欠缺邏輯推理能力或承受壓力的韌性，也將致使所作決定流於鬆散與短視，具有這樣的人格特質者所作出的決定有時不夠周延或欠缺完善的規劃，導致決定窒礙難行。

（四）個人的直覺習慣

在作決定時，如果只靠著個人的直覺或是過去的反應模式，往往無法作出合理可行的決定，尤其隨著快速的社會變遷，許多教育現場已不

若以往，就如同近年來受到新冠肺炎疫情的影響，運用數位科技加強線上教學乃是必然的趨勢。也因此，在作相關決定時，必須與時俱進，汲取相關的知識，重視縝密的判斷與抉擇歷程，才能落實所作的決定。

綜上所述，教育行政決定深受許多因素影響，舉凡組織外在的壓力、組織的資源、組織的溝通系統、組織內部人際關係與組織內部傳統等組織因素，或是個人的學驗背景、價值觀念、人格特質與直覺經驗等個人因素，都將直接或間接影響到決定的品質；也因此，對於領導者而言，必須深入了解個人的優點與限制，並致力於本身優點的展現與限制的突破，有效整合組織內外相關人員與團體，才能使所作出的決定務實可行。

 ## 第三節　教育行政決定在領導上的應用

對領導者而言，行政決定是教育行政的核心，如何妥善作出合理、有效、可行的決定，乃是不容忽視的重要課題。筆者在歸納相關文獻並結合個人經驗後，謹提出做對的事（Do the right thing）、蒐集完整的資訊、提高決定的合理性、適時進行宣導，以及落實成效的檢討等，以下分別加以闡述。

一、做對的事

在作決定時必須明確區別做對的事（Do the right thing）與把事做對（Do the thing right）的差異，前者強調所作決定的方向正確，往往屬於政策面，後者偏重決定順利執行，較屬於執行面。

由於領導者所作的決定往往影響深遠，對相關的利害關係人在權益上的影響也不容忽視，因此必須做對的事；反之，如果僅是便宜行事，思慮鬆散，不僅容易方向錯誤，當然更不容易達成既定的目標。就此而言，領導者必須不斷提升本身的專業知能，強化學識、經驗與能力，才能免於被淘汰的命運。誠如黃昆輝（1988）指出，教育行政人員除了

應該自我充實相關理論知識與背景外，尤其應該積極培養本身統觀、洞察與變通等三種能力。統觀能力強調綜觀全局、整合資源與資訊，以及分析思考問題的能力，既要見樹也要見林，這項看法與 Senge（1990）所提出的系統思考能力（system-thinking ability）不謀而合，真可說是英雄所見略同。

　　舉例來說，前面談到目前國內存在嚴重的學用落差問題，一方面業界表示找不到人，但另一方面卻又有許多人找不到工作，其根本的原因在於業界要找的職缺年輕人怕辛苦而不願意去做，年輕人往往只想在有冷氣房的環境工作，久而久之，便造成人力資源的浪費。因此，要解決這個問題，主管教育行政機關必須檢討國內的高教環境，對於各類系所人力的培育與就業狀況應該加以盤點，甚至每一至三年提出檢討報告，對於畢業人力已經達到飽和的系所應該提醒各大學作為預警機制，而不要再盲從設立類似的系所。又例如為解決我國長久以來遭人詬病的升學主義問題，應避免流於「頭痛醫頭、腳痛醫腳」的片面與治標的作法，有效扭轉「萬般皆下品、唯有讀書高」的迷思，而必須通盤檢討高中與大學的入學制度，提供高中生提早探索興趣的平臺，並且建立技職教育體系學生的自信心；就此而言，臺中市政府教育局積極推動的悠遊臺中學就是一個很好的例子，藉由教育局提供的平臺，邀請中部各大學、機關（如科博館等）開設相關課程，鼓勵臺中市、彰化縣、南投縣、苗栗縣國中三年級到高中三年級的學生利用星期六的時間前往上課，凡是上滿 18 小時者由教育局長親自頒發證明，對於學生提早了解本身的興趣產生了相當大的幫助，也有助於學生日後就讀大學科系的選擇。

　　其次，所謂洞察的能力強調具備分析問題來龍去脈及因果關的能力，基本上，洞察能力強者較能迅速掌握問題的關鍵，並深入剖析問題成因，所作的決定也往往較能對症下藥；基本上洞察能力強調對問題了解的深度，而統觀能力則注重掌握問題的廣度，兩者除有賴先天的能力外，後天的學習與努力也不可或缺，諸如學識、領悟力、判斷力與問題解決能力等，均是重要的影響因素。另外，變通的能力是指彈性與靈活的思考能力。在作決定的過程中，由於環境複雜多元，如果單憑過去傳

統的模式，故步自封，不求突破，則所作的決定往往較難有效因應；例如：在面對新冠肺炎對學校的衝擊時，臺中市政府在盧秀燕市長的前瞻領導下，一開始便徹夜召開跨局處的應變會議，由衛生局、民政局、教育局分別提出報告與建議，最後決定前往疑似發生案例的地區開設前進指揮所，其後也設立快打站以疏散人潮並加速施打量能；這兩項新的創舉即是盧市長變通能力的充分展現，後來更成為許多縣市學習的對象。

二、蒐集完整的資訊

就領導者而言，在決定的過程中方向永遠比速度更重要，而所蒐集的資料是否完備正確乃是影響決定方向最重要的關鍵因素之一；也因此，如果資料不全、流於討好上級甚至報喜不報憂，都可能導致因誤判情勢而作出錯誤決定。

舉例來說，在筆者擔任地方教育行政主管機關首長時，曾發生所屬私立幼兒園有園長對兩名幼兒施虐事件，該事件係由離職員工將側錄的影片上傳。因有影片佐證，外界部分人士極力主張應立即依據《幼兒教育及照顧法》（簡稱《幼照法》）與相關法規予以撤照之處分。就《幼照法》之相關規定而言，教保服務人員不得基於處罰之目的，親自、命令幼兒自己或第三者對幼兒身體施加強制力，違反者最重將通報為不適任人員永不錄用，情節重大者，該幼兒園則予以減招、停招、停辦或廢止設立許可之處分。筆者在檢視相關事證並與曾任法官、檢察官、律師等法制人員交換意見後，除對於虐童之園長將通報為不適任人員永不錄用，另在幼兒園部分，係屬於情節重大者，仍須視是否有其他幼生受虐才能決定予以停招停辦或撤照之處分，否則貿然予以撤照，不僅日後形成案例，也容易在日後的行政訴訟過程中遭受挑戰，不可不慎！

三、提高決定的合理性

領導者在作決定時，由於面對的人事時地物不盡相同，情境也十分複雜，因此必須提高決定的合理性，也就是在決定的過程中強調較佳的選擇。對此筆者針對領導者提出以下具體的建議：

（一）深入了解自我

前已述及，本身的知識背景與相關經驗會影響到決定的品質，除此之外，領導者也必須深入了解自我、剖析自己，認清本身的人格特質、價值觀、優點與限制，尋求調整、修正或專業輔助，才能有效提高各項行政決定的品質。誠如嚴長壽（2021）指出，每個人在世界上都有可以發揮自身潛能之處，所謂天生我才必有用；但每個人必須了解自己的長處與缺點，並善加運用與改善。

（二）建立和諧的組織氣氛

組織氣氛對於組織的運作具有重要的影響，如果成員間彼此互動良好，不論是縱向或橫向聯繫均能暢通無阻，對組織發展與榮辱休戚與共，才能建立生命共同體的團隊意識，進而才能化解決定過程中組織內部非理性的對立與抗拒。

（三）外圓內方有為有守

不可諱言地，領導者在作決定時難免面對來自外界的壓力團體或利益團體的相關訴求。就此而言，對於合法且有助於學生學習、教師教學的訴求，領導者可以召集組織內相關部門主管彼此交換意見，諸如受惠的師生人數多少？經費需求是否合理？如果可行則可加以支持；當然，領導者對於不符法令或遊走在法令邊緣的訴求必須特別謹慎，除了秉持外圓內方的原則，加以婉轉回應外，也可透過制度層面的規範，使各壓力團體或利益團體知難而退。

四、適時進行宣導

領導者所作的決定之所以無法得到支持或認同，往往是因為組織內的成員或一般民眾不了解，也看不到作決定的原因或是能否帶來更好的成果，因而難免抱怨聲四起，質疑聲此起彼落。基於此，領導者必須針對所作的決定適時進行宣導，增加利害關係人對所作決定的了解。

舉例來說，教師專業知能的提升相當重要，教育部的相關作為理應得到各界的支持。就此而言，教育部曾有意推動教師十年換證的制度，要求教師每任職十年中，必須依規定進修若干學分，否則原有的教

師證書將失效，不得繼續任教。但因這項政策並未適時進行宣導，尤其決定前未能詳盡了解教師進修的整體需求、規劃教師進修的管道，因而引起大多數教師群起抗爭，導致當時的教育部長辭職下臺。又如在國中升高中方面，原本的聯考制度在 2001 年改為國中學生基本學力測驗（以下簡稱基測），分為國文、英語、數學、社會、自然五大領域以及寫作。在 2006 年以前滿分 300 分，不考寫作；2006 年基測第一次試辦寫作測驗，寫作成績不列入計算，但分數在 3 級分（含）以下者，升學後必須進行強制輔導課程。2007 年加考寫作測驗，共分 6 級分，滿分為 312 分，其中寫作成績計算方式為作文級分乘以 2。到了 2009 年基測量尺分數由 60 分提高到 80 分，滿分為 412 分。在 2014 年又將基測改為國中教育會考（以下簡稱會考），考試科目仍維持 5 科，成績分為 3 等級並加註 4 標示，包括精熟級 A（A++、A+、A）、基礎級（B++、B+、B）、待加強級 C。

從以上的敘述可看出在過去大約 20 年中，國中升高中的制度有明顯的變動，由行之多年的聯考改為基測，再從基測改為會考，中間的變化不可說不大，可能連教育工作者都很難全盤理解，更何況是一般的國民。基於此，筆者懇切呼籲改革制訂者必須加強宣導的工作，尤其應透過圖卡或各種方式向民眾傳達政策改變的原因、對學生有何好處、民眾有疑問如何尋求解答等等，才能使廣大的社會大眾對新的政策有正確的認知；另一方面，也能使學生、家長及學校單位有因應的時間，進而才能使國中升高中的制度獲得理解與支持。

五、落實成效的檢討

作決定乃是領導者做重要的核心功能之一，也可說是領導者與被領導者最大的差異；在作決定前，必須訂定決定的目標、蒐集完整的資訊、聽取相關利害關係人的意見，而一旦作成決定便需要進行適時的宣導。此外，在新的決定實施後必須進行成效的檢討，了解利害關係人或一般民眾對於新政策的看法，才能了解新政策是否獲得支持，以及還有哪些必須精進與改善的地方。

以上述國中升高中制度的改變為例，由行之多年的聯考改為基測的

原因爲何？勢必代表基測的作法優於聯考，相關的學理基礎何？基測計分的方式，尤其是寫作部分，改變的理由又是什麼？另外，由基測改爲會考的主要原因是什麼？這都需要有系統性、邏輯性、具說服力的說明，才能被社會大眾所接受，否則難免遭受爲改變而改變、頭痛醫頭腳痛醫腳的批評。此外，對於前述各項改變的成效如何，也需要在新政策實施後，針對利弊得失每年加以檢討改善，才能使教育的百年大計永續發展。此外，又如 108 課綱實施後即將進入第四年，但到目前爲止仍存在許多來自基層教師或社會各界的質疑或批評，面對這種情形，教育部或許可以委由國家教育研究院或專家學者進行專案研究，了解並坦然面對實際存在的問題，進一步檢討並提出改善之道，才能使課綱的推動更加圓滿而眞正造福莘莘學子。

問題討論

1. 做對的事（Do the right thing）與把事做對（Do the thing right）有何差異？
2. 教育行政決定包括哪些步驟？
3. 影響教育行政決定的因素有哪些？
4. 領導者應如何建立和諧的組織氣氛，使作出的決定合理可行？
5. 「決策」（policy-making）是教育行政工作者極為重要的能力之一，請分析影響決策的主要因素，並申述如何提高行政決策的合理性。（106年二級高考）
6. 何謂「證據為本教育」（evidence-based education）？請說明教育決策者如何運用「證據為本教育」的理論，提高教育決策的品質。（107年三等特考）

參考文獻

毛治國（2003）。決策。天下雜誌。

吳明清（2015）。教育決策的工具邏輯與概念思維——兼論研究與實驗的必要。載於黃政傑（主編），**教育行政與教育發展**（頁 31-36）。五南。

吳清基（1984）。**教育行政決定理論與實際問題**。文景。

吳清基（1989）。**教育與行政**。師大書苑。

張金鑑（1978）。**行政學典範增訂五版**。中國行政學會印行。

張慶勳（1996）。**學校組織行為**。五南。

黃昆輝（1970）。**教育行政與教育問題**。五南。

黃昆輝（1988）。**教育行政學**。東華書局。

謝文全（1995）。**教育行政——理論與實務**。文景。

謝文全（2012）。**教育行政學**。高教。

魏鏞（1978）。**政策科學與研考工作理論方法與實務論文集**。行政院研究發展考核委員會。

嚴長壽（2021）。**總裁獅子心**。平安叢書。

Alexis, M., & Wilson, C. (1967). *Organizational decision-making*. Prentice Hall.

Bross, I. (1953). *Design for decision*. MacMillan.

Dill, W. R. (1962). *Administrative decision-making*. In S. Mailick & E. H. Van Ness (Eds.), Concepts and issues in administrative behavior. Prentice-Hall Inc.

Elbing, A. (1978). *Behavioral decision in organizations*. Scott, Foresman, & Company.

Griffiths, D. E. (1959). *Administrative theory: Current problems in education*. Appleton Century Crofts.

Hoy, W. K., & Miskel, C. G. (1996). *Educational administration: Theory, research, and practice*. McGraw-Hill.

Litchfield, E. H. (1956). Notes on a general theory of administration. *Administration Science Quarterly*, *1*(1), 3-29.

Ofstad, H. (1961). *An inquiry into the freedom of decision.* Nor Wegian Universities Press.

Parsons, T. (1960). *Structure and process in modern societies*. The Free Press of Glence.

Senge, P. (1990). *The fifth discipline: The art and practice of the learning organization.* Doubleday Currency.

Sergiovanni, T. J., & Carver, F. D. (1980). *The new school executive: A theory of adminis-tration.* Harper & Row.

Simon, H. A. (1960). *New science of management decision.* Harper & Row.

Simon, H. A. (1976). *Administrative behavior: A study of decision-making process in ad-ministrative organization.* The Free Press.

第五章

教育行政溝通

謝念慈

　　人是群居互動的，有人的地方就需要互動與溝通，從個人到團體；家庭到職場；社會到世界，有溝通才能跨越障礙。職場工作更是需要與組織內、外溝通。團隊合作能力，需建構在彼此的良好溝通基礎上，只有人會使用高階的語言與複雜的肢體語言，而這正是溝通的重要磐石，也唯有優質的溝通才能與他人一起合作完成任務。

　　溝通要有平臺，溝通很重要，溝通需是善意的、雙贏的、平等的、尊重的與建設的，才發揮溝通的功能（星雲大師，2006）。

　　教育行政一切作為，就要將周密的重大政策或計畫，向大眾宣導說明，以利後續推動與落實，其中的關鍵就是教育行政溝通者的溝通能力。溝通的藝術與巧妙能提升教育行政效能，教育行政人員能溝通，才有優質的組織文化；組織內彼此能溝通，才會有卓越的組織團隊。

　　本章擬先就教育行政簡要概述，以闡明與溝通的關聯性與必要性；其次闡述溝通的意涵與重點及其在教育行政的運用；最後提出教育行政溝通的基本素養與結語，供教育行政溝通的斟酌參考。

 # 第一節　教育行政與溝通

　　教育是人類唯有的專業學，教育現場都是人與人在做互動的。教育行政政策與計畫的推動與落實；學校教育理念與辦學成效的落實，良好的溝通認知、技能與態度，已成為教育行政或學校行政成敗的重要關鍵因素之一。因此，本節就教育行政的意涵、教育行政溝通的意涵、溝通的原則、模式與基本要素、組織內、外的溝通網絡類型與溝通倫理思維，來探討教育行政者如何進行有效的通溝。

 ## 壹　教育行政的意涵概述

一、行政的意涵概述

　　行政學乃是一門研究「公共行政」（public administration）的社會科學，美國學者威爾遜（Woodrow Wilson）於 1887 年發表〈行政的研

究〉（The Study of Administration），至今行政學已成爲研究政府組織、運作、管理的重要學門。要了解行政學，須先釋義行政的意涵，行政就是公務的推行，舉凡政府機關或公務機構的業務，如何使之有效推行（張潤書，2020）。亦即，公務機關爲了實現政策和推行公務所運用的各種方法與一切作爲。行政職能分爲維持、保衛、扶助、管制、服務、發展六個範疇（張金鑑，1986）。行政領導就是機關的各級主管適應部屬的心意與需要，運用思想溝通、人格感召、智能表現及管理措施，促使踴躍熱烈地共赴事功，以協同一致的努力，有效地完成機關的使命與任務（張金鑑，1982）。

二、教育行政的意涵概述

教育行政狹義上係指政府教育行政機關所實施的行政作爲；廣義上係指政府教育行政機關與其他教育機關，如學校或社會教育機構所實施的行政作爲（維基百科，2022）。

教育行政是對教育事務的管理，以求有效而經濟地達成教育的目標（謝文全，1998），是教育人員在上司和下屬的階層組織中，透過計畫、組織、溝通、協調與評鑑等歷程，貢獻智慧，群策群力，爲促進國家教育事業發展、達成教育目標所表現的行爲（黃昆輝、張德銳，2000）。依此內涵，教育行政在協調並結合人力與物力資源支援教學，提升教學效能，落實國家教育政策，促進教育的永續發展。利用有限資源，在教育參與者的互動下，經由計畫、協調、執行、評鑑等步驟，以管理教育事業，並達成有效解決教育問題爲目標的連續過程（秦夢群，2019），包含藝術成分的應用科學（王如哲，1998），其歷程可分爲有計畫、決定、組織、溝通、領導、評鑑與興革（謝文全，2004）。

綜上，教育行政乃聚焦於教育有關的行政，即教育主管機關爲了實現政策和推行公務所運用的各種方法，就是教育部門推動政務所採行的一切作爲。

教育行政是一種手段，而不是目的。因此，如何由適切組織結構的強化，結合行政歷程的運作，來提升行政效能，使得教育主管機關實現

教育的政策與計畫；學校行政能支援教學的目標，讓教師教學有效能、學生學習有成效，為教育行政人員的要務。

貳　教育行政溝通的意涵

一、溝通的意涵

溝通（communication），字源是拉丁字 *"communis"*，有共同、分享、建立共識的意思。亦即，「分享」或「與建立關係」，對自我與他人、私人與公共以及內在思想和外部世界之間分歧的答案（維基百科，2022）。依據《教育部重編國語辭典修訂本》的釋義，溝通係指「使彼此融會或通連」（教育部，2022）。

溝通是人與人之間透過訊息交流，訊息係指資訊傳播，或將個人的理念、態度、情感與人分享，期望彼此了解，建立一致、和諧的觀念及行動（王淑俐，2019），藉由分享訊息或觀念，讓發訊者與收訊者間產生某種程度的相互了解（Lewis, 1975），是訊息意義的傳達與了解的過程（Robbins, 1991）。溝通本質是使發訊者與收訊者，在特定的訊息上獲得調和（Schramm, 1983）。追求成功的人，會從溝通、養望，雙管齊下，來營造人際關係中的和諧狀態（曾仕強、劉君政，2002）。

綜上，溝通是發訊者與收訊者，彼此藉著分享訊息，使得發訊者與收訊者之間達到某種程度的共同理解，形成共識的歷程。

賽蒙（Herbert A. Simon）指出：「沒有溝通，即無組織。」一語道破溝通在教育行政上的重要功能。溝通如此重要，溝通的性質就須先加以了解（黃昆輝，1984）。教育行政經常會處理公共危機事件，成功處理的兩大基石是講求科學的證據和具同理心的社會溝通，也就是理性和感性兼顧（黃丙喜，2016）。

美國溝通大師尼杜・庫比恩（Nido Qubein, 1996）：

> 個人在工作的成功，有 85% 是能否有效地與人溝通，以及人際溝通的品質優劣，一個成功的組織必須隨時與不同的組織及組織內不同階級、部門成員溝通，才能有效地進行工作。

　　溝通與談判是一體兩面的概念，在談判學裡，分為對內和對外兩塊，對外稱談判；對內談判就是溝通。談判是一個和平解決衝突的方式，理論上稱為「共同的決策過程」（劉必榮，2011）。工作職場，跟上級或下屬溝通，都需要用到談判的技巧。在談判時，「關係」可能是助力，也可能是阻力，對內的溝通比對外的談判還艱難，難度的關鍵點在於對內溝通無論最終是好，抑或是壞，結束後大家日後還是要再相見，這就是難度所在。溝通能力不只靠技巧，精神層面也是很重要的因素，要相信自己，要培養出互相信賴為基礎的溝通能力（戶田久實，2021）。善用言語，能夠擁有豐富的言語，慢工細活，才能養成受用一生的溝通能力（梅田悟司，2018），不過理論歸理論，在實務上，溝通仍須訴諸本能。

　　溝通難免會產生衝突，如何化解衝突將影響我們溝通的成效。衝突一般有三個引爆點與延燒點：資源位子、態度、行為，如圖 5-1。我們找到某個點後，就要想辦法除去這個點，就能化解衝突，提升溝通成效（劉必榮，2011）。

圖5-1

衝突的三個引爆點與延燒點

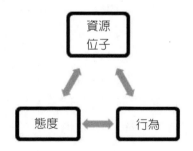

資料來源：引自劉必榮（2011）。**學會溝通：創造雙贏的協調技巧**。文經社。

二、教育行政溝通的意涵

　　從教育行政的歷程，可知溝通是教育行政的重要作為，在行政活動中居於樞紐地位，行政一切作為，如計畫、組織、協調、評鑑等，必須

透過溝通的管道，才能讓組織產生績效（國家教育研究院，2022a）。教育行政組織若溝通不良，則會陷於四分五裂，運作停頓，教育行政與其他行政相同，都重視溝通歷程的運用（黃昆輝，1996）。

Stephen P. Robbins 和 Timothy A. Judge（2013）認為溝通在組織中，具有情感（emotive）、激勵（motivation）、資訊（information）與控制（control）四項功能。亦即，組織成員可以藉著溝通，分享彼此工作上的成就與困難，激勵工作熱誠。

溝通為教育行政（含學校行政）組織的運作所必需，任何組織，都有組織目標、組織成員與組織溝通三要素，只有居於各種不同職位的成員，為達成共同的組織目標，且彼此之間具有溝通的意願，一個社會組織才能存在。黃昆輝譬喻得很傳神：「組織目標如人的靈魂，組織人員似人的骨幹，組織溝通好比人的血液。血液不通，人就會癱瘓；教育行政組織缺乏溝通，整個組織的運作就會陷於停頓狀態。」（黃昆輝，1984）

溝通在教育組織系統中有收訊者回應發訊者的預期；教育行政機關或學校功能的持續運作；組織成員和諧人際關係並凝聚共識，提高作決定的效率；協調統合產生組織一致的作為；增進教育有關機關，團體及社會大眾對教育實施的了解，進而支持教育（黃昆輝，2002）。惟溝通並不是教育組織問題解決的莫德納（Moderna）或 BNT（BioNTech）疫苗。W. K. Hoy 和 C. G. Miskel（1987）認為良好的溝通並不能將不良的教育政策、計畫、概念轉變成良好。在教育現場，常見教育行政人員雖然具有良好的溝通技巧，但往往由於其不正確的教學理念，反使其辦學績效不顯著，部分行政人員可能會藉著良好的溝通手段，一方面塑造組織良好的形象，另方面則掩飾組織現存的諸多問題（國家教育研究院，2022a）。

溝通是教育行政組織中不可或缺的一種行政行為（吳清基，1999），是團體或個人傳達訊息、情感或意見給其他團體或個人，彼此能夠產生互相了解的一種歷程（吳清山，1991），是團體或個人相互交換訊息的歷程，藉以建立共識及集思廣益，進而達成預定的目標（謝文全，2021）。

綜合以上學者的看法，本文將「教育行政溝通」定義為：教育行政組織團體或個人透過適當的管道，將觀念、價值、意見、任務或情感等訊息傳遞給組織內成員與組織外的利害關係人的一種歷程，其目的在集思廣益建立共識進而達成預定的教育目標。

參　溝通的原則、模式與基本要素

許多研究顯示，組織裡平均花在溝通的時間大約占 70% 以上，一般主管或主官甚至幾乎超過 80% 以上。教育行政是處理人與人有關的事務，溝通成為常態。溝通內容大致上分成聽、說、讀、寫。針對教育行政溝通，溝通的品質對教育行政效能相當重要。教育行政溝通品質，不僅是認知個人績效衡量的優劣，更攸關教育行政的落實成效。

在教育行政現場，「糟糕的溝通」（bad communication）是造成衝突最常見的原因；「溝通不良」（poor communication）與「溝通困境」（communication woes）是造成行政過失的根本原因。後兩種溝通的問題，常見於教育行政人員未能「視人如親」、「人之兒女己之兒女」，未能同理心地感受一般民眾的苦楚，僅以例行、專業、本位角度面對處理、回應民眾的問題。在教育行政現場，有良好溝通技巧的行政人員，遭受民眾投訴的機率也較低。但是教育行政現場，許多行政人員經常低估溝通的重要性，或高估自己的溝通能力。

綜上，教育行政要有優質的溝通成效，需要了解溝通的基本原則、模式與基本要素，茲分述如下。

一、溝通的基本原則

要了解溝通是如何運用於教育行政，就須先了解溝通的基本原則，茲說明如下：

（一）溝通是必須面對的事實

奧地利籍美國心理學家保羅・瓦茲拉威克（Paul Watzlawick）提出溝通的五項公理（five axioms of communication）：「人不能不溝通」（One cannot not communicate）；「每一次溝通都有內容」（Every communication has a content）；「溝通是斷斷續續的（Communication is punctuated）；「溝通涉及數字和模擬方式」（Communication involves digital and analogic modalities）；「溝通可以是對稱的或互補的」（Communication can be symmetrical or complementary）。其中，第一項公理是「人不能不溝通」（Watzlawick, 2022），即明示吾人，溝通是無法避免的。

所謂「不能不溝通」係指即便是我們不在溝通現場，也會對現場的其他人發出某種訊息。如不參加會議或提前離席，都會對會議參與者或多或少地表示出一些訊息的。因此吾人需謹言慎行，特別注意到不經意發出的訊息。

教育行政溝通時要特別留意，溝通既然是無可迴避的，因此對任何情境氛圍都要有敏感度。

（二）溝通一定有其目的

個人、組織或組織間的溝通，幾乎都是有目的性與企圖性。亦即，溝通的主要目的在達成任務目標。大致上可以分成三種（Ronald B. Adler, Jeanne Elmhorst, & Kristen Lucas, 2016）：「工具型溝通」（instrumental communication），主要策略在達成當前目的；「關係型溝通」（relational communication），主要策略在營造對他人友善的氛圍；「身分管理」（identity management），主要策略在期望他人了解自己的表達。

「工具型溝通」是溝通類型中最典型策略性的溝通。如學校校長對教務主任說：「明天中午 12 點前，將這次教育會考成績統計分析給我。」就是一種工具策略性的溝通。但是目前學校行政氛圍，一般比較不那麼威權、直接表示，會用婉轉的語句，如上述例子，可能會以「此次的教育會考成績統計分析，是不是可以在這一兩天儘快給我。」

組織中建構正向、溫馨的氛圍能有助溝通目的的達成，所謂「關係型溝通」，所謂「有關係就是沒有關係；沒有關就是有關係。」因此，建立個人或組織友善氛圍能提升溝通任務；反之將有礙溝通的效能。

一般而言，所有的溝通為達成目的，都兼具工具型與關係型兩種，

兩類溝通明顯而且容易感覺。另一種為達成目的的溝通策略是不太顯著的「身分管理」，係指當你在組織或他人心中的屬性定位後，你要如何展現言行一致顯示這屬性。如學校校長的自我定位是「高關懷的校長」，那校長要做的是如何讓教、職、員工、生感受到你的「高關懷」的定位。言教與身教莫過於此，教育行政者在溝通時要特別謹慎「名符其實」。

（三）溝通之言行是刪除不掉的

俗云：「歷史可以被原諒，但不能遺忘」（Forgiven but not forgotten）；成語：「覆水難收」（It is no use crying over spilled milk），「走過必留下痕跡」，都揭示著話語一出不可收拾的無奈，吾人對他人的話語都將成為他人腦海裡永遠抹不去的記憶，回不去了。因此，溝通時要特別提醒自己小心說話，字字斟酌。或許發訊者會極力想去洗盡或彌補，但是在經驗上發現幾乎會變得愈描愈黑，甚至弄巧成拙、雪上加霜，教育行政溝通時不得不慎。

（四）溝通是互動共生的

溝通過程中，你來我往，彼此間的話語是相依的、相關的，不可能是完全獨立的。溝通歷程每一項元素都是溝通歷程的一子集，沒有哪一部分可以獨立存在。如教師希望校長能夠不要辦理課後輔導課程，但是校長卻有可能非常強烈地希冀教師鼓勵學生參加課輔並親自授課。因此，在溝通過程中需知己知彼，相互理解與同理，方能百戰百勝，和諧圓融。

（五）溝通不是神仙抓藥

「沒有溝通萬萬不能，但是溝通也不是萬萬都能。」雖然溝通是必須的，但是千萬別指望，透過溝通就能夠一定能達成目的。即使「溝通、溝通、再溝通」，也未必能盡如人意，溝通者或許該有個信念：「盡人事、聽天命」吧。如果已經極盡一切，仍溝通挫折、無效時，切勿灰心喪志，這是很常見的。溝通失效時，建議可參考美國神學家尼布爾（K. P. R. Niebuhr）的平靜祈禱文 "The Serenity Prayer"。

K. P. R. Niebuhr（1943）：

God grant me the serenity to accept the things I cannot
change; courage to change the things I can; and wisdom to
know the difference.

　親愛的上帝，請賜給我一顆平靜的心，接受不可改變的
事；賜給我勇氣去改變可以改變的事；並賜給我智慧去區辨什
麼是可以改變的，什麼是不可以改變的。

　教育主管機關主官、主管，學校校長在對內或對外溝通時，宜具有
此「豁達」的智慧，才能邁過溝通困惑的「坎」。

二、溝通模型與基本要素

　了解溝通模型與基本要素及其運作，能增進對溝通能力的提升。茲
將溝通模型與基本要素，說明如下：

　一般人際關係與溝通的書籍，將溝通歷程發出訊息的人稱爲「發訊
者」（sender）；接收訊息者稱爲「收訊者」（receiver），兩者統稱
爲「溝通者」（communicator），亦即溝通中的人，彼此角色會不斷
互換，此一時爲發訊者；彼一時又成爲收訊者，不斷地循環更替。發訊
者發出的「訊息」（message），有時是有意的，有時可能是無意的；
發訊者會選擇某種特定口語的或非口語的方式，如發訊者已經講了好
長一段時間了，收訊者不耐煩時，可能以打哈欠、跺腳或以其他不專
心的方式表示或發出刻意的訊息；對發訊者發出的訊息，收訊者可能
相當認同，會採點頭、按讚、微笑等方式表示，此過程稱爲「編碼」
（coding），發訊者所用的方式稱爲「管道」（channel）或「媒介」
（medium），收訊者不是完全被動接收訊息的，而是有自主意識地將
接收到的訊息賦予新的意義，此一過程稱爲「解碼」（decoding），收
訊者對發訊者發出可辨識的回應稱爲「回饋」（feedback），可能是口
語，如說好棒或非口語，如按讚或透過 e-mail／Line／Facebook 等手
寫表達，收訊者如果不回覆，很容易造成發訊者覺得收訊者是不善交際
者或誠意不足，如 Line 的已讀不回。整體溝通模式，如圖 5-2。

圖5-2

溝通模型

資料來源：作者自行整理

　　有效溝通最大的障礙因素是「干擾」（noise），區分爲「環境干擾」，如會議進行前，司儀會告訴與會人的手機要關機或靜音；「生理干擾」，如生病或熬夜精神不濟；「心理干擾」，如防禦心態、帶有成見（戴著有色眼鏡看待他人）。溝通者做「策略性」溝通，需事先想辦法降低各式「干擾」，才能有助於有效達成溝通。

　　一般常見的溝通模式，"Lunenburg & Ornstein" 溝通模型，如圖5-3；與「謝文全」溝通模式，如圖 5-4，並說明溝通模型的基本要素。

　　1998 年國內學者謝文全在《教育行政：理論與實務》一書提出溝通模式，如圖 5-4。

溝通管道

　　教育行政溝通者所選擇傳達訊息的管道，對溝通的有效性會有顯著的影響。如教育局長期望各校校長認同支持教育局的計畫，教育局長該用什麼管道溝通呢？顯然溝通管道的選擇，需視溝通目的的情境而定。因此，要選擇何種管道？宜先了解這些管道的特性。從溝通管道特性考量，近年來，隨著科技的創新，溝通管道從公文、電話、傳真、面議到智慧型手機上可以用的溝通管道，Line、WeChat、Instagram 與網路社群的 Facebook、Twitter 等。概略分成「口頭溝通」（oral communication）與「書面溝通」（written communication）兩大類型。因此要選擇這些管道，宜先了解這些管道的不同特性。一般而言，歸納有以下特性：

圖5-3

"Lunenburg & Ornstein"溝通模型

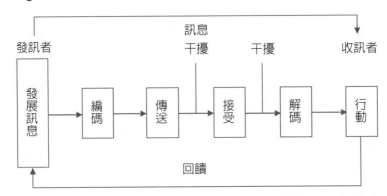

資料來源：引自Lunenburg, F. C., & Ornstein, A. C. (2012). *Educational administration: Concepts and practices* (6th ed.). Belmont, CA: Wadsworth Cengage Learning.

圖5-4

「謝文全」溝通模式

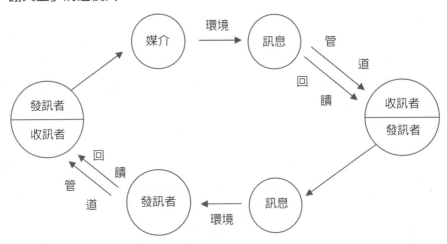

資料來源：引自謝文全（1998）。**教育行政：理論與實務**。文景。

　　1.「同步與非同步」的特性，有些管道能顯現影、音，口語與非口語的互動，如面對面、視訊（Line、WeChat、Facebook、Twitter）等，能讓溝通者間獲得許多訊息，重要、複雜的溝通建議採用此種管道為

宜；有些管道則較顯貧瘠，如 e-mail、Line、Instagram 等，適於較簡易、一般性的溝通需求時。

2.「即時與非即時」的特性，有些管道立即可以互動，如面對面、電話等急迫的溝通，建議採取「即時」的「同步溝通」；非急迫的溝通，則可採取「非即時」的「非同步溝通」，如電子郵件等。

3.「操控程度」的特性，係指溝通者在溝通過程中操控溝通的程度而言。不同的溝通管道，有其不同的操控程度，如使用文件、電子郵件等溝通管道，溝通者能多次修訂溝通內容及進行進度，對發訊者能有較充分與掌控的主動性，但是要留意在用字遣詞要特別慎思謹慎；如面對面溝通管道，可以闡述自己的考量，從對方的非語言訊息，當下判斷對方訊息的理解程度等優勢，可消除或降低溝通過程中的干擾。

綜上，溝通者在溝通的過程須依情境而訂定。一般而言，面對面的溝通方式是比較好的方式，但會受限於空間距離與其他因素的影響；電話溝通很便捷，但是較無法取得非語言訊息與安全性的干擾。因此，溝通者在溝通的過程，宜事前評估溝通的目的、內容、時效等，再慎選擇定、彈性運用適切的溝通管道，一般溝通者採用的管道，可採多元性的交雜運用，採用雙軌（dual-channel）或多軌（multiple-channel）的溝通方式會比單一使用一種溝通管道效果好，目的是藉助各種管道的優勢，收溝通效果的綜效（synergy）。書面溝通中親手寫的文件會比電子郵件較有人情味；如校慶活動發邀請卡時，在邀請人署名處，親自簽名落款會讓收訊者感覺比較有誠意與人味。

從組織文化的考量，每個組織有其自己組織的溝通文化方式，每個組織內的成員隨其經歷、背景、專業也有其不同的溝通方式。無論如何，面對面溝通還是比較符合人性。特別提醒，溝通歷程涉及重大事件、衝突、機密等的溝通內容時，宜採「面對面」溝通管道為上策。

肆　組織內、外的溝通網絡類型

現今時代，在科技運用於溝通的氛圍，是常見的方式，特別在年輕世代加入組織之後，公、私部門、年輕世代都喜歡並善用科技方式的溝通管道作溝通。因此，我們除了是「人際網絡」或「個人網絡」成

員外，也都是網絡成員的一分子，亦即「溝通網絡」（communication networks）的一員。

「網絡」（networking）係指個人的人際關係，人際網絡（interpersonal network networking）又稱為社會網絡（social network），係指為達到特定目的，人與人之間進行訊息交流的關係網（百度，2022）。人是社會性的動物，我們每一天都離不開與周遭的人互動與共好。人與人之間的來往，構建了社會網絡，和空氣一樣，雖然看不見、摸不著，卻是我們生活與工作的基本（Matthew, 2021）。

在公、私部門組織內、外的溝通網絡分成正式溝通網絡（formal communication networks）、非正式溝通網絡（informal communication networks）與個人溝通網絡（individual communication networks），茲說明如下：

一、正式溝通網絡

在公、私部門組織，都可見到組織的樹狀圖或組織圖，如教育主管機關、學校，就很清楚地可以了解到該組織的每位成員上、下與平行的關聯，亦即指揮鏈環節的上與下以及和同一層級的關係與權責，讓組織成員明確自身的角色與權責，對於垂直聯繫與橫向聯繫有助益，攸關組織溝通的成敗。

正式溝通網絡一般區分成「向下溝通」、「向上溝通」與「水平溝通」，茲說明如下：

（一）向下溝通（downward communication）

在公部門的組織，從組織樹狀圖，可知道都是呈現科層體制的組織網絡，一般最常見的組織溝通網絡是「向下溝通」方式，係指組織內上位者對下位者發出訊息甚至是命令。最佳的「向下溝通」是讓組織成員清楚明白，組織為什麼要做？做什麼？如何做？何時做？亦即消除組織成員的「從來沒人告訴我任何事情」（Nobody Ever Tells Me Anything, NEYMA）的盲與忙，導致溝通失靈。雖然「講清楚說明白」是關鍵，但是在實務現場，經常是上位者講得口沫橫飛，下位者卻聽者藐藐，不懂上位者的意念。溝通的成熟度有些時候需要靠時間與經驗。因此，上

位者需要有此先知與度量，不厭其煩耐心地向下溝通的勇氣與氣度，萬萬不宜動了情緒，誤了大事。想一想，上位者對下位者動了情緒的言行，甚至說是生氣，輸家到底是誰？

（二）向上溝通（upward communication）

「向上溝通」係指組織內下位者對上位者發訊息或所謂的表達意見、看法。幾乎權高位重的領導者或管理者，都會公開宣稱自己對「向上溝通」的開放心態與雅量，但是主客觀因素，導致真正能真誠、開放胸襟的領導者或管理者卻不多見。「長官不能得罪！」「李世民與魏徵僅存於歷史裡了。」「向上溝通」一定要特別留意溝通的內容、方式、技巧與倫理，特別是職場倫理的拿捏。在此也特別提醒上位者，要能聆聽、適當地接納下位者的專業表述與建議，俗云：「高手在民間」，或許是對上位者溝通的一種提醒。

「向上溝通」的場合，對於組織成員礙於主、客觀條件，經常出現不敢發言的困境，這時組織的正向文化與上位者的領導力，是促成溝通成效的關鍵。有些機制可以促進組織成員的向上溝通成效，如設置主管／校長信箱或非正式場域的「閒逛式管理」（Management by Wandering Around, MBWA），亦俗稱為「走動式管理」。

（三）水平溝通（horizontal communication）

組織內同一層級或不同從屬關係之間的溝通，亦稱為「橫向溝通／橫向聯繫」。因為彼此是平行單位，所以是對等關係，無誰位階之高、低區別，溝通中的尊重與放棄本位主義，是溝通成敗關鍵因素。

水平溝通時，要特別注意，某單位的主管不宜越位找另一單位成員直接溝通，如一意孤行，易造成組織的氣氛凝結或衝突，如有必要性，建議向該單位主管委婉說明，再評估該如何下一步的溝通。

二、非正式溝通網絡

如果把組織的正式溝通網絡比擬為交通網絡的高速公路，非正式溝通網絡好比交通網絡的聯外道路。由此比擬可很快了解「非正式溝通網絡」的重要性、必要性，以及與「正式溝通網絡」間的互補性。

　　「非正式溝通網絡」可以發生在組織內，同仁間的咖啡聊天、球類聚會、友誼聚餐，甚至在洗手間、電梯內的「小道消息」（grapevine），而且上位者可以透過小道消息作為組織管理政策的「試水溫」或「風向球」。但是要留意與流言「蜚語」（臺灣俗稱「八卦」）（gossip）的差異區別。俗云：「良言一句三冬暖，惡語傷人六月寒」可為警語。「蜚語」是人性的一面，無法消除的，但是正向的組織文化與領導者的領導力，可以有效抑制或降低發生。畢竟「蜚語」只是溝通的毒藥（poison），不會是良方（effective prescription）。

　　綜上，非正式管道有時候或運用得當，會比正式管道的整體溝通效率高，如更快、更有效率，或至少可以當成正式溝通的潤滑劑（lubricant）。但有時要注意其可靠性、公正性與安全性。在講究創意、創新啟發性的組織，會盡一切的可能營造建設性的非正式溝通管道。如世界聞名的惠普公司（Hewlett-Packard Company, HP）為解決問題所採用的「閒逛式管理」（MBWA），亦可稱為「走動式管理」。

　　舉個「非正式溝通網絡」的利基（niche），一般會議要做提案的決議，如果首長／主官或相關幕僚，能事前透過多幾次的「非正式溝通網絡」，形成初步共識，將有助於「正式溝通網絡」的正式會議的進行效率與氛圍，教育主官／管或學校校長在主持會議時可以參考。

三、個人溝通網絡

　　每個人都有各自的人際或社交關係，「人際網絡」係指個人的人際關係，超越一般的交際應酬。簡言之，個人刻意地與他人保持接觸，以得到相關資訊、資源與協助，在個人的認知中，以及他們在組織環境中，作為約束和機會的運作（Kilduff & Krackhardt, 2008）。

　　現今環境，一般會採使用 Line、「臉書」（Facebook）、部落格（Blog）等作為個人網絡進行個人溝通。

　　綜上，每位成員須了解自己在組織的定位，鉛直向度的「定海神針」，知道自己在組織裡的定位與組織的願景；與水平向度的組織內追求和諧、共好與圓融，如此對於溝通自能孕育更高層次的領悟與智慧。

伍　溝通的倫理思維

職場的倫理（ethics）與道德（moral），符應康德（Kant）的「定言令式」（categorical imperative）的普世道德，幾不常見。從價值的觀點，倫理與道德會隨著不同年代、文化、時空環境等而有不同的認知。傳統的倫理與道德會被年輕的新生代挑戰、質疑與拋棄，真有一種「此一時、彼一時」的時空轉替。因此，以年輕世代或科技時代的倫理觀氛圍的溝通上，沒有唯一的標準答案。主事者在組織進行溝通時，宜具備哲學素養，方能海納百川的溝通度量與智慧。

在光譜兩端的溝通倫理視域，平衡折衝的法則，回歸教育本質與哲學素養或許是溝通倫理的「第一原理」（first principle），係指一層層剝開事物的表象，看到裡面的本質，然後再從本質一層層往上，把事物回歸到本質（you boil things down to the most fundamental truth），然後再從中推論（Elon Musk, 2021）。「第一原理」也是美國矽谷流行的詞彙與概念，每一家公司都會有個「第一原理」，亦即每個人都要接受的首要原則，不變的真理（Eric Schmidt, Jonathan Rosenberg, & Alan Eagle, 2020）。組織成員可以爭論看法，但通常不會去爭論「第一原理」。面對困難的抉擇時，領導者的工作就是重申「第一原理」的重要，提醒組織成員，然後促成最後決議（或許不滿意但是可以接受）。茲提出幾則哲學素養，提供作為溝通倫理的形上思維：

1.胡塞爾（Husserl）的現象學（phenomenology）的核心概念「直觀」、「本質」、「懸擱」（Epoché）與「還原」方法論在溝通過程中提升本質的析透與獲取真相？

2.康德《道德形上學的基礎》提出的「定言令式／絕對命令」（categorical imperative），溝通過程是否尊重所有人的道德權力？

3.亞里斯多德（Aristotle）、柏拉圖（Plato）、羅斯（Rawels）、西塞羅（Cicero）、桑德爾（Sandel）的「公平正義」（justice）原則與「公益原則」（public welfare principle），溝通過程能否秉持沒有任何的差異對待與能夠促進各個成員實質利益的交互影響過程，所形成理想整合狀況的「公共利益」？

4.蘇格拉底（Socrates）的「美德」與亞里斯多德的「至善」，溝通過程能否提升個人與組織的「美德」與「至善」？

5.邊沁（Bentham）、彌勒（Mill）的功利主義/效益主義（Utilitarianism），「是否符合絕大多數人的最大利益？」溝通最後的目的是否符合最多數成員的最大利益？以學校而言，溝通最後的結果是否能給予學生學習最大的利益？

另外，「真誠」或「誠懇」在溝通歷程也扮演者至重的倫理關鍵。溝通過程中，溝通者是否能夠尊重專業倫理，如教育議題能否尊重教育專業領域會如何判斷？專業的議題宜尊重專業而非個人主觀意識；溝通過程的訊息，經得起公開驗證嗎？亦即，當事情被媒體輿論公開揭露後，溝通者能安心嗎？或第三者在場實，仍然敢如此發出訊息嗎？

 ## 第二節　教育組織文化與溝通

我國受後現代主義（postmodernism）、全球化（globalization）資訊化（informatization）、科技化（technicalization）無國界的影響與世代交替（alternation of generations），教育職場的人員或其利害關係人（stakeholder），文化背景已經多元化，即使無實質的文化背景差異，在價值觀上也顯現多元、多樣性。因此，教育現場的溝通，需了解文化的差異對應溝通的方法與技巧。特別是有關「跨文化能力」（intercultural competence or cross-cultural competence, 3C）的具備，攸關教育行政溝通效能。所謂「跨文化能力」係指與不同文化（含文化價值觀）的人，進行有效溝通的能力，這也已經是後現代教育職場的必備的能力顯學。

壹　組織文化

1871 年英國文化人類學家泰勒（E. B. Tylor）在其著作《原始文化》（*Primitive Culture*）對「文化」定義：「文化或文明是一個複雜的整體，它包括知識、信仰、藝術、道德、法律、風俗以及作為社會成

員的人所具有的其他一切能力和習慣。」簡言之，「文化」是社會對信念、價值觀與言行規範形成高度共識的認知與學習，能影響成員的認知與行為。

任何組織都有其特定的運作方式，學術上稱為「組織文化」（Organizational Culture）。組織文化是組織共享價值和信念模式，可作為規範組織行為的準則（Robbins, 2001），是組織內工作、互動的規則，新進人員須入境隨俗，以具備組織所能接受的成員。亦即，組織在解決對外適應和對內整合的問題時，共有的基本假設，由於文化的運作，面對問題時，會將正確的認知、思考及感覺的方式，教導給新進成員（Schein, 1992）。組織文化是可以對新經驗的學習，並在學習過程中動態理解而改變。Wallach（1983）將組織文化分為官僚型文化（bureaucratic culture）、創新型文化（creative culture）與支持型文化（support culture）。

教育專業有其特質，構建的組織也有特定的運作方式，因此教育組織有其特定文化，稱為教育組織文化。亦即，教育組織的成員所共同創造、共同分享的信念與價值。

從組織文化的涵義，組織需要透過「溝通」的歷程，才能將組織文化形塑成正向的組織文化；另一面向，從溝通的意涵，組織文化就是溝通歷程的映像。正如人類學家哈爾（Edward T. Hall）所言：「文化即溝通，溝通即是文化」（Culture is communication and communication is culture）（Hall, 1973）。

貳 「人際關係與溝通」能力

人際溝通（interpersonal communication），係指兩個人以上的資訊交流，旨在了解人類如何使用語言和非語言線索來實現許多個人和關係目標（維基百科，2022）。溝通能力是一種適當地把訊息運用於互動情境的能力，分成基礎、社交技巧、人際、語言、溝通與關係等能力（Spitzberg, B. H., & Cupach, W. R., 1994）。

教育行政的溝通與其他職場的溝通共同的最基本素養，是學理上提及的「人際關係與溝通」。因此，教育人員需熟稔「人際關係與溝通」

的內涵與實踐的技能。在理解時須以教育行政的立場與角色，思考如何將理論轉化至教育現場的實務上運用。幾則關於「人際關係與溝通」重要能力，簡述如下：

一、「有效傾聽」能力

有效傾聽是教育人員成為一個好的溝通者的基石。有效傾聽須要排除傾聽的環境、生理與心理造成的干擾／障礙，傾聽品質才可提升。溝通者並要清楚自身與他人是屬於關係型、解析型、任務導向型與批判型的哪類型傾聽者，藉以保持傾聽時的彈性。

二、「語言及非語言訊息」能力

事實上，教育組織中領導者或管理者的「所言」與部屬的「理解」之間仍可能有極大落差。康德的「本體論」與「現象」；羅素（Bertrand Russell）的「個體之知」與「命題之知」；維根斯坦（Ludwig Witt-genstein）的「圖像理論」與「遊戲理論」，都支持了這個事實。教育行政溝通者可以在語言訊息方面補強，如用抽象程度低的陳述表達必要的清晰；運用強力的語言，特別是說話的目的在說服，但要兼顧任務達成與人際關係的和諧；混合強力及禮貌的話語，通常會有較好的效果，如「拜託」大家下班前完成會議紀錄，而不要用命令式的方式。

非語言訊息的強度往往超過語言訊息。如以身作則，外表與一言一行，無不在傳達訊息，主要在表達溝通者的態度，態度決定高度，教育行政溝通者的非語言訊息更顯其重要與必要。

三、「困難、批判與困境」能力

溝通過程中，面對困難議題，使用描述性的第一人稱話術，專注於問題解決而非控制他人，問題導向訊息較易獲得雙贏溝通。如學校教師提出困難議題時，校長可以採「『我』會盡一切努力……」；學校發生重大危機，校長可以採「『我』身同感受……」

對批判的回應，不宜選擇互槓與躲藏，一般先口語：「謝謝指教」，再尋求更多相關資訊、認同其批判，或致力於其合作，營造雙贏

溝通。

　　面對困境的處置，如溝通者採無禮的溝通，「無禮」的衡量要看訊息接收者的感受而定，而非發訊者的意圖；幽默的溝通也是如此。因此，你是否無理或真的幽默嗎？衡量的指標在收訊者，而非發訊者。在此要特別提醒溝通者，尤其是上位者，幽默是溝通歷程中很重要的技巧，運用得得能化解溝通的各種尷尬氛圍，但是幽默運用不得體，卻會對原來惡化的的溝通現場雪上加霜，教育行政溝通不得不慎。總之，溝通出現「困難、批判與困境」的時候，更要謹言慎行。

四、「衝突管理」能力

　　衝突（conflict）是我們日常生活無可避免的，溝通亦復如是。研究顯示幾乎要耗盡六成的時間處理組織成員間的衝突。問題不在衝突本身，而是處理衝突的方法與態度。

　　Berglos（1995）：

　　　　「建設性衝突，是組織健全發展的必要處方。……如果不想辦法提倡健康的衝突管理，你就無法確保不同背景的人能用相同的角度來看這個世界。」

　　衝突分成當前的議題、程序問題、關係親疏、自我與認同（顏面）四種類型（Wilmot & Hocker, 2007），組織中大多數的衝突都是由這四種類型混合組成。

　　可以選擇規避、調適、競爭、合作與妥協等方式化解衝突。教育絕大多數是價值命題，各利害關係人自有立場，衝突勢必發生，教育行政者須加強自身的衝突管理溝通能力。

五、「自我揭露」能力

　　自我揭露（self-disclosure）是一個人提供給另一個人「任何」資料（Cozby, 1973），自我介紹就是常見的自我揭露，是主動加入人際關係的起點，適時將自己私密而不為人知的意念、觀點分享他人，使他

人獲知不知道的你，對於溝通會產生無形的正向影響。

（一）周哈里視窗模型（Johari Window Model）的自我揭露

周哈里窗展示了關於自我認知和他人對自己的認知之間在有意識或無意識下形成的差異，由此分割為四個象限「開放我」、「盲目我」、「隱藏我」、「不明我」如圖 5-5。周哈里視窗任一象限版圖擴大，其他象限版圖會縮小。因此要縮小不良溝通情形，需增大「開放我」；減少「盲目我」，關於此，可以透過「自我揭露」提升溝通品質。

圖5-5

周哈里視窗模型（Johari Window Model）

	自己知道的 （Known to self）	自己不知道的 （Not known to self）
他人知道的 （Known to others）	開放我 （Open area or Arena）	盲目我 （Blind spot）
他人不知道的 （Not known to others）	隱藏我 （Hidden area or façade）	不明我 （Unknown）

資料來源：作者自行整理

（二）社群媒體平臺上的自我揭露

網路世代興起，人際溝通從面對的方式進入虛擬世界，以網路中介的溝通方式，自我揭露也在網路社群媒體中實踐。網路或社群媒體平臺可以採用匿名、去社會化和去中心化等特性與他人溝通，尤其與大量不認識的陌生人之間，使用自我揭露程度，普遍相對提高（Joinson et al., 2008）。

臉書打卡、部落格 po 照片、上傳影音到 YouTube 等，都是自我揭露的溝通新途徑，但這也衍生出利弊互見的新問題與新狀況，運用時要謹慎小心。個體向他人表達有關自己的訊息，每個人坦露自己的程度不同。在人際關係中，適度的自我揭露通常被視為信任及友好的表現，有益於友誼的發展，當關係繼續發展時，自我揭露的廣度與深度通常也會

增加（國家教育研究院，2022b）。

　　人際溝通是一種創造意義的互動過程，在互動過程中雙方必須對溝通行為負起責任，而且形式包羅萬象。溝通者能夠運用的技巧愈多，則溝通能力愈佳，其中「自我揭露」是科技時代溝通常運用的重要技巧（Verderber, R. F., & Verderber, K. S., 2015）。

六、「詮釋訊息」能力

　　個體內自我溝通作用是人際溝通過程中的最基本的單元，每個人在接收到訊息後，會經過自我內心的詮釋系統，並將此訊息轉換成個人理解的意義，然後再將資訊製成符碼進行下一次溝通。

　　個體要發出訊息時，要先編碼（encoding），編成他人能夠理解、有意義的符碼。個體接受訊息後，將此一訊息轉換成個體所能理解的意義，這個過程，就是解碼（decoding）。在編碼和解碼之間，還有一個關鍵的詮釋（interpretation）。個體在解釋符號時採取的角度、觀點、立場未必一致，大致上受個人的信念或經驗來詮釋訊息。

　　在人際溝通的過程中，必須先進行個體內溝通，才能完成人際溝通。人際溝通的雙方要彼此完成雙方能夠從符碼產生意義，如果無法了解對方的符號意義，就難以完成溝通。因此，溝通者缺乏這方面能力，溝通恐造成雞同鴨講，沒有共識性的交集。

七、「溝通不懼」能力

　　溝通恐懼（communication apprehension）是嚴重影響溝通的致命因子。有時稱為口語溝通恐懼，係指個人與他人在實際溝通的過程或者預期即將要進行面對溝通前，所產生的害怕感覺與焦慮感覺。

　　溝通恐懼可能是個人特質的先天原因或是環境因素的後天影響。《王者之聲：宣戰時刻》（*The King's Speech*）是 2010 年英國歷史劇情片，英王喬治六世患有嚴重口吃，影片講述他克服、練習演說能力的故事，詮釋的就是溝通恐懼與克服溝通恐懼的電影故事。此真實故事的啟示溝通恐懼是可以透過激發潛能，多說話、多演練等方法逐漸改變的。教育行政溝通者，要有一種自信：「麥克風在手上時，你就是權威者。」

八、「訊息超載」能力

在充滿手機、筆電及其他 3C 科技產品的今日，正面臨前幾世代從未遭遇的「多重溝通」（multi-communicating）的挑戰。「多重溝通」指人在同一時間執行不同管道的溝通方式，易造成當事者訊息超載（message overload）。神經學研究，人們通常不善於在同一時間執行多項工作，這意味著在溝通時，一次專注於一項訊息會比較有效，效果也較好。因此，溝通者需要能夠依重要性、急迫性，排序出溝通訊息優先序位的能力。

九、「人際距離與環境」能力

人際距離係指溝通過程中，人與人空間距離的關係型態。美國人類學家哈爾描述了四個不同區域的人際距離（人與人之間的相對距離）：親密空間（intimate distance）、個人距離（personal distance）、社會距離（social distance）、公眾距離（public distance）（Edward T. Hall, 1990），如圖 5-6。針對的是對美國中產階級的人，並不適用於所有人類族群，或職業別，如牙醫師、理髮師並非與看診者或來理髮的

圖5-6

四個人際距離

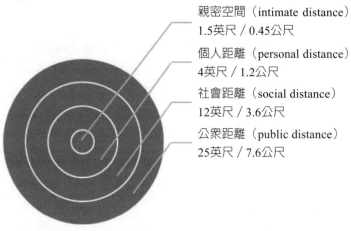

親密空間（intimate distance）
1.5英尺／0.45公尺

個人距離（personal distance）
4英尺／1.2公尺

社會距離（social distance）
12英尺／3.6公尺

公眾距離（public distance）
25英尺／7.6公尺

資料來源：作者自行整理

人互為親密者，但卻在親密區；教師在為學生做課業個別輔導時亦同。因此，參照四個人際距離做溝通時，要因人、事制宜，千萬不要墨守成規，以免適得其反。

參　共生文化社會的溝通

現今的臺灣社會已經趨近「共生文化」（co-cultures）社會，係指一群社會中與多數、主導文化共同存在且相互影響的少數群體文化（Ronald B. Adler, Jeanne Elmhorst, & Kristen Lucas, 2016），其促成因素都有著明顯差異的特性，如政治意識、教育、種族、世代、社經地位、性別、地域、身心障礙差異等，共生文化會影響溝通者融合自己與他人的互動價值觀。因此，溝通者能夠理解共生文化對溝通品質的影響，將有助於自己的溝通效能。茲簡述如下：

一、政治意識

任何一個國家的人民，都存在著或多或少不同政治意識的光譜版塊，臺灣亦不例外，隨著現今臺灣地區歷史的軌跡，政黨的理念不同等，造成政治意識的差異。教育人員自有其政治意識，溝通過程理解彼此的立場與信念，對教育人員的溝通很重要。如課綱的不同觀點，特別在國文與歷史的差異立場。

二、教育

臺灣雖然已經在 2014 年實施十二年國民基本教育，在世界教育指標也屬於教育普及化的國家，但是仍有許多中壯年以上的人民，未受高等教育，即使受過高等教育的成年人，也因為時代教育的願景、理念與內容的不同，孕育的價值觀亦呈現差異。如常聽聞「現代的教育，已經與我們那時代不同了！」甚至有更情緒的強烈措辭與批判。

三、種族

世界各國都存在著不同種族，美國的人民族群，就是典型多元的國家。臺灣有最早的原住民，官方記載著有 16 族群，再加上 1949 年先

後從大陸撤退遷移來的各省族群，近年來又增添了外配新娘（陸配、東南亞居多）以及其他異國婚姻等組成的「新臺灣人」，不同的血脈、基因，自有其觀點差異。如有些學校的學生族群即可發現似「類小型聯合國」。

四、世代

世代差異（generational differences）是全球的共同議題，大致區分為五個不同世代：嬰兒潮世代、X 世代、Y 世代、Z 世代，以及 α 世代（數位原生世代），每個世代都是由不同的社會文化環境與生活經驗形塑而成，擁有相同的社會文化經歷，更有可能擁有類似的價值觀、態度和行為。每個世代的喜好、態度與價值觀，也造成彼此差異，世代之間的誤解、衝突在組織中不斷出現。臺灣世代差異日益顯著，年輕世代不斷變化的需求和願望，造成組織許多政策或規則生命週期縮短，更是讓組織疲於招架。

五、社經地位

經濟的失衡造成社會呈現「M 型社會」，社會由原來以中產階級為社會主流，轉變為富裕與貧窮兩個極端。再加上近年新冠肺炎疫情（COVID-19）與 Omicron 疫情影響，更是讓社會經濟頹廢，社經地位更懸殊。曾經有一則學者研究，提出臺大學生多數來自臺北的特定行政區，也聽聞所謂的「蛋黃區」以及「天龍國」這些詞彙背後的社經地位的差異。如臺北市與偏鄉地區家長的社經地位均數差異影響，價值觀即可理解其影響程度。

六、性別

現今性別已經非單一認定為男與女，也不只社會性別（gender）而已，臺灣社會已經逐漸認同「多元性別」。如 LGBTI 係指女同性戀（lesbian）、男同性戀（gay）、雙性戀（bisexual）、跨性別者（transgender）、雙性人（intersex）之字首組合，也可以透過「性別」多面向的意涵如生理性別（sex）、性別認同（gender identity）、社會性別

（gender）與性傾向（sexual orientation）等概念理解，無論從哪個面向看性別，顯然的差異不言可喻。溝通時要特別謹慎，審慎判斷其性別意識與傾向。

七、地域

美國德州的英語口語與紐約人的英語口語，差異顯著。歐美與亞洲不同地域在肢體語言表達的程度也有相當差別。臺灣地域雖小，但是口語發音與肢體語言也存在差別，地域差異容易造成成員缺乏「歸屬感」，對溝通會造成溝通干擾或障礙。

八、身心障礙

任何人遭遇意外或稍有不慎，就有可能成為身心障礙族群，與上述的各種差異形成的時間不同。臺灣教育重視特殊教育，並訂有法律保障。在學校存在著身心障礙的教、職、員工、生。因此針對身心障礙者的溝通當然要特別專業與留意，以免產生溝通干擾與障礙。一般而言溝通者需掌握態度的親和、無差別性的尊重、彈性調整主動與配合等。

綜上，以上提及的共生文化差異，都很明顯，但是只是冰山一角，「文化冰山」（Cultural Iceberg）露出的一小部分。文化底蘊中基本價值觀，塑造出不同文化人群在思考、感覺及行動方式的差異。

同一國家或同一組織、家族，「共生文化」對「直言」的態度也可能不同，在此提出一句話，供溝通者反思：「成年人了，有些話可以不要說嗎？如果要說，要怎麼說？」「共生文化」內涵的因素不同程度的組合造成的差異，會影響溝通的干擾與障礙。因此，溝通者需要分析、理解組織成員的背景資料與這些差異的認知及其溝通原則，唯有知己知彼，方能溝通百勝。

肆　國際文化差異的溝通

全球教育與國際教育是當教育重大議題，接觸國外人士或師、生，是常有的經驗，甚至是職場或生活中的常態。一樣米養百樣人，國際

文化的差異影響溝通的成效。國際間文化有的很明確，有些則隱藏其中，需要仔細觀察。茲舉影響溝通品質有關的國際文化：

一、文化向度理論（Cultural Dimension Theory, CDT）

荷蘭的社會心理學家 Geert Hofstede 提出六個衡量不同國家文化體系的維度：權力距離（power distance）、個人主義（individualism）、不確定性規避（uncertainty avoidance）、男性化價值觀（masculinity）、長期利益導向（long-term orientation）、放縱主義（indulgence）（de Mooij & Hofstede, 2011）。

這六個維度彼此聯繫，但是之間並不存在一定孰優孰劣，只是一種歸納，彼此之間也可以不一樣，是從整體社會角度來進行分析的。尤其要注意文化是一個動態變化的過程，特別是在全球化和互聯網的時代，世界各國的文化彼此互相牽動，溝通者須立即更新國際文化的改變。

臺灣地區的文化應屬於高情境文化，但是近年來年輕的世代似乎喜歡「講清楚、說明白」的要求，顯然不喜歡隱喻或暗示的表達。CDT「文化向度理論」的向度區分上，應趨向權力距離大、長程利益導向的趨勢較明確。但是近年來民間挑戰政府、政策短視近利，屢見不顯，溝通者應具備隨機應變的溝通能力。

二、文化多元性（cultural diversity）

1976 年人類學家哈爾在《超越文化》（*Beyond Culture*）提出各種文化在「表達訊息」有兩個向度：「高情境文化」（high-context culture）與「低情境文化」（low-context culture）（Hall, 2010）。「低情境文化」的人主要用語言表達訊息，傾向於明確、直接方式的表達；「高情境文化」的人較委婉，通常用非語言的線索表達訊息，傾向於委婉、隱喻方式的表達。

伍　「跨文化能力」多元溝通

　　「跨文化能力」（intercultural competence or cross-cultural competence, 3C）的具備，攸關教育行政溝通效能，係指與不同文化（含文化價值觀）的人，進行有效溝通的能力。但是現實情境與不同文化的人溝通絕非易事。因此，教育行政人員須強化跨文化溝通技能。建議可以從「文化素養」、「謙虛、傾聽與對話」與「文化差異的正能量」面向了解跨文化溝通的內涵，藉以提升「跨文化能力」的多元溝通（diversity communication），茲說明如下：

一、文化素養

　　許多跨文化溝通產生的問題並非出於有意，甚至溝通者自身還不知道問題在哪，主因是缺乏文化素養。而孕育文化素養最簡易的作法，就是培養敏銳的觀察力與同理心。如果不學著體會他人的感受，可能就會在無意中傷到他人，造成溝通障礙或終止。

二、謙虛、傾聽與對話

　　溝通者在溝通時必須展現謙虛的態度，不可高高在上，戴著有色眼鏡傲視他人，並且要有一顆真誠的心，好好地傾聽他人的表達及營造對話的契機。

三、文化差異的正能量

　　從易經哲學，把文化差異視為正能量，可以互補溝通的能力提升。一般而言，如女性溝通者較男性溝通者，在非語言的溝通上較敏銳。另一方面，應屏除自身文化的卓越性，如不要以臺北市看臺灣的道理一樣，偏鄉學校的學生幾乎都沒有近視，這不是一種優於臺北市文化的一種文化嗎？

四、多元文化倫理

　　不同文化，導致價值的變異，在 A 地是道德的，但是在 B 地可

能是罪惡的。因此文化的差異會面臨倫理的考驗，出現地雷馬（dilemma）兩難困惑。面對此情境，建議可採「倫理兩難的嚴重性程度？」與「是否能達成文化差異的共識？」來作為溝通決策的最佳解。

綜上，「跨文化能力」的多元溝通，確實是一門深奧的學問，但是如能參考上述面向思考與實踐，輔以正向、建設的心態與跨文化者溝通、互動，去除堅信自己的想法始終比別人重要且有價值的「自我中心」（egocentrism）。對於提升「跨文化能力」的多元溝通，當產生一定程度的正向成效可能性。

陸　虛擬溝通／視訊溝通

近年來臺灣受 COVID-19 與 Omicron 疫情嚴重影響，教育一切運作幾乎都透過網際網路做線上辦公與教學，這種虛擬模式有其侷限與障礙。如 2022 年 4 月美國哥倫比亞大學教授 Melanie S. Brucks 與史丹佛大學教授 Jonathan Levav 兩人指出，虛擬溝通（視訊溝通，virtual communication）有礙創意產生（葉匡時，2022）。因為人們在虛擬溝通時，視覺侷限於螢幕內容，接收到的訊息並不完整。虛擬溝通的豐富度（richness）遠低於實體溝通，亦即實體溝通可以傳達比較多的訊息，造成虛擬溝通的效果不佳。此一疫情嚴重影響，視訊上班、線上教學已是回不去的顯學趨勢，教育行政溝通者要有應對虛擬溝通時代的溝通能力與技巧。

 ## 第三節　教育行政溝通的素養

教育行政人員須透過「溝通、溝通、再溝通」的態度與技能，處理教育行政公務與議題。因此，談及教育行政溝通，須強調教育行政者「溝通素養」的強度。茲提出教育行政者須具備的「溝通素養」如下：

壹　「人際關係與溝通」的素養

教育行政的溝通最基本素養是「人際關係與溝通」。教育行政的運籌帷幄後的政策，需要公聽、宣導讓社會利害關係人理解，讓執行者清楚如何落實，關鍵就在溝通的過程與成效，再好的良善政策，卻沒有優質的溝通，終究曇花一現。因此，教育行政者需好好地學習「人際關係與溝通學」，以強化自身的教育行政溝通能力。

貳　世代交替溝通能力

隨著世代的交替，舞臺已非傳統思維者獨占，近年臺灣地區吹起著「年輕人」的風，年輕世代確實在諸多價值觀、思維都與中老年人不同，看看現在的學生是如何與上一代學生不同了，教育行政也加入許多年輕生力軍，溝通者如果固著在時代的舊思維，作為溝通的形上觀，恐將遭受溝通的強大的挫折與障礙。

參　數位科技溝通能力

元宇宙世代已經來臨，整個科技結合，改變了職場與教育生態系，溝通者要終身學習，跟上科技步伐。主、客觀因素，科際溝通是未來的主流趨勢，熟悉科技設備，以利科技溝通時代的全面來臨。

肆　後現代溝通能力

後現代去中心化、去威權化，溝通過程堅持傳統倫理思維與價值觀，勢必被年輕世代質疑，甚至否決。溝通過程更不宜以「法職權」、「職別階級」等壓制溝通的進行，應轉為理念、專業、態度等服眾，順暢溝通成效。

伍　共生文化溝通能力

臺灣地區已經可以稱為多元族群的國家了，社會各個角落都可見本國不同族群，甚至是異國族群，如假日的臺北火車站，充滿著東南亞國家外勞群聚。外配子女也有一定比例在學與工作，強化共生文化溝通能力是無法規避的能力。

陸　不斷自省反思能力

任何事都需要透過學習，也需要透過經驗，所謂不經一事，不長一智。經一事要長一智，需透過自省反思，溝通亦不例外，沒有人是天生溝通高手的，不斷地自省反思再實踐，不斷地循環，日復一日當能提升溝通能力。

柒　透過典範學習能力

教育行政人員在職場，一定能發掘箇中溝通高手，甚至高手在民間，只要有心觀察誰是溝通能者，一定能覓尋到典範，繼而見賢思齊，終將獲得良好的溝通能力。經驗上，從實務現場學習典範的溝通技巧，常超越書中知識。

捌　有溫度的溝通能力

眾多重大危機與衝突，最重要的是出在危機管理過程中溝通的缺乏溫度（趙政岷，2022）。教育行政是處理「人」的事務，溝通需要有溫度的，塑造一個「有溫度的溝通」氛圍，不信人性喚不回，終將能暖化周遭的溝通者，無形中顯現出溝通的成效。

玖　易經智慧溝通能力

有關「人際關係與溝通」的書籍，多數來自外國學者所撰寫，藉著英翻中，在坊間販售，國情、價值觀、風俗等諸多不同，溝通的理論與實務經常水土不服，而本土的溝通書籍也多來自於外來理論為主，所以在實務現場未必能適切運用。適合於本土的溝通理論與實務，可以藉職場實務，向所謂的「老師傅」學習請益。舉二個例子，拋磚引玉。

一、太極圖陰陽溝通

太極圖，如圖 5-7。呈現陰陽相生、共生，合而為一，是一「生」二，不是一「分」二。陰中帶陽；陽中帶陰，箇中的大智慧對溝通的啟示不言可喻。

圖5-7

太極圖

資料來源：作者自行整理

任何事都是陰陽共生，一起看，不可分開看，這是易經智慧之核心智慧，對於溝通的啟示，啟發溝通者，任何溝通都要有陰陽共生、互動的形上觀，養成形下溝通能見陰知陽、見陽知陰，溝通才能圓融。

二、迂迴溝通

溝通有時候不需要直來直往，愛因斯坦（Albert Einstein）都已經證明光線不是走直線的。中國式管理大師曾仕強：「道理是直的，但是道路是彎的；只會走直線的人，終將受傷纍纍。」這種智慧啟示溝通者迂迴溝通的重要與必要，如圖 5-8。

圖5-8

迂迴溝通

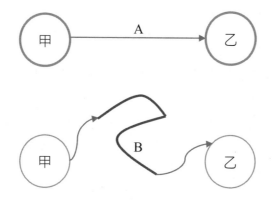

　　上圖中，A 路徑式的溝通，從甲到乙，直接、快速，易產生許多溝通後遺症；B 路徑式的溝通，從甲到乙，曲折、緩慢，結果較圓融，可降低溝通後遺症。

第四節　結語

　　水溝要保持暢通，才不會汙水四溢，甚至造成災害；人與人之間的思想、觀念、意見、看法也要經常溝通，才能往來愉快，才能凝聚共識，才能同體共生，才能共榮共有（星雲大師，2006）。

　　溝通是專業，是基本專業，每個人都必須學習具備的能力，特別是在公、私部門工作者。教育始終以人為主體，教育行政者為使政策推動落實有成效，強化溝通能力是教育行政人員必備的能力重要指標。

　　洛陽紙貴，礙於篇幅，教育行政溝通仍有不足與疏漏之處，建議讀者延伸閱讀有關「人際關係與溝通」的書籍及相關書籍，以完整教育行政溝通之理論與實務知能與技巧。

　　「讀萬卷書很重要；行萬里路更有必要。」關於教育行政溝通，除了多閱讀有關理論與實務書籍，以強化知能外，更要提醒自身透過不斷地經驗、反思與實踐來昇華自我的溝通能力。

問題討論

1. 教育行政人員在進行溝通時應把握哪些原則與策略？請以十二年國民基本教育為例說明。

2. 教育政策推動的過程中，可能立意良善卻因缺乏教育政策溝通而遭到杯葛，甚至產生衝突與對立，試說明教育政策溝通應考量的要素，包括溝通目的、溝通對象、溝通方式等面向。

3. 受疫情影響，教育行政溝通採「虛擬溝通」方式進行，試說明教育行政虛擬溝通的優勢與劣勢？並說明如何強化劣勢。

4. 「跨文化溝通能力」（intercultural competence or cross-cultural communication competence）意涵為何？教育行政在進行「跨文化溝通」時，應掌握哪些溝通技巧？

5. 「共生文化溝通能力」（co-cultures communication competence）意涵為何？教育行政在進行「共生文化溝通」時，應掌握哪些溝通技巧？

參考文獻

Edward T. Hall（2010）。**超越文化**〔何道寬譯，第二版〕。北京大學。（原著出版年：1976）

Elon Musk（2021）。什麼是第一原理（First Principles）？https://www.xiaxiaoqiang.net/first-principles/.html

Eric Schmidt, Jonathan Rosenberg, & Alan Eagle（2020）。**教練：價值兆元的管理課，賈伯斯、佩吉、皮查不公開教練的高績效團隊心法**〔許恬寧譯，第一版〕。天下雜誌。（原著出版年：2019）

Kathleen S. Verderber & Rudolph F. Verderber（2015）。人際關係與溝通〔陸洛、周君倚、梁錦泉、陳楓媚、樊學良譯，第十三版〕。前程。（原著出版年：2013）

Matthew O. Jackson（2021）。人際網絡解密：史丹佛教授剖析，你在人群中的位置，如何決定你的未來〔顏嘉儀譯，第二版〕。先覺。（原著出版年：2019）

Ronald B. Adler, Jeanne Elmhorst, & Kristen Lucas（2016）。人際關係與溝通技〔袁正綱譯，第十版〕。東華。（原著出版年：2013）

Stephen P. Robbins（2001）。**組織行為**〔李茂興譯，第六版〕。揚智。（原著出版年：2000）

Verderber, R. F., & Verderber, K. S.（2000）。人際關係與溝通〔曾端真、曾玲珉等譯，第一版〕。揚智。（原著出版年：1995）

戶田久實（2021）。阿德勒教你如何說話被喜歡：連「拒絕」、「說不」都能讓人感覺溫暖的說話術！〔侯詠馨譯，復刻版〕。大樂文化。（原著出版年：2014）

梅田悟司（2018）。不只令人心動，更讓人行動的言語力：一開口就動聽、一下筆就

吸睛，日本頂尖廣告文案人教你深化思考，優化表達，你也能很有影響力！〔卓惠娟譯，第一版〕。遠流。（原著出版年：2016）

王如哲（1998）。**教育行政學**。五南。

王淑俐（2019）。**人際關係與溝通（增修五版）**。三民。

百度（2022 年 7 月 31 日）。人際網絡。載於百度。https://baike.baidu.hk/item/%E4%BA%BA%E9%9A%9B%E7%B6%B2%E7%B5%A1/10750784

吳清山（1991）。**學校效能**。五南。

吳清基（1999）。**教育與行政**。師大書苑。

黃昆輝、張德銳（2000）。**教育行政**。國家教育研究院。https://terms.naer.edu.tw/detail/1309851/

黃昆輝（1984）。**教育行政學**。師大書苑。

黃昆輝（1996）。**教育行政學**。東華書局。

黃昆輝（2002）。**教育行政學**。東華。

葉匡時（2022 年 7 月 18 日）。虛擬溝通有礙創意的產生。**聯合報**，A7 版。

維基百科（2022 年 7 月 31 日）。人際溝通。載於維基百科。https://zh.m.wikipedia.org/zh-tw/%E4%BA%BA%E9%9A%9B%E6%BA%9D%E9%80%9A

趙政岷（2022 年 6 月 25 日）。有溫度的溝通。**中國時報**。https://www.chinatimes.com/newspapers/20220625000465-260109?chdtv

星雲大師（2006 年 9 月 17 日）。溝通。**人間福報**。https://www.merit-times.com/NewsPage.aspx?unid=25735

教育部（2022）。溝通。**教育部重編國語辭典修訂本**。https://dict.revised.moe.edu.tw/dictView.jsp?ID=69416&la=0&powerMode=0

曾仕強、劉君政（2002）。**人際關係與溝通**。百順資訊。

劉必榮（2011）。**學會溝通：創造雙贏的協調技巧**。文經社。

黃丙喜（2016 年 8 月 31 日）。許厝遷校溝通不及格。**中國時報**。https://www.chinatimes.com/newspapers/20160831000628-260109?chdtv

秦夢群（2019）。**教育行政理論與模式（四版）**。五南。

張金鑑（1958）。**行政學典範**。中國行政學會。

張金鑑（1982）。**行政學新論**。三民書局。

張金鑑（1986）。**行政學典範**。中國行政學會。

張潤書（2020）。**行政學（五版）**。三民。

謝文全（1998）。**教育行政：理論與實務**。文景。

謝文全（2004）。**教育行政學**。五南。

謝文全（2021）。**教育行政學（七版）**。高等教育。

溝通（2022 年 7 月 31 日）。載於維基百科。https://zh.m.wikipedia.org/zh-tw/%E6%B2%9F%E9%80%9A

教育行政（2022 年 7 月 31 日）。載於維基百科。https://zh.m.wikipedia.org/zh-tw/%E6%95%99%E8%82%B2%E8%A1%8C%E6%94%BF

國家教育研究院（2022a）。**行政溝通**。https://terms.naer.edu.tw/detail/1305291/

國家教育研究院（2022b）。**自我揭露**。https://terms.naer.edu.tw/detail/17092588/

Berglos, S. (1995). *Harmony is death: Let conflict reign*. Inc., 56-58.

Brian, H. S., & William R. C. (1994). *The dark side of interpersonal communication*. Routledge.

Cozby, P. C. (1973). Self-disclosure: A literature review. *Psychological Bulletin, 79(2)*, 73-91.

de Mooij, M., & Hofstede, G. (2011). Cross-cultural consumer behavior: A review of research findings. *Journal of International Consumer Marketing, 23*(3-4), 181-192. https://doi.org/10.1080/08961530.2011.578057

Hall, E. T. (1973). *The silent language*. New York: Anchor Books.

Hall, Edward Twitchell (1990). *The Hidden Dimension*. Anchor Books.

Hoy, W. K., & Miskel. C. G. (1987). *Educational Administration Theory: Research and Practice*. New York: Random House.

Joinson, A. N., Paine, C., Buchanan, T., & Reips, U. D. (2008). Measuring self-disclosure online: Blurring and non-response to sensitive items in web-based surveys. *Computers in Human Behavior, 24*(5), 2158-2171.

Kilduff, Martin, & Krackhardt, David (2008). *Interpersonal Networks in Organizations: Cognition, Personality, Dynamics, and Culture*. Cambridge University Press.

Lewis, P. V. (1975). *Organizational communication: The essence of effective management*.

Columbus, OH: Grid.

Lunenburg, F. C., & Ornstein, A. C. (2012). *Educational administration: Concepts and practices* (6th ed.). Belmont, CA: Wadsworth Cengage Learning.

Watzlawick, Paul (2022). *5 Axioms Of Communication: Communicating Better at Work*. https://www.bluecoding.com/post/5-axioms-of-communication-communicating-better-at-work

Qubein, N. (1996). *How to Be A Great Communicator*. NY: John Wiley & Sons, Inc.

Robbins, S. P. (1991). *Management*. NJ: Englewood cliffs, NJ: prentice-Hall.

Robbins, S. P. (2001). *Organizational Behavior: Concepts, Controversies and Applications* (9th ed.). Englewood Cliffs, NJ: Prentice Hall.

Robbins, Stephen P., & Judge, Timothy A. (2013). *Organizational behavior* (15th ed.). Prentice Hall.

Schein, E. H. (1992). *Organizational culture and leadership*. San Francisco: Jossey-Bass.

Schramm, W. (1983). How communication works. In B. Hodge (Ed.), *Reading in Language and Communication for Teacher*. Longman Cherhire Melborne.

Spitzberg, B. H., & Cupach, W. R. (1984). *Interpersonal communication competence*. Beverly Hills, CA: Sage.

Wallach, E. J. (1983). Individual and organizations: The cultural match. *Training and Development Journal, 37*(2), 28-35.

Wilmot, W. W., & Hocker, J. L. (2007). *Interpersonal Conflict* (7th ed.). McGraw-Hill, Boston.

第六章

教育行政領導

蔡進雄

教育具有促進經濟成長，改進人類生活素質，達成國家政治理想，傳遞繁衍文化及導引社會變遷之功能（吳清基，1991）。而教育行政是驅動教育發展的關鍵力量，教育行政可以說是促進教育前進的火車頭，其功能的彰顯與否，攸關整體教育及人才培育的成效。

領導是行政及管理的核心，所有行政歷程與執行運作都需仰賴有效的領導，領導不僅是高品質教育行政效能的關鍵因素，也是教育行政學術研究不可或缺的探究課題。二十一世紀的領導理論堪稱百花齊放、百家爭鳴，領導理論更是公共行政學、管理學及教育行政學等各學門領域所爭相探討的重要議題（蔡進雄，2017）。職此之故，國內外關於教育領導的研究論文數量可說是汗牛充棟。

要言之，由於領導對組織效能具有舉足輕重的影響，因此領導理論很早就為學術研究所關注，而在教育學術研究領域，教育領導及校長領導也是備受探究的議題，眾多研究顯示校長領導影響教師的工作滿意、組織承諾、專業成長及教學表現，也影響著整體學校文化及學校效能發展（蔡進雄，2000）。而整體說來，從西方領導實證研究之理論演變來看，大致上可從特質論、行為論、權變論、新興領導理論等加以分析。基於此，本章首先探討領導的定義，其次闡述領導理論的演變，接著剖析新興領導理論，最後闡明教育行政領導的發展趨勢，以供教育行政領導之參考。

第一節　領導的定義

關於領導的定義，Stogdill（1974）認為領導是在組織團體擬定目標與達成目標過程中，影響該團體活動的一種歷程。Hodgetts（1991）指出領導是影響人們，以引導他們的努力朝向某些特定目標達成的過程。羅虞村（1999）綜觀各學者對於領導的界定，有以下十二種方式：(1) 領導是一種人格或該人格之效應；(2) 領導是一種行為指引團體之活動；(3) 領導是一種倡導活動；(4) 領導是一種說服方式；(5) 領導是整個團體歷程的焦點；(6) 領導是交互作用的功能；(7) 領導是影響力的發

揮；(8) 領導是角色分化的功能；(9) 領導是達成目標的手段或工具；(10)
領導是一權力關係；(11) 領導是使人順從的一門藝術；(12) 領導是團體
成員選擇的功能。

　　謝文全（2009）主張領導是在團體情境，透過影響力來引導成
員之努力方向並激發士氣，使成員同心齊赴共同目標之歷程。秦夢群
（2010）認為各家對領導定義多元歧異，但基本上領導本身必定有其
欲達成之目標，領導之所以有意義，戮力達成目標絕不可少。吳清山
（2011）指出領導乃是團體中的分子，在一定之情境下，試圖影響他
人行為，以達成目標之歷程。

　　綜合各家之言，領導可定義為如下：領導存在於團體中，藉著領導
者的影響力發揮，充分運用物力、人力等資源，而能有效地達成組織目
標之歷程或行為。進言之，教育領導是在教育環境中，藉著教育行政者
影響力之發揮，充分運用物力、人力等資源而有效地達成教育組織目標
的一種歷程或行為（蔡進雄，1993: 13，2000: 7）。進一步闡述如下：

　　1. 領導是存在於團體之中：基本上，領導是於團體中存在的，所以
也顯示領導需要與人群互動。

　　2. 領導是影響力的發揮：領導者可藉由人格魅力、法職權力或專家
知識等來發揮多方的影響力，以影響團體成員的行為並齊赴共同目標。

　　3. 領導是目標達成的歷程：領導是目標導向的過程，領導者透過資
源整合及影響力發揮來達成組織目標。

 ## 第二節　領導理論的演變

　　關於領導理論的演變與發展，從整體領導理論的科學實徵研究觀
之，可分為特質論、行為論、權變論及新興領導等幾個時期（黃宗顯，
2008；蔡進雄，2005）。Bryman（1992）也明確指出領導理論的演進
可分為特質取向（trait approach）、方式取向（style approach）、權變
取向（contingency approach）及新型取向（new approach）。循此，
關於領導理論的演變，可從特質論、行為論、權變論及新興領導理論等

加以闡述。以下先介紹特質論、行為論及權變理論之內涵，至於新興領導理論則另闢一節分析闡明之。

壹　特質論

運用科學實證方法研究領導，最早是開始於特質理論的探究，而有關領導特質的研究分析，又可分為兩種論點，其一是強調一般人格特質（traits）的研究取向，其二是強調特質中共同特質（common character）的研究取向（蔡進雄，1993）。而針對領導研究之特質論的侷限，Hanson（1991）評析陳述如下：(1) 領導素質並不等於領導行為；(2) 領導素質不能預測領導效能；(3) 素質研究忽略個人與團體的互動關係；(4) 沒有一套合適的領導共同特質。

概括地說，在此階段之有關領導特質的探析，各家研究結論頗為紛歧，很難有一致的發現，且理想的領導特質為何，各學者專家觀點也不一，使得靜態的特質研究轉向為外顯的領導行為探究。

貳　行為論

由於特質研究的不足與限制，加上行為主義的崛起，領導行為理論探究乃應運而生（蔡進雄，1993，2000）。其中最有名的是美國俄亥俄州大學雙層面領導理論，主張領導可分為倡導行為與關懷行為。倡導行為包含領導者界定本身與成員之間的權責關係、訂定辦事方法與程序、設立組織型態等，而關懷行為則包含領導者所表現的友誼、彼此信任、關心、親切等與成員之關係（Halpin, 1966）。此外，倡導與關懷兩層面並可交織成高倡導高關懷、高倡導低關懷、低倡導高關懷、低倡導低關懷等四種領導型態。

雖然領導行為論在領導學上具有重要性，但仍然有其限制，例如未顧及情境因素、易使領導行為方式流於刻板、尚難建立領導者行為與組織效能間的確切關係等（黃昆輝，1989），加上此一時期的研究並未發現一套可以「放諸四海而皆準」的領導方式（蔡進雄，1993）。職此之故，使得領導理論研究轉向為領導權變論之研究途徑。

參　權變論

　　領導特質論研究的發現結論，無法指出一組最理想的特質，領導行為論也找不出最佳固定的領導方式，因此領導權變理論探究自 1970 年代逐漸成為領導理論研究的主流（蔡進雄，1993，2000）。其中以 Fiedler（1967）的權變理論最受關注，Fiedler 將領導方式分為關係取向及任務取向，情境因素包含領導者與成員的關係、任務結構及領導者的職權等三個因素，Fielder 則切表示領導方式是否適宜，要依情境而定，領導者效能是領導方式與情境的有利程度交互作用的結果（蔡進雄，1993）。

　　權變領導理論的基本主張是，最好的領導方式是隨情境通權達變，而非一成不變，權變論探析確實為領導理論研究開創新的契機（蔡進雄，1993，2000）。惟世界及社會環境不斷演變，組織變革成為領導重點，故各種新興領導理論如百花齊放，紛紛被提出，以下即闡明各類的新興領導理論。

第三節　新興領導理論探析

　　由上可知，領導研究是教育行政的顯學，回顧整體領導研究的演變與發展，最早期之領導研究是屬於特質論，特質論在於了解最佳的領者導特質，然而特質論不易找出一組最佳之領導特質，且過於靜態，是故領導研究轉而探討外顯領導行為，其中最知名的領導行為是雙層面理論，將領導行為分為倡導與關懷，且普遍研究指出高倡導高關懷是較佳的領導行為（蔡進雄，1993），惟行為論欠缺情境因素之探析，是故有權變理論之研究與主張。而隨著社會環境改變，各種新興領導理論，如百花齊放、蓬勃發展，誠如秦夢群（2011）所言，自 1980 年以來，許多新興領導理論興起，令人目不暇給。以下就轉型領導、真誠領導、微領導、教練式領導、分散式領導、靈性領導等主要新興領導理論加以闡明探析。

壹　轉型領導

　　新興領導理論豐富了領導理論的內涵，而轉型領導（transforma-tional leadership）理論可說是新興領導理論的顯學，也是近二十多年來最受矚目的領導理論。張潤書（1998）表示轉型領導的提出，乃因爲特質取向、行爲取向及權變論之領導研究，存在著幾項缺失：(1) 未能關注領導者在組織變革中應扮演的積極角色；(2) 過去領導理論區分領導者與被領導，忽略組織成員自我要求、自我導引的可能性；(3) 過去的領導理論將領導者與管理者混爲一談，事實上領導者的任務在於創造，引導整體組織的變革方向。而轉型領導強調建立願景與使命、個別關懷、啟發部屬才智、激勵鼓舞及重視領導者魅力與等（蔡進雄，2000；Bryman, 1992），能呼應新時代的社會環境及組織變革需求。

　　Bass（1985）認爲轉型領導係「創造超越期望的表現」，藉由增加成員的信心及提升工作成果的價值，以引導成員做出額外的努力。所謂轉型領導可定義爲領導者藉著個人魅力及建立願景，並運用各種激勵之策略，提升部屬工作態度，以激發部屬對工作更加努力的一種領導，具體而言，轉型領導包含建立願景、魅力影響、激勵鼓舞、啟發才智及個別關懷等五個層面（蔡進雄，2000）。從表 6-1 也可知，轉型領導較不強調計畫、分配責任、控制、權力維持及對環境的回應等，而較強調願景使命、傳達願景、激勵鼓舞、賦予成員自主力、對環境有前瞻作法等。

表 6-1
轉型領導理論所強調的主題

較不強調	較強調
計畫	願景／使命
分配責任	傳達願景
控制和問題解決	引起動機和激勵鼓舞
創造例行事項和均衡	創造變革和革新
權力維持	賦予成員自主力
創造順從	創造承諾
強調契約責任	刺激額外的努力
重視理性，減少領導者對成員依附	對成員感興趣並靠直覺
對環境的回應	對環境有前瞻作法

資料來源：Bryman, 1992: 111

　　轉型領導是領導的顯學，教育領導者若採取轉型領導作為，則可以有效激發教師工作士氣，且能營造良好學校文化並提升學校效能（張慶勳，1997；蔡進雄，2000），因此轉型領導不僅是獨領風騷的新興領導理論，也可作為促進教育發展與進步的重要領導模式。

貳　真誠領導

　　秦夢群（2010）陳述真誠（authenticity）一詞在古希臘文化是被定義為「忠於自己」（be true to oneself），與中文之「言行一致」頗為相似。Shamir 與 Eilam（2005）則指出真誠領導者不偽裝他們的領導行為，不拷貝模仿別人，領導行動是基於自己的價值與信念。

　　馮丰儀與楊宜婷（2012）對於真誠領導進行的定義為，領導者具有真誠的價值觀與信念，能覺察自我的信念及表現出言行一致且公開透明的領導行為，並能讓他人感受到領導者之真誠，進而培養成員對其信任感，促使組織往上發展。林國楨與謝侑真（2007）認為具真誠領導的校長，其行為表現為重視發自內心真誠關懷與言行一致領導，依真誠探究組織與個人在價值信念與需求滿足上之平衡點，完善心靈共享的人性化領導。

　　綜上所述，真誠領導可定義為領導者具有堅定之核心價值，且領導者其價值信念與外在行為一致，且能展現正直自律並樂於服務他人，以贏得成員的信任並促進組織成長與正向發展（蔡進雄，2013a）。大體上，人們都希望他們的領導者是個好人（good people）（Owings & Kaplan, 2012），且領導者採取真誠領導的正面結果是成員能展現工作幸福感、信任、投入、永續及真實（Gardner, Avolio, Luthans, May, & Walumbwa, 2005）。

　　總結說來，真誠領導強調對自己要自律及言行一致，對他人要真誠透明且採利他服務精神，對問題的處理要包容各方不同意見（蔡進雄，2013a）。在教育實務方面，真誠領導可以提醒教育領導者應把握教育核心價值且以高道德標準自我要求，並堅持教育理想及真誠一致（蔡進雄，2013a）。職此之故，真誠領導不僅是新興的領導理論，也相當適合應用於強調道德情操之教育組織。

參 微領導

在不穩定的情況下細小的改變最後有可能逐漸擴展演變成巨大的變革（Plowman, Baker, Beck, Kulkarni, Solansky, & Travis, 2007），且校園民主化及資訊科技的進步，每個成員都能發揮無所不在及細小的力量，故學校微領導（school micro-leadership）可定義為（蔡進雄，2017）：由於網際網路及資訊科技的發達，以及校園民主化之趨勢，使得校園裡每個成員都可以發揮其影響力，微領導是存在於每個人。進一步而言，微領導的「微」代表細小及無所不在兩種意涵，因此微領導意涵著學校成員能無所不在及隨時隨地發揮細小的影響力（蔡進雄，2017）。

在面對學校微領導現象的因應方式包括：(1) 領導者應有包容的心胸；(2) 採治理的方式來連結各方力量；(3) 展現整合能力，採民主專業主義；(4) 建立彼此信任關係及建置溝通平臺機制；(5) 學校成員要能自主自律，如此才會產生巨大力量（蔡進雄，2017）。

每個人都能夠從公共參與中，找到自己影響世界的位置，也驅動了奉獻及豐富世界社會的天賦熱情（吳英明、柯志昌，2016）。而學校微領導的產生，使得權力及領導角色不再完全集中於學校領導者一人，每個成員都可以在自己影響教育的位置發揮無所不在及細小的力量，並可以匯聚成為改變教育的大力量（蔡進雄，2016a）。質言之，微領導是一種個體能量的釋放，倘若能妥善整合將可激發出難以想像的力量（蔡進雄，2017），故微領導也是教育領導的新興及重要課題。

肆 教練式領導

傳統仰賴法職權之由上而下的校長命令式領導，已逐漸轉變成為夥伴關係，因此非指導型的教練式領導（coaching leadership）相當適合於學校教育場域之應用（蔡進雄，2019）。藉由教練過程可發展領導能力及促進工作投入（洪瑋齡，2012；Forde, McMahon, Gronn, & Martin, 2013），是故近年來教練式領導也備受企業界及教育領導的重視（丁一顧，2013；蔡嘉綺，2017；劉美玲，2012；Boren, 2017；

McCarthy, 2014）。

　　大體上，教練理論的基本理念是假定人是有能力的，是一種與同儕間傾聽與說話的方式，領導者與同儕之間是夥伴關係，而不是上下科層關係（簡宏江，2012；Robertson, 2009）。蔡進雄（2019）將校長教練式領導定義為校長採非指導方式，藉由與成員建立信任關係，並且應用傾聽、提問與回饋之教練技巧，以協助成員發揮潛能之歷程。

　　教練式領導相當適合應用於教育場域，特別是中小學校長進行課程教學領導時，需要更多專業對話，故教育領導者有必要熟稔教練式領導的意涵及其實務應用（蔡進雄，2019），Boren（2017）也主張校長藉由個別教練的方式，可以有效促進教師的專業學習。

　　總之，教練式領導關切部屬工作能力的成長與提升，且主張部屬有能力解決問題的由下而上之教練式領導，更能有效激發部屬的潛能與提升專業成長（蔡進雄，2019），故教練式領導模式是教育領導者值得學習之領導理論，也是教育領導研究的新興議題。

伍　分散式領導

　　近年來，在教育領導領域對於分散式領導（distributed leadership）的研究探討日益增加，Yukl（2009）也表示組織是人與人之間彼此互動的複雜社會系統，但人們往往過於誇大單一領導者的重要性，英雄式領導者在組織內被期待明智、勇敢且了解每件事，不過領導者卻很少能達到這些期望，組織成效也因而被過度歸功或歸咎於領導者，是故分散式領導將是會浮現的領導概念。有別於英雄式領導，蔡進雄（2004）也將後英雄式領導視為領導的新典範。

　　Bennett、Wise、Woods 與 Harvey（2003）認為分散式領導是人際關係互動的結果而不是個人行動，信任與開放是人際關係的基礎，擴大領導的界限，不只是教學社群，還有校內的其他社群，分散式領導式視領導為流動性而不是特定的正式角色或職位，並且將領導者與追隨者的區別加以模糊。Harris（2003）陳述領導的分散模式意指學校內之角色與內部界線要重新定義，分散式領導隱含著領導者與追隨者的關係與差別變得模糊，也意味著校內的分工與任務的分

享，分散式領導可開啟所有教師在不同時間可以成為領導者的可能性。Spillane（2006）也主張領導涉及很多人而不是少數人，關乎互動而不僅是英雄式的行動。

蔡進雄（2010）綜合各學者專家之言指出，分散式領導意指領導的來源不限於正式領導者，而是在信任及共同合作參與的基礎下，成員可在不同職位及角色貢獻專長，成為組織有影響力的領導者。針對此定義闡述如下（蔡進雄，2010）：

1. 領導的來源不限於正式領導者：分散式領導強調的是權力及領導的分散，是以學校組織內人人都是教育的領航員。

2. 信任及共同合作參與：建立在信任關係及合作參與的基礎之上，分散式領導才能得以實踐，是故信任、合作及共同參與是分散式領導能否有效運作的重要因素。

3. 貢獻個人專業及專長：正式領導者並不是「十項全能」的人，因此分散式領導關注成員專業及專長的付出及貢獻，並發揮成員影響力，所以人人都可以是領導者。

此外，分散式領導應用在學校組織也有六項優點（蔡進雄，2010）：(1) 分散式領導有助於教師專業發展；(2) 分散式領導可以促進教師對學校的認同與歸屬感；(3) 分散式領導可以減輕學校領導者的領導負擔；(4) 分散式領導的倡導有助於教師領導的發展；(5) 分散式領導能呼應後現代的精神；(6) 分散式領導較能靈活適應環境的變化。綜言之，分散式領導等同於將組織內之人力能量極大化（Harris, 2004），且教育領導不再只是科層體制最上層之單一、英雄式領導者，而是分散式領導的模式（Camburn, Rowan, & Taylor, 2003）。因此在後現代社會及校園民主化的教育環境，分散式領導主張領導之影響力應該分散給每一個人之概念及精神，不僅是教育領導研究或實務都有持續探究與實踐發揚的必要性。

陸　靈性領導

二十一世紀之人類社會，有哪些領導理論能回應新世紀人類的需求，從眾多的探究中，顯示靈性領導（spiritual leadership）是領導研

究新議題，也是未來可能發展的領導趨勢（蔡進雄，2007a），徐木蘭（2004）也陳述新世紀之新組織要能永續經營，必須兼顧物性與靈性的功能，否則很容易被時代趨勢所淘汰。

Fairholm（1996）認為靈性領導是一種動態且互動的過程，領導應發展領導者與部屬的關係，並協助達成部屬的需求。Fry（2003）指出靈性領導是能從內在激發自我及他人之價值、態度和行為，使人們藉由成員感（membership）及召喚而產生靈性存在感。

概括地說，教育場域之靈性領導內涵可從三個層次加以探析，就領導者之個人層次而言，靈性領導強調超越、平靜、正直、教育意義與使命等；就領導者與他人關係來說，學校場域之靈性領導強調關懷、寬恕、利他與建立社群等；於學校組織層次而言，靈性領導者應致力於形塑崇高的組織願景並且追求卓越（蔡進雄，2007a）。而從表 6-2 之靈性及沒有靈性之差異比較，更能顯示具有靈性的組織對其組織及成員的正面影響力。

表 6-2
靈性與沒有靈性的差異

靈性（spirited）	沒有靈性（dispirited）
使用四種能量（心理、生理、情緒、靈性）在工作	使用生理及心理在工作
工作是志業	工作就是工作
與他人的連結感；使用社群及家庭當隱喻	分離及無連結感；競爭多於合作和社群
個人和組織的使命與價值一致；工作有意義和目的	個人和組織的使命與價值缺一致；工作缺乏意義和目的
有活力的工作者	沒有活力的工作者
工作者涉及領導活動	以由上而下的領導方式

資料來源：Moxley, 2000: 39

總結而言，靈性在領導上是一個新的觀念，過去我們一直忽略這個觀念（Fairholm, 2000），靈性與心靈可以說是成功領導之心（Bolman

& Deal, 2001），Soder（2002）也認為缺乏靈性的領導會導致短視近利。教育是專業助人的志業，靈性領導所強調的關懷利他、崇高使命願景、重視部屬需求成長，以及關注與他人建立連結社群等內涵，已使靈性領導成為教育領導學術研究及領導實務的重要新興課題。

 ## 第四節　教育行政領導的發展趨勢

　　本節從「教育領導不可忽略倫理基礎」、「新興領導使教育領導研究更為豐富多元」、「以專業領導回應教與學的需求」、「被領導者研究與領導者探究應同樣受到關注」、「兼顧由上而下、平行及由下而上之教育領導三條路線」、「負向領導研究仍有待探究」等指出教育行政領導的重要發展趨勢（蔡進雄，2007c，2009b，2014a），以供教育領導學術研究與教育領導實務之參考。

壹　教育領導不可忽略倫理基礎

　　領導者具有良好的素質及修養，才很容易贏得部屬的好感與信賴（吳清山，2011），是以領導應以道德倫理為基礎，領導者應有的基本專業道德、品格、修養，包括身先士卒、言而有信、堅守原則，有容乃大、不屈不撓及任勞任怨（鄭照順，2007）。

　　教育領導應以倫理為基礎，可從以下兩方面加以闡述（蔡進雄，2007b，2008a）：首先，沒有倫理引導的教育領導是盲目的，Sergiovanni（1992）認為領導行為只是領導之手，價值觀與信念是領導之心，而領導之手是受領導之心來指揮的。因此，領導者須培養領導者正確的倫理及價值信念，以引導做對的事（to do the right things）（蔡進雄，2005）。其次，教育組織是屬於道德教育的組織，亦即學校是一道德教育機構，是故教育領導者之所作所為應該符合倫理道德規範，能表現出正確適切的行為。

　　Yukl（2006）曾指出提到倫理領導的多項規準，從表6-3評量倫理領導之規準可知，在領導者權力與影響力之使用方面，倫理領導是服務

追隨者及組織，而非倫理領導是滿足個人需求及生涯目標。在處理多元
利害關係人的不同利益方面，倫理領導是設法平衡與統整，而非倫理領
導是偏袒能提供最大利益的結盟夥伴。在組織願景的發展方面，倫理
領導是基於追隨者的需求、價值及想法，而非倫理領導設法推銷自己的
願景。在領導者行為的正直方面，倫理領導是行動與信奉價值一致，非
倫理領導是做有助於獲取自己目標的事。在面對追隨者的批評與異見
時，倫理領導是鼓勵批判性的評鑑，以找到更好的解決方式，而非倫理
領導是不鼓勵並壓抑任何的批評及異見（蔡進雄，2008a）。

表 6-3
評量倫理領導的規準

規準	倫理領導	非倫理領導
領導者權力與影響力的使用	服務追隨者及組織	滿足個人需求及生涯目標
處理多元利害關係人的不同利益	設法平衡與統整	偏袒能提供最大利益的結盟夥伴
組織願景的發展	基於追隨者的需求、價值及想法	設法推銷自己的願景，並視為組織成功的唯一方式
領導者行為的正直	行動與信奉價值一致	做有助於獲取自己目標的事
領導者決定與行為的冒險	願意冒個人風險並作必要的決定	避免涉及領導者個人風險的決定或行動
相關訊息運作的溝通	對於事件、問題及行動，做完全和及時的訊息公開	對於問題及進展，使用欺騙及扭曲以左右追隨者的知覺
回應追隨者的批評與異見	鼓勵批判性的評鑑，以找到更好的解決方式	不鼓勵並壓抑任何的批評及異見
追隨者技能與自信的發展	使用教練、指導及訓練來發展追隨者	使追隨者軟弱並依賴領導者

資料來源：Yukl, 2006: 424

貳　新興領導使教育領導研究更為豐富多元

教育領導研究主題已進入多元化的時代，特質論、行為論及權變領導理論已成為古典理論，各種新興的領導理論逐漸竄起（蔡進雄，2009b）。秦夢群（2010）曾分析 1980-2010 年三十年之間，在教育行政與管理相關學位與期刊論文，最多之教育領導理論，英文部分前十名為轉型領導、教學領導、服務／僕人式領導、交易領導、分散式領導、共享領導、合作領導、團隊領導、靈性領導、主管領導；中文部分前十名依序為轉型領導、課程領導、教學領導、交易領導、家長式領導、服務／僕人式領導、道德領導、科技領導、魅力領導、願景領導。

轉型領導確實是二十一世紀最受矚目的領導研究主題，且有別於過去的領導特質論、行為論及權變論之探析，能符應新時代組織變革之所需，研究也顯示轉型領導對於一般企業組織及教育場域都是有效的領導模式，惟各類新興領導理論也競相提出。

總的說來，教育領導行為模式，頗有百家爭鳴之情形，呼應了後現代之多元差異現象（蔡進雄，2007c）。換言之，在後現代社會下之教育環境，教育領導研究並非定於一尊而是多元發展，而各類新興領導模式內涵亦使教育領導的研究與內涵更為豐富多元（蔡進雄，2007c，2009b）。

參　以專業領導回應教與學的需求

Hoy 和 Miskel（2001）明白指出學校是致力於教與學的服務性組織，吳清山（2007）亦陳述校長具有行政領導和管理權威，仍難以服眾，必須結合課程與教學領導，才能提升領導效果。由於學校任務是以教與學為核心，因此教育領導研究必須環繞在如何促進教與學，是故教育領導除了可從一般領導理論加以探討外，還應該強調專業領導，包括教學領導、課程領導、學習領導等，特別是國內課程改革一波一波地推動，為了發揮領導影響力，教育專業領導已成為教育領導人不可忽略的要項。

概括地說，教育組織的特性目的與一般企業組織的目的兩者是有所

差異，前者在於以學生學習為核心，並應堅守服務重於報酬，而後者重視的是營利，因此教育組織應該有屬於自己的獨特領導風格（蔡進雄，2003，2009b）；更確切地說，在知織經濟時代，教育領導關注的應是專家權而非法職權（蔡進雄，2003）。English、Papa、Mullen 與 Creighton（2012）也認為教育應拒絕商業模式，此乃商業模式與教育目的是少有關聯的，學校的目的不是改進管理而是改進學習。

綜言之，教育領導在探究一般領導理論外，也要投入於教育專業領導之發展與研究，此乃專業領導更能貼近教師教學及學生學習之需求（蔡進雄，2017），亦即教育專業領導應與一般領導理論等量齊觀，如此才能突顯教育領導不同於其他組織領導之獨特風貌，並回應教與學的需求。

肆　被領導者研究與領導者探究應同樣受到關注

有關領導者行為與被領導行為之探究，前者的文獻及研究可說是汗牛充棟，而後者相關的文獻卻是相對稀少，然而部屬行為與領導者行為兩者應等量齊觀，否則無法有效達成組織目標（蔡進雄，2008b）。也就是說，對於「被領導之道」的研究與對「領導之道」的研究應該是同等重要的（謝文全，2009）。

Kleinsmith 和 Everts-Rogers（2000）認為有效的被領導者是成為團隊的一員、高度的個人期望、強烈的工作倫理、人際智慧及樂觀等。謝文全（2003）對於被領導者如何做好被領導之道，指出七項作為，值得參考：(1) 懷有透過組織來自我實現的理想；(2) 主動完成分內工作；(3) 樂於協助分外工作；(4) 主動提高自己對組織的價值；(5) 與相關人員建立良好合作關係網絡；(6) 既不與領導者為敵也不當應聲蟲；(7) 善用理性說服等影響策略。蔡進雄（2006）探析校長心目中理想的被領導行為，研究發現「主動積極的工作態度」、「具有團體意識，能為組織目標而努力」兩項是理想的被領導者行為，而「陽奉陰違，表裡不一」、「抗爭抗拒，為反對而反對」、「自私自利，缺乏團體意識」是最不被欣賞的被領導者行為。蔡進雄（2008b）的研究也指出「執行貫徹校長的理念及交待任務」是理想的主任被領導者行為，「固著己見、

抗拒、唱反調」是最不恰當的主任被領導者行為。

總括說來，沒有被領導者或追隨者就沒有領導者，領導者與被領導者應該受到同樣的重視（蔡進雄，2009a），因此不論是教育行政領導理論或實務都應關注被領導者之探究。

伍 兼顧由上而下、平行及由下而上之教育領導三條路線

隨著教育環境的變遷及演化，教育領導已產生位移與轉變，已從過去由上而下權威式領導逐漸融入平行及由下而上的領導型態。概括地說，教育領導有三條路線，第一條是由上而下，第二條是平行夥伴，第三條是由下而上，闡述如下（蔡進雄，2020）。

教育領導的第一條路線是由上而下的縱軸路線，領導力展現是仰賴教育領導人的法職權，教育領導人扮演的角色是管理者。教育領導的第二條路線是平行的路線，強調教育領導者與成員的彼此夥伴關係及信任建立，教育領導者扮演的角色是協同者，權利運作是以典範權及專家權為基礎。教育領導的第三條路線是由下而上的路線，強調教師領導的力量及能動性（agency），教育領導者的角色是支持者，在教育組織場域，第三條路線有愈來愈顯明之現象與趨勢（蔡進雄，2020）。Tubin（2015）也指出學校之成功是很多行動者，隨著時空不間斷多元行動的結果。

此三條路現各由其優點及限制，由上而下的領導路線之優點是依法行政可讓組織穩定，且具效率，但其侷限是凡事依法而使組織僵化。平行夥伴的第二條路線之優點是教育領導者以身作則並以專業展現影響力，如此容易獲得成員的認同，但必須要先建立信任關係及投注更多時間（蔡進雄，2020）。而由下而上的第三條領導路線的優點是，由下而上的教師能動性可分擔學校領導任務且較具持續性，但其侷限為自主自發且具變革能動性的教師不多（蔡進雄，2020）。

整體說來，教育領導應兼顧由上而下、平行及由下而上之教育領導三條路線，並可視情境交錯運用，此外從本章所介紹的許多新興領導，都不再強調權威式領導，而是關注成員的領導角色，例如分散式領導、微領導或教練式領導等，顯然地教育領導者不能僅採用由上而下的

行政權威領導，而忽略平行夥伴及由下而上的領導路線，如此才能展現教育領導多元能動性。

陸　負向領導研究仍有待開拓

當領導學術研究關注於各種正向領導理論之探究時（謝傳崇，2011），另一方面領導研究開始探析負向領導、不當督導及毀壞型領導等組織中的領導黑暗面（dark side）（吳宗祐，2008；蔡進雄，2014b，2015，2016b；Einarsen, Aasland, & Skogstad, 2007；Frieder, Hochwarter, & DeOrtentiis, 2015；Tepper, 2007）。換言之，領導理論長期忽略對於有毒害、毀壞型及不當督導等負向領導之探析（Padilla, Hogan, & Kaiser, 2007），故教育領導之不當督導及負向型領導相關主題亦值得注意，研究發現教師將缺乏溝通、剛愎自用及未具同理心等列為校長毀壞型的領導行為（蔡進雄，2014b）。

長期來研究者都關注正面的領導理論，反而疏忽不當督導、毀壞型領導、有毒害領導及負向領導等有別於正面、正向領導之探究（Padilla, Hogan, & Kaiser, 2007）；再者，諸多研究顯示不當督導或毀壞型領導會負向傷害影響部屬情緒、信任、幸福感、工作態度及績效（吳宗祐，2008；蔡進雄，2015，2016b；Khan, Qureshi, & Ahmad, 2010；Zellars, Tepper, & Duffy, 2002），因此探究負向領導可突顯關懷、尊重、信任等領導價值，並提醒領導者儘量避免採取負向領導，進而擇取更為適切良好之領導行為（蔡進雄，2014a）。由於國內教育組織之負向領導探討較少，故不當督導及負向領導等教育領導研究有待持續開闢與關注。

第五節　結語

教育行政學內容相當豐富，就教育行政歷程而言，整體來看，可包括計畫、組織、決定、溝通、領導及評鑑等過程，而其中教育領導可說是教育行政歷程的核心與驅動力。

　　領導是影響力的發揮，領導品質影響組織發展甚鉅，故領導學一直是管理學或教育行政所關注的重要面向。就一般領導理論的演變來看，可分為特質論時期、行為理論時期、權變理論時期及新興領導理論時期。特質論時期研究最佳的領導特質，行為理論時期研究外顯領導行為，其中倡導與關懷之雙層面領導是大家最為熟悉的領導理論，權變理論時期則融入情境因素，新興領導理論時期以轉型領導最備受關注，轉型領導是從對政治人物領導之觀察與研究開始的，之後逐漸受到各領域之重視，研究證實轉型領導是有效的領導型態（蔡進雄，2000，2014a）。此外，各種新興領導研究還包含真誠領導、微領導、教練式領導、微領導、分散式領導及靈性領導等，本章均分別加以詳述。

　　本章最後則從「教育領導不可忽略倫理基礎」、「新興領導使教育領導研究更為豐富多元」、「以專業領導回應教與學的需求」、「被領導者研究與領導者探究應同樣受到關注」、「兼顧由上而下、平行及由下而上之教育領導三條路線」以及「負向領導研究仍有待探究」等提出教育行政領導的發展趨勢。

　　總結說來，教育領導應該是以學生為中心及考慮學生的最大利益，此為辦學及教育領導的核心價值，但許多教育行政事務是沒有絕對的標準，故教育領導型態宜隨著時空及情境不同而有所調整。質言之，教育行政所面臨的問題並非可用單一絕對領導理論或標準加以面對，而如何在多變的教育環境下能堅持教育理想並發揮領導正向影響力，則考驗著教育領導人的實踐智慧。

問題討論

1. 請闡述領導及教育領導的定義，並說明領導對於教育行政的重要性。
2. 請分析說明領導理論之特質論、行為論、權變論的內涵及侷限。
3. 請闡述轉型領導的內涵及重要層面，並進一步說明教育領導者如何應用轉型領導，以促進組織效能。
4. 針對教育行政領導的發展趨勢，請提出你個人之見並闡述之。

參考文獻

丁一顧（2013）。校長教練式領導相關概念、研究與啟示。**教育研究與發展期刊，9**(3)，143-162。

吳宗祐（2008）。由不當督導到情緒耗竭：部屬正義知覺與情緒勞動的中介效果。**中華心理學刊，50**(2)，201-221。

吳英明、柯志昌（2016）。**管就要管得有道理：公共參與，找到影響世界的位置**。博思智庫。

吳清山（2007）。**教育行政議題研究**。高等教育。

吳清山（2011）。**學校行政**。心理。

吳清基（1991）。教育的目的、目標與功能。載於黃光雄（主編），**教育概論**（頁31-62）。師大書苑。

林國楨、謝侑真（2007）。學校領導新典範——完全領導（Total Leadership）內涵之初探。**學校行政雙月刊，48**，187-209。

洪瑋齡（2012）。**管理教練技能對員工工作投入之影響——以員工心理賦能為中介變項**（未出版之碩士論文）。國立中央大學。

徐木蘭（2004）。**管理零距離——徐木蘭談管理**。天下。

秦夢群（2010）。**教育領導理論與應用**。五南。

秦夢群（2011）。**教育行政理論與模式**。五南。

張慶勳（1997）。**學校組織轉化領導研究**。高雄復文。

張潤書（1998）。**行政學**。三民。

馮丰儀、楊宜婷（2012）。校長真誠領導實踐之探究。**學校行政雙月刊，80**，17-32。

黃宗顯（2008）。領導理論研究概覽。載於黃宗顯等（合著），**學校領導新理論與實踐**（頁2-25）。五南。

黃昆輝（1989）。**教育行政學**。東華。

劉美玲（2012）。**教練領導模式之研究——探討 D 公司現況**（未出版之碩士論文）。國立清華大學。

蔡進雄（1993）。**國民中學校長領導方式與教師組織承諾關係之研究**（未出版之碩士論文）。國立臺灣師範大學。

蔡進雄（2000）。**轉型領導與學校效能**。師大書苑。

蔡進雄（2003）。**學校行政與教學研究**。高雄復文。

蔡進雄（2004）。領導新典範：後英雄式領導的意涵及其對學校行政領導的啟示。**教育政策論壇**，**7**(1)，111-130。

蔡進雄（2005）。**學校領導理論研究**。師大書苑。

蔡進雄（2006）。國民小學校長心目中理想的被領導者行為之研究。**教育研究與發展期刊**，**2**(3)，151-169。

蔡進雄（2007a）。學校組織領導的另一章：論靈性領導的意涵與實踐。**初等教育刊**，**26**，23-42。

蔡進雄（2007b）。學校行政倫理的多面向思維：兼論行政倫理兩難。**教育研究月刊**，**159**，70-78。

蔡進雄（2007c）。臺灣地區校長領導研究的反省與展望。**教師之友**，**48**(4)，17-27。

蔡進雄（2008a）。**教育行政倫理**。心理出版社。

蔡進雄（2008b）。國民小學主任被領導者行為之研究。**學校行政雙月刊**，**57**，38-48。

蔡進雄（2009a）。臺灣地區學校教育人員被領導者行為量表之建構、發展與印證：本土化的觀點。**教育行政論壇**，**1**(1)，227-252。

蔡進雄（2009b）。**國民中小學校長領導之研究：專業、情緒與靈性的觀點**。高等教育。

蔡進雄（2010）。論分散式領導在學校領導的實踐與省思。**教育研究月刊**，**202**，64-76。

蔡進雄（2013a）。真誠領導在教育領導的應用與評析。**教育人力與專業發展**，**30**(2)，61-68。

蔡進雄（2013b）。**教育領導研究：組織環境、領導者與被領導者探析**。五南。

蔡進雄（2014a）。學校組織與領導的演變趨勢與省思。載於蔡進雄等（合著），**國際學術研討會：教育制度及政策論壇社會變遷與國教革新發展**（頁 3-24）。國家教育研究院。

蔡進雄（2014b）。國民小學校長毀壞型領導之研究。載於吳清基（主編），**教育政策創新與行政發展**（頁 239-258）。五南。

蔡進雄（2015）。國民中小學校長不當督導影響主任對校長信任及幸福感之研究。**教育行政與評鑑學刊**，**18**，25-56。

蔡進雄（2016a）。論學校微領導時代的來臨。**臺灣教育評論月刊**，**5**(6)，146-149。

蔡進雄（2016b）。國民中小學學務主任對校長負向領導知覺與正負向互動情緒及校長滿意度之研究。**教育科學期刊**，**15**(1)，57-85。

蔡進雄（2017）。**教育領導新論：教育現場的微領導時代**。翰蘆。

蔡進雄（2019）。中小學校長教練式領導理論與實務演練：從師傅到教練。**教育行政論壇**，**11**(1)，1-14。

蔡進雄（2020）。學校經營的新模式探析：兼論教育領導的三條路線。**臺灣教育評論月刊**，**9**(9)，54-65。

蔡嘉綺（2017）。**臺北市國小校長教練式領導與教師專業對話關係之研究**〔未出版之碩士論文〕。臺北市立大學。

鄭照順（2007）。**企業與教育領導原理**。心理。

謝文全（1991）。**教育行政──理論與實務**。文景。

謝文全（2009）。**教育行政學**。高等教育。

謝傳崇（2011）。**校長正向領導：理念、研究與實踐**。高等教育。

簡宏江（2012）。來場教練對話：焦點解決教練領導理論在學校行政之應用。**育達科大學報**，**31**，1-22。

羅虞村（1999）。**領導理論研究**。文景。

Bass, B. M. (1985). *Leadership and performance beyond expectations* (3rd ed.). Macmillan.

Bennett, N., Wise, C., Woods, P., & Harvey, J. A. (2003). Distributed leadership: Summary Report. http://forms.ncsl.org.uk/mediaF7A/87/bennett-distributed-leadership-summary.pdf

Bolman, L. G., & Deal, T. E. (2001). *Leading with soul: An uncommon journey of spirit*. Jossey-Bass.

Boren, D. M. (2017). Synergistic school: Coaching teachers, teams and team leaders. *Leadership*, *46*(5), 40-43.

Bryman, A. (1992). *Chrisma and leadership in organizations*. Sage.

Camburn, E., Rowan, B., & Taylor, J. E. (2003). Distributed leadership in schools: The case of elementary schools adopting comprehensive school reform models. *Educational Evaluation and Policy Analysis, 25*(4), 347-373.

Einarsen, S., Aasland, M. S., & Skogstad, A. (2007). Destructive leadership behavior: A definition and conceptual model. *The leadership Quarterly, 18*(3), 207-216.

English, F. W., Papa, R., Mullen, C. A., & Creighton, T. (2012). *Educational leadership at 2050: Conjectures, challenges, and promises*. Rowman & Littlefield Education.

Fairholm, G. W. (1996). Spiritual leadership: Fulfilling whole-self needs at work. *Leadership & Organization Development Journal, 17*(5), 11-17.

Fairholm, G. W. (2000). *Capturing the heart of leadership: Spirituality and community in the new American workplace*. Praeger.

Fiedler, F. E. (1967). *A theory of leadership effectiveness*. McGraw-Hill.

Forde, C., McMahon, M., Gronn, P., & Martin, M. (2013). Being a leadership development coach: A multifaceted role. *Educational Management Administration & Leadership, 41*(1), 105-119.

Frieder, R. E., Hochwarter, W. A., & DeOrtentiis, P. S. (2015). Attenuating the negative effects of abusive supervision: The role of proactive voice behavior and resource management ability. *The Leadership Quarterly, 26*(5), 821-837.

Fry, L. W. (2003). Toward a theory of spiritual leadership. *The Leadership Quarterly, 14*(6), 693-727.

Gardner, W. L., Avolio, B. J., Luthans, F., May, D. R., & Walumbwa, F. (2005). "Can you see the real me?" A self-based model of authentic leader and follower development. *The Leadership Quarterly, 16*(3), 343-372.

Halpin, A. W. (1966). *Theory and research in administration*. Macmillan.

Hanson, E. M. (1991). *Educational administration and organizational behavior*. Allyn and Bacon.

Harris, A. (2003). Teacher leadership and school improvement. In A. Harris et al. (2003), *Effective leadership for school improvement* (pp.72-83). RoutledgeFalmer.

Harris, A. (2004). Disrributed leadership and school improvement: Leading or misleading? *Educational Management Administration & Leadership, 32*(1), 11-24.

Hodgetts, R. M. (1991). *Organizational behavior: Theory and practice*. Macmillan Publishing Company.

Hoy, W. K., & Miskel, C. G. (2001). *Educational administration: Theory, research, and practice* (6th ed.). McGaw-Hill.

Khan, S. N., Qureshi, I. M., & Ahmad, H. I. (2010). Abusive supervision & negative employee outcomes. *European Journal of Social Science, 15*(4), 490-500.

Kleinsmith, S. L., & Everts-Rogers, S. (2000). The art of followership. *School Administrator, 57*(8), 35-38.

McCarthy, G. (2014). *Coaching and mentoring for business*. SAGE.

Moxley, R. S. (2000). *Leadership & spirit*. Jossey-Bass.

Owings, W. A., & Kaplan, L. S. (2012). *Leadership and organizational behavior in education*. Pearson.

Padilla, A., Hogan, R., & Kaiser, R. B. (2007). The toxic triangle: Destructive leaders, susceptible followers, and conducive environment. *The Leadership Quarterly, 18*, 176-194.

Plowman, D. A., Baker, L. T., Beck, T. E., Kulkarni, M., Solansky, S. T., & Travis, D. V. (2007). Radical change accidentally: The emergence and amplification of small change. *Academy of Management Journal, 50*(3), 515-543.

Robertson, J. (2009). Coaching leadership learning through partnership. *School Leadership and Management, 29*(1), 39-49.

Sergiovanni, T. J. (1992). *Moral leadership: Getting to the heart of school improvement*. Jossey-Bass.

Shamir, B., & Eilam, G. (2005). "What's your story?" A life-stories approach to authentic leadership development. *The Leadership Quarterly, 16*(3), 395-417.

Soder, R. (2002). A way to engage not escpe. *The School Administrator, 59*(8), 29-31.

Spillane, J. P. (2006). *Distributed leadership*. Jossey-Bass.

Stogdill, R. M. (1974). *Handbook of leadership: A survey of theory and research*. The Free Press.

Tepper, B. J. (2007). Abusive supervision in work organizations: Review, synthesis and research agenda. *Journal of Management, 33*(3), 261-289.

Tubin, D. (2015). School success as a process of structuration. *Educational Administration Quarterly, 51*(4), 640-674.

Yukl,, G. (2006). *Leadership in organizations* (6th ed.). Prentice Hall.

Yukl, G. (2009). *Leadership in organizations* (7th ed.). Prentice Hall.

Zellars, K. L., Tepper, B. J., & Duffy, M. K. (2002). Abusive supervision and subordinates' organizational citizenship behavior. *Journal of Applied Psychology, 87*(6), 1068-1076.

第七章

教育行政權力

許籐繼

　　從行政學發展脈絡來看，1900 年代強調行政與政治的分立，著重行政的價值中立與效率；1950 年代行政學與政治學幾乎為同義詞；1970 年代之後進入民主的行政時代，強調回應民眾的需求與適應環境（吳瓊恩，2016）。可見，行政與政治有著密切的聯繫。林淑馨（2016）將行政界定為「政府機關及公務員依法公正有效地處理與公眾有關的事務，提供必要的管制與服務，解決社會衝突及公共問題，並對所採取的行動手段與結果目的承擔責任。」顯示經由法律授權而成為權力擁有者（以下稱權力主體）的政府機關，廣義指行政、立法、司法、考試、監察等機關與所屬人員，狹義則專指中央和地方行政機關與所屬人員。再者，行政機關與所屬公務員基於有效處理公共事務目的，在行政歷程中擁有並承擔權力運用的權責。尤其在民主政體中，行政與政治的連結愈來愈密切。人民透過選舉產生的中央或地方行政首長與其所組成的政務官執政團隊，需領導所屬行政機關與公務員，展現行政績效以利其政治生命的延續。

　　教育事務為中央與地方政府的公共事務之一，其設置教育行政機關以承擔處理教育行政事務之權責。謝文全（2021）指出教育行政機關係指中央教育部、地方教育局處和學校等，其擁有對組織內外人員領導與管理等教育行政權責，目的在處理好教育事務以達成教育目標。另外，在中央與地方實施的教育行政工作稱之為一般教育行政，在學校實施的教育行政工作稱之為學校行政。本章所指教育行政範圍即涵蓋前述二者，意圖探討教育行政的權力議題，主要包括教育行政權力的意義、教育行政權力的內涵、教育行政歷程的權力分析，以及教育行政權力的發展趨勢。

 # 第一節　教育行政權力的意義

　　本節主要探討教育行政權力的意義，即何謂教育行政權力？想要回答前述問題，首先必須先釐清何謂權力（power）以及與其相關的概念——權威（authority）和影響（influence）。

壹　權力的意義

權力（power）權力一詞，從字源來看是一種力量或潛能，是指不管接受者意願的控制或影響力量（黃昆輝、張德銳，2000；Aslanargun, 2011；Özcana, Karatasb, Çaglarc, & Polatd, 2014）。Argon 與 Dilekçi（2016）亦將權力定義為讓他人執行並完成自己期望任務的能力。不過，隨著權力概念在不同領域的應用與發展，也產生了其他的意義（許籐繼，2001）。謝文全（2021）從政治即管理眾人之事的觀點，認為權力是一種管理眾人事務的強制力，不僅是一種手段也是目的。吳瓊恩（2016）引述 Narayanan 與 Raghu Nath 的觀點，認為「權力是一社會行動者在某一既定的社會情境中，克服達成目標阻礙之能力。」此一定義比較偏向以個人作為權力主體的觀點。Nasib（2018）以超越個體的社會組織觀點，將權力界定為一種社會組織中的存在。具體而言，就是在組織中藉由長期的強制過程，形成人員之間行為規範的社會結構。

上述兩種權力觀點並不相衝突，彼此是一種由個人到社會脈絡的延續過程。權力如果是一種組織中長期的存在，則有賴組織權力主體的持續推動。誠如 Foucault（1980）所指出，權力是在特定社會組織環境中，由個人和群體之間的日常話語和知識互動中所產生，並隨著社會時空演進而產生動態的變化，可能是積極生產性也可能是消極壓迫性的變化（Ahmed, 2018）。可見，權力與個人能動性與社會結構密切相關，由此也顯現出權力的相關（relational）、情境（situational）、資源（resource）、隱含（implicit）等特質（秦夢群，2020；Nasib, 2018）。許籐繼（2001）結合個人與組織社會脈絡，將權力界定為「在正式組織中，具備一定資格的主體，源於法律或社會群體的正當性委託，憑藉或利用某種資源為基礎，在主客體關係與結構中，運用組織中的機制和各種影響類型，與相對的客體進行互動，致使客體改變行為同意或順從自己，以合力實現組織或主體意志、目標或利益功能的一種力量或潛能。」可見，權力被視為主客體在組織社會脈絡中互動的一種存在力量或潛能。此定義顯示下列重點：其一，權力的存在需要組織情境

脈絡、權力主體和客體的長期互動等條件；其二，權力是主客體透過多元權力來源，在權力結構與關係脈絡中，藉由權力機制平臺，運用不同權力類型加以展現；其三，權力的積極目的在於合力實現民主社會中組織目標的達成，而非個人私利的保障。

貳 相關概念

權力相關概念主要有二，即權威和影響力，茲進一步討論如下。

一、權力與權威

有關權力與權威的概念彼此密切相關，但亦有所區別。上述總結權力為主客體在組織社會脈絡中互動的一種存在力量或潛能。顯示權力可以是權力主客體運用各種令對方服從或改變其行為的力量。權威的意義相對權力而言較為狹義，係指在正式組織中，權力主體所擁有的合法化權力，其來源於組織結構的法制職位，也就是韋伯（M. Weber）科層體制的「理性的—合法權威」（rational-legal authority），被視為權力的一部分（許籐繼，2001；Aslanargun, 2011）。如果從權力客體角度而言，權威是指正式組織中權力客體認知並同意權力主體，也就是組織中擔任不同層級職務者，其所擁有的合法權力（吳瓊恩，2016；謝文全，2021；Argon & Dilekçi, 2016；Aslanargun, 2011；Nasib, 2018）。可見，權威是權力的一種正式化型態，其具有下列特徵：首先，權威必須基於組織的法定職位；其次，權威必須是部屬認知的合法權力而願意接受並服從；第三，權威是一種組織法定結構所界定的人員間權力關係；第四，權威關係是一種垂直的層級節制（吳瓊恩，2016）。

二、權力與影響力

有關權力與影響力二者的關係，黃昆輝（1996）指出，權力係由權威和影響力融合而成，前者由法定職位所賦予，而後者由組織中成員之間的互動而來。可見，權力涵蓋權威與影響力。不過，謝文全（2021）認為「影響力是指具有改變他人或團體思想或行為的任何力量而言。」所以，舉凡改變他者的任何力量，都是影響力的展現（Aslanargun,

2011）。這樣的力量包括正式與非正式，正面、反面與中性等的廣泛概念，故其涵蓋了權力與權威。

根據上述，權威是三者中較為狹義的概念，也是比較具有共識的觀點。至於權力與影響力二者的關係則看法較為歧異，主要可能因不同角度的分析與推演所致。從權力主體的角度來看，影響力可以指涉任何一種力量，而不考慮權力主體同意與否，因而被認為是三者中最為廣泛的概念。而真正的權力意義則必須考慮權力客體的同意所產生的實質改變力量。從這個角度而言，影響力較之權力概念更為廣泛。不過，從內涵的角度來看，權力可以定義為能力、力量、潛能或影響力，也可以定義為一種主體對客體的控制關係（許籐繼，2001）。據此，權力的意義範疇似乎又較之影響力更為寬廣。因此，從不同角度的界定，權力與影響力二者在意義範圍上會有所不同。本文基於教育行政領域權力展現在多元面向，因此採取內涵的角度將權力涵蓋影響力。

參 教育行政權力的意義

教育行政權力一詞，從字面上來看，係由教育行政與權力兩個概念所組成。教育行政是指政府機關與所屬公務員處理教育事務的行政，亦為政府行政工作的一類。吳瓊恩（2016）指出行政具有下列特質：其一，行政活動深受法律規章和規則程序的限制；其二，權威的割裂；其三，受到高度的公共監督；其四，受到政治因素的影響甚深；其五，目標大都模糊不清而不易測量；其六，較不受市場競爭的影響；其七，較具有強迫性等。因此，教育行政自然也具備前述的特質，而這些特質也顯示出行政的權力本質（吳瓊恩，2016；謝文全，2021）。

黃昆輝與張德銳（2000）將行政權力界定為「行政人員所具有控制或影響組織成員的行為，以遂行組織計畫並達成組織目標的力量。」這樣的定義比較限於教育行政組織之內為範圍，由組織內行政人員作為權力主體，運用權力影響組織內的其他人員，即權力客體，以完成行政歷程的活動，最終達成組織目標的力量。黃昆輝（1996）對教育行政的看法，延伸了前述行政權力的觀點，將教育行政界定為：「教育人員在上級一部屬的階層組織中，透過計畫、組織、溝通、協調及

評鑑等歷程，貢獻智慧，群策群力，為圖教育的進步所表現的種種行為。」可見，教育行政本身便隱含著組織內權力主客體，透過教育行政歷程的互動，以達成教育行政組織目標的意義。不過，在今日民主社會之中，教育行政機關與所屬人員在教育行政歷程，包括教育決定、溝通、領導、評鑑等的互動，已經不限於組織內的成員，常常需要擴及組織外部的個人與團體。在互動中教育行政權力主體需善加利用各種類型權力，例如法職權威或專業權力，以達成教育行政的目標（Ahmed, 2018）。

因此，本章所謂教育行政權力係指「政府之教育行政機關與所屬人員，在科層體制的教育行政組織中，為有效處理教育事務，滿足利害關係人的需求並促進教育進步，於決定、領導、溝通及評鑑等教育行政歷程中，由組織內外權力主客體，基於社會脈絡條件之下，使用各種資源以影響彼此互動，最終達成教育行政組織平衡關係與結果的力量。」

 第二節　教育行政權力的內涵

根據上述教育行政權力的意義，顯示在科層體制的教育行政組織中，權力內涵豐富，主要涉及下列要素，即權力主體與來源、權力結構與關係、權力機制與運用策略（許籐繼，2001），進一步敘述如下。

壹　教育行政的權力主體與來源

一、權力主體

教育行政權力主體是指參與教育行政歷程活動中，擁有權力的組織內外者，可以是個人、單位或機構，例如中央和地方教育行政機關與所屬公務員，以及學校的行政人員與教師等；而教育行政的權力客體就是指教育行政歷程中權力作用的接受者，可能是教育行政組織內的成員，或者是組織外的利害關係攸關方，例如家長、社區人士、一般民眾等（許籐繼，2001；謝文全，2021）。可見，教育行政權力主體已經

由教育行政組織內的上層級人員，擴大到組織內外的參與者。權力客體也從教育行政組織內下層級人員，擴大到組織外的利害關係者。

　　不過，由於教育行政歷程中，組織內外的權力主體，其各具有不同的權力來源或基礎，在教育行政歷程的互動過程，可能形成權力主客體的易位（Ahmed, 2018）。例如地方教育行政機關的科長因擁有法職權而成爲權力主體，但是當其爲了教學評鑑政策與利害關係人教師代表進行溝通時，因被說服而同意並接受教師的專業意見，則其反成爲權力客體，而教師代表則因專業權力的發揮，使其從權力客體轉變爲權力主體。

二、權力來源

　　教育行政組織內外權力主體，基於不同的權力來源而擁有不同的權力類型。韋伯提出三種權力來源，分別是傳統權威、魅力權威和法理權威。Robbins（2001）將權力來源區分爲職位、個人特徵、專業知識和機會。French 和 Raven（1959）將權力來源區分爲五種，分別爲法職權（legitimate power）、酬賞權（reward power）、強制權（coercive power）、參照權（referent power）、專家權（expert power）。謝文全（2021）區分爲七種權力基礎，分別是法職權、強制權、獎賞權、參照權、專家權、情感權、關係權，並將前述進一步歸納爲三大權力來源，即個人權、職位權和機會權。個人權是指權力源自個人所擁有的內在人格特質或專業知識素質等，參照權、專家權、情感權皆屬此類；職位權是指源自法規所賦予職位的權力，是一種行政管理者取得的合法權力，法職權、酬賞權、強制權即屬此類（Ahmed, 2018）；機會權是指源自機會，即因緣際會之下與有權力者產生密切關係而獲得的權力，一般所指狐假虎威或裙帶關係等，即爲該類權力的寫照。

　　綜合上述，可見不同教育行政權力主體的權力來源不一，且同一主體的權力來源也並非僅限於單一來源而可能是多元的情形，例如：地方教育局的局長可以同時擁有職位權來源的獎勵權，以及個人權來源的參照權。另外，一位教育行政權力主體所擁有的一種權力來源，可能導致其另一種權力來源的產生而獲得更大的權力，例如：專家權可能使地

方教育局的科員晉升爲科長職位，而獲得正式組織的法職權（Ahmed, 2018）。最後，不同權力主體的權力來源可能不同，但也可能相同，例如：地方教育局（處）長擁有法職權，其所屬科室的科長擁有專家權，不過，所屬學校校長也可能擁有專家權。

貳　權力結構與關係

一、權力結構

　　教育行政權力結構是指教育行政組織中，不同層級職位者之間的權力分配架構。誠如 Nasib（2018）所指出，教育行政組織權力結構，是組織中長期權力配置與強制過程所形成的組織社會結構，對組織成員行爲產生規範性影響。另外，權力結構的類型，從集權到分權的連續線來看，可以區分爲五種類型，即金字塔型、黨派型、聯盟型、民主型、散漫型。又可將前述進一步精簡爲三大類型，即封閉的金字塔型、流動的金字塔型和民主型。前面兩種類型實際上都同屬於金字塔型權力結構，亦是影響人類社會最爲深遠的類型，其中最大的差異主要在於結構中權力主體係固定或變動之別（許籐繼，2001）。我國教育行政組織多爲科層體制型態，因此教育行政權力結構也以金字塔型爲主。最上層少數菁英依法擁有最大的權力；中層人數漸增，依法擁有中等權力；底層人數最多，依法擁有有限的權力。可見，其權力分配由頂端到底層，權力強度成遞減之勢，職位人數則呈現漸增的情形（Aslanargun, 2011）。此種金字塔型權力結構，雖然能夠發揮逐層授權的優點，但是多數的重大權力仍集中於頂端的少數菁英，因此仍不時發現因集權而產生濫權或腐敗的弊端（Waite & Allen, 2003）。

　　近來，此種金字塔型權力結構受到民主政治、專業與人權意識抬頭的分權化挑戰，常以混合不同結構類型或元素而衍生出新的變形。黃嘉雄（1999）便指出，學校權力結構可區分爲四種類型：首先，是專業主義型，以學校校長和教師等專業者組成的權力核心；其次，是消費主義型，由學校消費者，即家長成爲權力結構的支配力量；第三，是均衡主義型，即力求各類群體均衡的權力分配而形成的權力結構；第四，則是

約定型，即特許學校依據合同所形成高度自主管理的學校權力結構。另外，在不同地區等社會條件下的運作，權力結構類型的出現情形也會有所差異。吳俞璇（2017）研究便發現，臺灣北北基地區國民中小學校園權力結構演變出現下列三種型態，分別為「行政領導型」、「教師專業型」、「均衡分權型」，其中以「均衡分權型」出現的比例最高。可見，教育行政權力結構已經在金字塔型的基礎上，受到不同社會發展思潮的分權化影響，衍生出權力分配位移的新變形。展望未來，此種權力結構仍將持續受到不同因素的影響而演變，不過此種演變仍應遵循權責相符、多元化、賦權增能等原則，才能持續裨益教育行政的效能與發展（許籐繼，2001；Zaki Ewiss, 2021）。

二、權力關係

　　教育行政權力關係常是教育行政組織科層化運作的結果，被認為是按等級劃分而形成的上級主管對下屬的支配關係。換言之，權力關係是以組織脈絡情境和他人互動的方式來加以定義，如校長與教師的互動關係等（蔡文杰，2005；Aslanargun, 2011）。綜合而言，所謂教育行政權力關係是指教育行政組織內外之權力主客體，在當時環境條件之下，所形成的正式與非正式的互動連結型態。

　　就正式連結型態而言，權力關係是依據法律制度，在教育行政組織運作中，對成員的權威控制，是一種由上而下的權威關係。具體而言，公共利益由上層主管所決定，下級所屬人員主要是聽取命令的執行者，本身缺乏獨立自主性，此種權力關係也是一種權力支配的過程（吳瓊恩，2016；許籐繼，2001）。此種正式權力關係依據法令規範所以相對比較明確，顯現在組織中上級對下屬領導、控制、問責的權威關係。不過，如果下屬對上級權威的合法性未能認同，則很可能引起部屬的疏遠、反抗和不滿，如此一來，正式權力關係可能僅流於表面的敷衍，而無法獲得真實的服從連結（Aslanargun, 2011）。

　　就非正式連結型態而言，權力關係是由權力主客體在實際互動過程所形成的影響聯繫。教育行政組織內外之權力主客體，藉由各自擁有的權力基礎，在教育行政歷程中進行彼此互動，其互動結果便決定彼此

的權力關係。例如上級主管除法職權外，同時展現個人的專業權與魅力權，讓下屬在與其互動中產生認同並願意服從的結果，如此便形成一種垂直影響的權力關係。事實上，權力主客體的互動中，常因受到各自所擁有資源重要性、稀少性、不可替代性等不平等條件的影響而改變正式權力關係，使權力主客體易位，形成權力關係倒轉的結果（許籐繼，2001）。

參 權力機制與運用

一、權力機制

教育行政權力機制是指教育行政機關，提供組織內外不同權力主體權力運用協商的場域或舞臺，以形成彼此的共識。以地方教育行政權力機制而言，包括地方教育審議委員會、教育局處務主管會議、各類教育計畫委員會等；以學校組織權力機制而言，包括學校最高決策機關的校務會議，人事權力機制的學校教師評審委員會，以及課程發展與決策權力機制，即學校課程發展委員會、教科圖書選用委員會等（許籐繼，2001）。前述不同教育行政層級的權力機制，雖然提供不同權力主體在其中使用不同權力進行互動，但是作爲教育行政業務的承辦機關，仍期望能主導權力機制運作而獲得其想要的結果。不過，如果其主導性太強且未能兼顧其他利害關係方的利益，則可能引發其他參與團體的共同聯合與抵制。因此，教育行政權力機制的運作，是一個複雜且連續的過程。如果想要在該機制中發揮影響力，不僅涉及事實證據的蒐集與說理，也牽涉到價值的分析與訴求，更需考慮利害關係人的權益維護（黃昆輝，1996）。故有關權力機制能否有效發揮其理想功能，與各權力主客體在機制中，如何運用權力進行正向互動息息相關（張維修，2017）。

二、權力運用

上述教育行政權力機制能否有效運作，端視各權力主體善用民主合法性與和倫理性、正當性和公平性等積極的不同權力，交織形成具

體的影響網絡，以發揮積極效果是重要關鍵（張維修，2017；Ahmed，2018）。故各個權力主體的權力運用就顯得非常重要，以下就運用的權力類型與策略分別討論如下。

（一）運用的權力類型

就運用的權力類型而言，根據不同的權力來源或基礎，權力主體可以擁有與運用所衍生的權力類型。前述綜合歸納權力來源有三：分別是職位、個人、機會等（謝文全，2021），因此權力主體可以就自己所掌握的權力來源或基礎，而靈活運用所衍生的權力類型。首先，職位來源計有合法權、酬賞權與強制權等。真正的合法權，是指權力客體因認知到權力主體有權提出要求且自身有義務遵守而服從；酬賞權，則指權力客體為獲得由權力主體控制的獎勵而遵守；強制權，即權力客體為避免由權力主體控制的懲罰而遵守。其次，個人來源計有專家權和參照權等。專家權，即權力客體因認為權力主體對做某事擁有特殊的專業知能，而願遵守其要求；參照權，即權力客體因為對權力主體的欽佩或認同，為獲得認可而遵守其所提出的要求。最後，機會來源計有關係權等，是指與有權力者建立關係而獲得的權力。前述僅是局部說明不同權力來源所衍生的各種權力類型，事實上，任何可以產生影響或者改變的力量，都可能成為權力主體運用的權力類型（謝文全，2021；Ahmed，2018；Elmazi, 2018；Green, 1999）。

（二）權力運用策略

就權力運用策略而言，與發揮不同權力類型的效果息息相關。綜合而言，可以區分為個人策略或團體聯合策略：(1) 個人策略，是指個人透過轉化權力資源而形成的特殊行動途徑，包括證據為基礎的論證、觀念和價值觀的理性說服、過往成功經驗的分享、情感價值的感動、情境緊迫性的激勵、個人思想的吸引、個人人格的魅力、談判的交換、權威的強制等策略（黃昆輝，1993；Ahmed, 2018; Yukl, 2013）；(2) 團體聯合策略，是指引入相關資源或團結共同立場團體的行動途徑，包括引入外界的輿論資源、聯合共識團體的支持、利害關係人需求的突顯、親近人士滲透式影響、競爭性團體的制衡等（李玉惠，2000；許籐繼，

2001；Waite & Allen, 2003）。

　　這些權力運用策略，隨著不同權力主體和情境的條件，會產生不同的偏好與效果。曹學仁（1997）研究發現高中校長較常使用個人策略，其中以示範感召及自我坦白二種權力策略的效果最好。黃毅叡（2007）也有類似的發現，校長、主任、組長和教師也最常使用個人策略，其中以「參照認同」的頻率最高。不過，校長和主任還常使用的另一權力策略為「激勵獎賞」，組長則是「人際關聯」，而教師則是「專家取向」。游焜智（2009）針對我國地方教育行政機關科（課）長的權力運用策略，也發現其較常使用個人策略，並以參照權使用頻率最高，而政治權威相對最少，且發現參照權的使用與組織效能之間有正向的關係和預測力，而政治權威或高壓脅迫等權力策略，則會導致部分組織效能的低落。

 ## 第三節　教育行政歷程的權力分析

　　有關教育行政歷程的權力分析，包括決定、溝通、領導、評鑑中的權力探討。茲分述如下。

壹　教育行政決定的權力分析

　　教育行政決定是教育行政歷程的核心，也是各方權力主體展示影響力的過程與結果。民主社會中，社會大眾期許透過共同參與的權力協商過程，最終能形成合理而可行的教育行政決定（吳清基，1996；黃昆輝，1996；Aslanargun, 2011）。所謂教育行政決定，正如黃昆輝（1993）所指出「教育行政決定乃是教育或學校行政人員為圖教育的發展與進步，對一個待解決的問題，依其權責透過正式組織的運作，研求若干變通方案或方法，並從而作比較確當合理之裁決的一種過程。」可見，教育行政決定是指教育行政機關或學校組織等權力主體，在研訂若干問題解決的方案中，進行裁決的過程與結果。一般而言，方案依其性質可分為兩大類，一類為事務性方案；另一類則為政策性方案。

（一）事務性方案決定權常歸屬組織中不同權力主體之法職權

事務性方案決定限於教育行政機關的科層組織，其決定模式多採理性—科層體制模式（rational-bureaucratic model）。由不同教育行政層級人員，根據其層級職位之權責，提出問題解決的計畫與建議方案，經由上級長官進行批示後作成決定（王如哲，1998；吳清基，1996）。此類決定權因科層組織中分層授權的原則，故常歸屬於不同層級人員的法職權，而呈現在決定上的多元權力主體。不過，當決定有不同的看法或疑慮之時，受限於組織權力分配仍屬金字塔型權力結構，故最終裁決權仍歸屬金字塔頂端的教育行政主管。

（二）政策性方案決定權常歸屬組織內外不同權力主體之參與權

政策性方案由於著眼於大方向，其影響既深且廣。因此，在民主政治體制中，此種政策性方案決定，除原有教育行政機制內部的討論之外，常需納入組織之外的利益攸關方或團體代表共同參與。故其決定模式多為參與模式（participatory model）或政治模式（political model），即提供政策影響利害關係人或團體參與協商與決定機會（王如哲，1998；吳清基，1996）。藉由各方在決策機制的不同權力運用，使政策決定權由科層模式轉為參與模式，以此賦予政策決定更高的合法性與正當性。此類政策性方案決定模式的轉變，顯示出民主參與者的多元與平權地位，各方因涉及利害關係的不同，在決策過程易形成不同合縱連橫網絡的聯合與協商關係。最終，在各方權力運作下取得平衡與共識，進而確認政策性方案的決定。

貳 教育行政溝通的權力分析

教育行政溝通為教育行政歷程中不可或缺的要素，在組織運作中發揮成員之間相互理解與氣氛營造的功能（Aslanargun, 2011）。教育行政溝通主要可以分為兩類，其一為正式溝通，其二為非正式溝通（黃昆輝，1996）。

一、正式溝通由上對下的權力支配轉為雙向對話

教育行政組織的正式溝通，通常受到科層體制中金字塔型權力結構的巨大影響。由於權力集中於金字塔頂端的上層人員，因此其擁有更多的主動溝通發起權力，例如過程的要求與資訊的說服等。相對地，下層人員由於職位權的限制，溝通過程更多的是接受指示或命令。因此，正式溝通往往淪為一種上對下的宣告儀式，顯示出一種權力支配的過程（莊文祺，2001）。這樣的溝通雖然表面上似乎很有效率，但是實質上卻常會因下屬真實意見的壓抑，而引起隱性的抗拒。誠如黃昆輝（1996）指出，過去學校校長常因過於強調權威行使的溝通，致使忽略其他權力來源的溝通，不但使溝通的實質效果大打折扣，也擴大了校長與教師之間溝通的社會距離，甚至因而造成組織的疏離氣氛。

近年來，教育行政組織權力結構逐漸由集權化轉向分權化，權力主體也由一元化轉向多元化發展，不同權力類型重新分配於各層級職位者，加上民主思潮的影響，上層主管相較過去更願意放下身段傾聽基層意見。因此，正式溝通的型態也改變過去上對下的單向支配權力關係，而有更多的雙向溝通與對話，不但能獲得更佳的溝通效果，也能提升組織成員更大的凝聚力，甚至反轉權力主客體的溝通地位（莊文祺，2001；黃昆輝，1996；Fidler, 1997）。

二、非正式溝通重視道德素養與法職權外的權力運用

教育行政組織的非正式溝通是組織生態的一部分，也是組織中人際網絡構成的影響要素。在非正式溝通中，成員之間常藉由法職權外的其他權力來源，例如專業權、魅力權、資訊權、關係權等，進行彼此的密切互動，並因而形成組織人脈或小團體，其中有成員因互動中對他人的巨大影響，而成為小團體的領導者。此種透過非正式溝通所形成的組織人脈或小團體，也常常會對組織產生隱性的正向或負向影響（莊文祺，2001；Fidler, 1997）。

當非正式的領導者擁有更高的道德素養時，其透過非正式溝通對小團體或組織成員的影響，將對於組織願景和目標的達成產生正向的

功能。另外，由於非正式領導者多採取魅力和專業權力行使的溝通風格，而且重視成員彼此相互接受、支持與承諾，往往能獲得成員真誠的認同。久之，將形成一種領導正義、善良和支持的組織權力文化，也有助於成員建立向心力與凝聚力的組織文化（Özcana, Karatasb, Çaglarc, & Polatd, 2014）。反之，如果非正式領導者在非正式溝通中，以私人或派系利益為優先，結黨營私黨同伐異，不但可能因此而引發組織中人際的不和諧關係，也可能對組織運作產生阻礙，進而對組織造成破壞性的影響（莊文祺，2001；陳嬿涵，2015；黃昆輝，1996）。

參　教育行政領導的權力分析

教育行政領導良窳關係到教育行政組織的效能，所謂教育行政領導，黃昆輝（1996）將其定義為「教育行政人員指引組織方向目標，發揮其影響力，以糾合成員意志，利用團體智慧，及激發並導引成員心力，從而達成組織目標之行政行為。」所以，教育行政領導是教育行政人員糾合並影響組織內外眾人，讓其自願做事的行為（Mazurkiewicz & Fischer, 2021）。可見，領導是一種權力的展現，存在於領導者與受領導者之間的權力關係（Brunner, 2002; Green, 1999; Yukl, 2013）。換言之，教育行政領導者運用權力影響組織成員的認同與支持，糾合眾人群策群力以達成組織目標（李安明，2021；Aslanargun, 2011；Mazurkiewicz & Fischer, 2021）。有關教育行政領導者運用權力涉及權力類型，不同類型或即使同一類型的權力運用，都可能因運用的差異而產生不同的可能結果，如表 7-1 所示。

表 7-1 顯示，領導者可以使用多元權力類型，但是其權力使用後的正負向可能結果，端視領導者使用權力的狀況而定。因此，領導者如何適切地使用不同權力，對於結果有決定性的影響。例如：以強制權為例，如果領導者以有益的方式使用，則可能產生部屬順從的結果。但是，如果以敵對的方式使用，則可能產生部屬抗拒的結果（Green, 1999）。

表 7-1

領導者使用的不同權力類型和運用的可能結果

權力 類型	可能結果		
	承諾	順從	抗拒
酬賞權	可能—以一種巧妙和個人化的方式使用	很可能—如果以機械的、非個人的方式使用	可能—如果以操縱、傲慢的方式使用
強制權	非常不可能	可能—如果以有益的、非懲罰性的方式使用	很可能—如果以敵對或操縱方式使用
法職權	可能—如果要求是禮貌且非常合法律規定	很可能—如果請求或命令被視為合法	可能—如果提出傲慢的要求或要求不恰當
專家權	很可能—如果要求具有專業說服力，部屬分享任務目標	可能—如果要求很有說服力，但部屬對任務目標冷漠	可能—如果領導者專業傲慢，下屬反對任務目標
參照權	很可能—如果要求被認為對領導者重要	可能—如果要求被認為對領導者不重要	可能—如果要求是對領導者造成傷害的事情

資料來源：Green, R. D. (1999). Leadership as a function of power. *Proposal Management*, 54-56. https://www.dr-hatfield.com/human_development/docs/power.pdf

　　隨著政治發展從權威到民主，領導也從集權到分權化，也影響了領導控制權的變化。不只是權力集中與分散情形的轉移，也涉及權力來源的改變，對於組織的人文面向產生重要影響（陳勇助，2018；Mazur-kiewicz & Fischer, 2021）。教育行政領導者除了倡導組織目標的達成之外，更需重視成員的人文關懷。因此，領導者的權力來源，除了法職權之外，也愈來愈強調人格權和專家權。透過領導者爭取部屬對其人格的尊重與價值信念的認同，才能有利於成員共同努力以實現組織目標（Argon & Dilekçi, 2016; Fidler, 1997）。另外，在民主治理的知識社會中，強調民主授權和激勵成員學習的領導，有別於專制風格的決斷，更強調參與的賦權增能領導（Mazurkiewicz & Fischer, 2021）。誠如 Etzioni 從「權力」和「參與」的兩個維度，分析出不同權力運作下領導，形成三類不同成員的參與型態。領導若採取「強制型」的權力運作，將導致「疏遠型」的成員服從行為；若採取「利酬型」的權力運作，

將導致「功利型」的成員服從行為；若採取「規範型」的權力運作，將導致「道德型」的成員服從行為（Dodge, 2016）。如果將前述權力運作與成員服從行進行交錯，則可組合成九種關係類型：即強制—疏遠、強制—功利、強制—道德、利酬—疏遠、利酬—功利、利酬—道德、規範—疏遠、規範—功利、規範—道德（Etzioni & Lehman, 1980）。可見，領導者要能夠靈活權變，善於選擇並使用交互性、溝通性、人性化的不同權力類型，才能獲取最佳的領導成效（Aslanargun, 2011）。

肆　教育行政評鑑的權力分析

教育行政評鑑在教育行政歷程中扮演一種回饋與革新的角色，對於持續改善並提升教育行政品質發揮重要的功能。謝文全（2021）將評鑑界定如下：「評鑑是對事物加以審慎的評析，以量定其得失及原因，據以決定如何改進或重新計畫的過程。」可見，教育行政評鑑即是針對教育行政事務的作為，進行得失測定並據以革新的過程。前述重點在於量定得失者以及改進計畫決定者，也就是教育行政的評鑑者，因其掌握了評鑑權力，故亦可稱之為教育行政評鑑的權力主體。可見，教育行政評鑑的本質是一種權力控制，針對教育行政行為者，亦即權力客體所為之教育行政事務，進行評估並決斷其改進計畫（莊文祺，2001）。

另外，教育行政評鑑類型，就發動主體而言，可以區分為內部評鑑與外部評鑑。首先，內部評鑑是指由組織內部人員發起，以內部人員為主體採用自我評鑑方式，針對教育事務計畫、執行與結果的檢討、評估與改善（許籐繼，1995）。實際運作上，通常由教育行政機關領導者組織評鑑團隊，作為評鑑權力主體進行自我評鑑，是一種賦權增能成員的教育行政評鑑。其次，外部評鑑是指由外部機關或組織發起，以外部人員為主體並採用他者標準與評鑑方式，針對教育行政機關或學校，進行教育行政事務行政作為的考核與判斷。過去在威權政治體制之下，教育行政評鑑常成為執政者控制教育的一種工具。藉由外部或上層教育行政機關。指派特定評鑑人員，設定評鑑項目與標準，並且頒布評鑑結果的獎懲規定，形成一種對教育行政嚴密評估與控制的權力關係（許籐繼，2001）。前述，乃政治強制權運用凌駕專業權的現象。

如今，在民主政治落實的背景下，政府對於基層民意的反應愈加重視。有鑑於地方教育行政機關與學校教育人員反映教育行政評鑑的缺失，例如書面資料的準備造成人員太大的壓力、教育行政評鑑的成效受到質疑、教育評鑑的種類和頻率過多等問題，經由大眾媒體的傳播與地方政府首長的帶頭抗拒等政治操作，形成一股廢除教育行政評鑑的民粹之民意，而政府基於選票考量亦配合之。可見，教育行政評鑑的議題已經遭遇泛政治化，教育行政評鑑包括教育部對地方教育行政機關的統合視導以及地方政府對中小學的校務評鑑等，不是取消就是簡化或轉型。可見，有關教育行政評鑑的存廢，已由單一上層權力主體的威權政治權力控制，由執政機關決定；轉為多元權力主體的民粹權力控制，由評鑑涉及的利害關係來決定，如執政黨、教師（工）會等（許藤繼，2001），明顯缺乏足夠的專業對話與伸張，以致忽略良好教育行政評鑑所能發揮的革新功能。

事實上，無論從教育行政評鑑專業或者對於教育績效責任的角度，教育行政評鑑都是一個重要的存在（Fidler et al., 1996）。因此，有關教育行政評鑑所衍生的問題，其解方不在於討論其存廢，而應針對辦理的方式與內涵進行專業的檢討、評估與改善。因為，真正專業的教育行政評鑑，無論是組織內部自我評鑑或者是組織外部的教育評鑑，都是促使教育行政作為革新的重要手段，也是持續提升教育行政品質的重要途徑（黃乃熒，2001；Fidler et al., 1996）。因此，有關教育行政評鑑的存廢和精進，應該回歸教育行政評鑑專業權的探究，以展現評鑑專業決定權的作用。

 ## 第四節　教育行政權力的發展趨勢

有關教育行政權力的發展趨勢，分述如下：

壹　教育行政決策權力主體的多元化

隨著民主政治與公民社會日漸成熟，公民教育權利的保障日益受到

重視。有關公民相關教育事務之政策決定，已非少數上層菁英或官方單獨拍板定案便能執行，而是需要採取廣徵民意和彙整共識的途徑（許籐繼，2001，2020）。因此，未來教育行政決策權力主體將由一元化轉為多元化，亦即由教育行政機關的上層菁英單獨擁有決策權，藉由分權化和參與權的行使，轉為由教育行政機關和多方利害關係人員或團體所共同擁有。這樣的權力主體轉變，也顯示決策權力結構由集權化轉向分權化，提供各方更多的參與機會。在教育行政決策歷程中所運用的權力類型，也從官方的法職權擴大到參與各方運用的多元權力，例如公民社群基於民主價值的各種權力展現等（吳瓊恩，2016）。以國民中小學校務重大事項決策為例，在強調「權力下放」及「自主管理」的趨勢下（吳瓊恩，2016；Bakwai, Muhammad, & Sarkin-Kebbi, 2015），重大校務決策已由授權於校長，轉為透過校務會議決策機制，納入校長、全體專任教師或教師代表、家長會代表、職工代表等不同類別人員參與決定，顯示決策過程權力主體的多元化趨勢（陳幸仁，2007）。

貳 教育行政溝通權力關係的網絡化

教育行政溝通過去多限於組織之內，在科層體制的教育行政組織中，因層級節制的權力分配結構，使得正式教育行政溝通權威，形成一種由上而下命令指揮鏈的權力關係，顯示溝通中上下職位者的權力主客體地位（許籐繼，2020）。不過，隨著公民權力意識的覺醒，教育行政要能夠提高效率並滿足民眾需求，很多教育事務的處理不能僅靠行政機關向民眾單向發號施令，而是需要與教育行政組織內外不同人員與團體的溝通才能達成。因此，除了組織內正式溝通管道之外，組織內外的非正式溝通也日顯其重要性。非正式溝通特別強調透過教育行政組織內外人員或團體之間多層次與多向度的互動，基於平等的、尊重與展權的對話，形成教育行政溝通權力關係的網絡化趨勢（吳瓊恩，2016）。以國中小家長參與學校校務的教育行政溝通為例，法令上雖然賦予家長參與校務的權力，但是學校教育人員與家長溝通時，如未能釋出權力空間，則彼此的溝通仍會存在一種專業的支配。因此，在法律授權家長參與校務權力之時，需要教育人員展現對家長參與校務權力的尊重與對

話，才能藉由教育行政溝通權力關係的網絡化，展現家長參與校務的實質意義（陳幸仁，2007）。

參 教育行政領導權力運用的權變化

教育行政領導基於科層組織的金字塔型權力結構，不同層級人員使用的權力類型主要以合法權為主。然而，社會的發展與變遷下，教育問題也日益複雜，教育行政領導者無法僅以法職權進行強制性的解決，而需要善用更多元的權力（Hatcher, 2005; Watkins, 2017）。因此，領導者需要視不同情境條件，善於選擇與有效運用不同權力類型，以達到最佳的領導效果。過去領導者較常使用法職權，且有時還有誤用而造成部屬的抗拒情形。未來真正的領導不再只是領導者對於受領導者的控制或要求，更重要的是要讓受領導者能真誠地認同領導者，才能追隨並共同完成組織任務，達成組織目標。因此，領導者應擴大其他多元權力類型的使用，特別是專業權、人格權和學習權等（洪孟華，2003；Bakwai, Muhammad, & Sarkin-Kebbi, 2015），也要根據領導的脈絡與條件，權變每一種權力類型，以獲得權力客體的承諾、學習與成就效果。

肆 教育行政評鑑權力來源的專業化

教育行政評鑑原本就是教育行政不可分割的一環，扮演著教育行政回饋與革新的重要角色，與教育行政品質的確保息息相關。雖然在威權政治體制時期，教育行政評鑑曾是統治者支配教育的重要手段，但其仍保有對教育行政回饋的功能。因此，教育行政評鑑的實施，雖有需要改善的空間，但不應因噎廢食而將之廢除。國外的教育評鑑發展，逐漸從外部評鑑轉為重視內部的賦權增能評鑑，此涉及教育行政評鑑專業的轉型與發展（謝文全，2021）。反觀國內教育行政評鑑發展上，在重視基層民主意見潮流中，僅重視基層利害關係者民主代表性的意見，卻忽略教育行政評鑑的專業性，以致造成教育行政評鑑存廢的民粹決定，對於教育行政評鑑的發展產生不良的影響（許籐繼，2020）。未來如果想要恢復教育行政評鑑在國內的發展，除了需要改變過去教育行政評鑑存在的威權控制之外，其存在的權力來源應訴求於專業權，說服權力攸關方有關教育行政評鑑的存在與發展的必要性與助益。

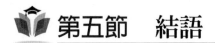

第五節 結語

　　權力是一個奇妙的社會存在，可以讓組織中權力主體正用但是也可能讓其濫用（謝卓君，2021）。因此，本章從法令授權的教育行政機關與所屬人員為權力主體，組織內外人員為權力客體為探討的起點，析論教育行政權力的意義與內涵，並就教育行政決定、溝通、領導與評鑑歷程的權力進行分析，最後提出教育行政權力的發展趨勢。期望透過本章的探討，能夠進一步了解教育行政歷程所涉及的權力內涵，包括權力主體與來源、權力結構與關係、權力機制與運用。使教育行政人員能夠認識權力主客體的動態性，在組織權力結構與機制的演變中，建立有益的權力關係，強化並善用各種權力類型，超然於權力鬥爭，以促進教育問題的解決，而非滿足自我或黨派的私心。因此，教育行政人員需要培養運用權力的真善美聖價值與道德修養（吳瓊恩，2016），掌握教育文化的內在價值。消極面上，避免教育行政領導者的濫權，而積極面上，增進其權力正用的權變素養，進而提升教育行政效率並實現教育目標。

問題討論

1. 教育行政權力的意義為何？
2. 教育行政權力的內涵為何？
3. 教育行政決定歷程的權力主體有何轉變？
4. 教育行政人員應如何善用權力？
5. 領導影響力的重要來源之一即為權力，教育行政人員的權力基礎與類型有那些？如欲運用權力以有效達成組織目標，應把握那些原則？
　　（101年三等特考）

參考文獻

王如哲（1998）。**教育行政學**。五南。

李玉惠（2000）。重塑新的校園權力運作結構。**臺灣教育，594**，12-23。

李安明（2021）。建構現代領導的權力與責任觀。載於李安明、謝傳崇、林志成、顏國樑、謝卓君（合著），**教育行政新議題**（頁 3-30）。元照。

吳清基（1996）。**教育與行政**。師大書苑。

吳兪璇（2017）。北北基地區國民中小學校園權力結構與校長留任意願關係之研究（未出版之碩士論文）。臺北市立大學。

吳瓊恩（2016）。**行政學**。三民。

林淑馨（2016）。**行政學**。三民。

洪孟華（2003）。教師「增權賦能」（empowerment）概念與策略之探析──專業主義的觀點。**中等教育，54**(5)，84-95。

秦夢群（2020）。**教育行政理論與應用**。五南。

莊文祺（2001）。**傅柯權力理論對教育行政的啟示**（未出版之碩士論文）。國立臺北師範學院。

張維修（2017）。特殊需求學生家長權力行使現象之探討。**臺灣教育評論月刊，6**(4)，158-163。

曹學仁（1997）。**高級中學校長權力運用之研究**（未出版之碩士論文）。國立臺灣師範大學。

陳幸仁（2007）。微觀政治學：一個學校行政的新興研究領域。**教育行政與評鑑學刊，3**，67-86。

陳勇助（2018）。**國民小學校長創新領導、權力運用策略、教師社群互動與學校效能關係之研究**（未出版之博士論文）。國立屏東大學。

陳嬿涵（2015）。**校園權力運作的微觀政治研究──以基隆市某一高中為例**（未出版之碩士論文）。國立臺灣師範大學。

許籐繼（1995）。**臺北市國民小學學校自我評鑑之研究**（未出版之碩士論文）。國立臺灣師範大學。

許籐繼（2001）。**學校組織權力重建**。五南。

許籐繼（2020）。權力弔詭──國中小學校長遴用制度實施的權力問題與展望。**臺灣教育評論月刊，9**(4)，13-18。

黃乃熒（2001）。從學校組織權力弔詭管理觀點建構學校組織變革模式。**師大學報教育類，46**(2)，145-164。

黃昆輝（1996）。**教育行政學**。東華。

黃昆輝、張德銳（2000）。**行政權力**。https://terms.naer.edu.tw/detail/1305294/

黃毅叡（2007）。**國民中小學學校權力運作、衝突管理與組織氣氛之關係研究：從微觀政治分析**（未出版之碩士論文）。國立中正大學。

黃嘉雄（1999）。誰當家做主？──談學校本位管理的權力結構類型。**師友，384**，15-18。

游焜智（2009）。**地方教育行政機關部門主管權力運作策略與組織效能之研究**（未出版之碩士論文）。國立臺灣師範大學。

蔡文杰（2005）。國民小學組織權力關係重建之研究。**臺中師院學報**，21-45。

謝文全（2021）。**教育行政學**（七版）。高等教育。

謝卓君（2021）。從權力論教育政策研究取徑之差異。載於李安明、謝傳崇、林志成、顏國樑、謝卓君，**教育行政新議題**。元照。

Ahmed, A. (2018). *Sources of power in management.* https://bizfluent.com/info-8189770-leader-vs-manager.html

Argon, T., & Dilekçi, Ü (2016). Teacher Views on School Administrators' Organizational Power Sources and Their Change Management Behaviours. *Universal Journal of Educational Research, 4*(9): 2195-2208. DOI: 10.13189/ujer.2016.040932

Aslanargun, E. (2011). Social power in organizations: A theoretical perspective. *e-Journal of New World Sciences Academy Education Sciences, 6*(3), 1961-1971.

Bakwai, B., Muhammad, U., & Sarkin-Kebbi, M. (2015). Change and development in education: The trend in reforming basic education schools administration in Nigeria. *Studies in Educational Planning and Administration (SEPA), 5*(1), 62-71.

Brunner, C. C. (2002). *Professing educational leadership: Conceptions of power.* https://doi.org/10.1177/105268460201200606

Dodge, C. (2016). Compliance Theory of Organizations. In book: *Global Encyclopedia of Public Administration, Public Policy, and Governance* (pp.1-5). https://www.researchgate.

net/publication/312114421_Compliance_Theory_of_Organizations

Elmazi, E. (2018). The role of principal's power and teacher empowerment. *European Scientific Journal, 14*(28), 1-14.

Etzioni A., & Lehman, E. W. (1980). *A sociological reader on complex organizations.* Holt, Rinehart and Winsto.

Fidler, B. (1997). School leadership: Some key ideas. *School Leadership & Management, 17*(1), 23-38. DOI: 10.1080/13632439770140

Fidler, B., Edwards, M., Evans, B., Mann, P., & Thomas, P. (1996). *Strategic planning for school improvement.* Pitman.

Foucault, M. (1980). *Power/Knowledge: Selected interviews and other writings, 1972-1977.* Pantheon.

French, J. J., & Raven, B. (1959). The bases of social power. In D. Cartwright (Ed.), *Studies in Social Power.* University of Michigan Press.

Green, R. D. (1999). Leadership as a function of power. *Proposal Management*, 54-56. https://www.dr-hatfield.com/human_development/docs/power.pdf

Hatcher, R. (2005). The distribution of leadership and power in schools. *British Journal of Sociology of Education, 26*(2), 253-267.

Mazurkiewicz, G., & Fischer, J. M. (2021). *The Power of Responsive Educational Leadership.* Routledge.

Nasib, T. (2018). *Educational administration: Do you understand the principles of power and authority in education administration?* https://mysominotes.wordpress. com/2018/12/14/5-2-educational-administration-do-you-understand-the-principles-of-power-and-authority-in-education-administration/

Özcana, K., Karatasb, I. H., Çaglarc, C., & Polatd, M. (2014). Administrators' power usage styles and their impact on the organizational culture in colleges of education: A case study. *Educational Sciences: Theory & Practice, 14*(2), 560-569

Robbins, S. P. (2001). *Organizational behavior* (9th ed.). Prentice-Hall.

Waite, D., & Allen, D. (2003). Corruption and abuse of power in educational administration. *The Urban Review, 35*(4), 281-291.

Watkins, P. (2017). Leadership, power and symbols in educational administration. In Walker, R., & Kemmis, S. (Ed.), *critical perspectives on educational leadership* (pp.7-26).

Yukl, G. A. (2013). *Leadership in organizations*. Pearson.

Zaki Ewiss, M. A. (2021). Management of pre-university Egyptian education: politics, issues and trend. *Journal of Humanities and Applied Social Sciences*. On Emerald Insight at: https://www.emerald.com/insight/2632-279X.htm

第八章

教育行政評鑑

黃旭鈞

　　教育行政評鑑是針對教育機構、教育政策或方案、教育人員等相關教育行政事務，系統化蒐集、分析資料，以描述並評判教育行政事務的績效、價值與重要性，以作爲教育事務決定與持續改進的歷程。本章重點與目標，包括：了解教育行政評鑑的意義、目的與功能；理解教育行政評鑑原則與專業標準；探討教育行政評鑑的模式與運用；掌握教育行政評鑑的實務與應用。

 # 第一節　教育行政評鑑的意義、目的與功能

　　教育行政評鑑的理論、專業與實務在近年來都有大幅度的進展，但評鑑的範圍實際上相當廣泛，定義也常因目的、對象、功能的不同而相當紛歧。因此，本節先針對教育行政評鑑的意義、目的與功能加以釐清與確立。

　壹　教育行政評鑑的意義

　　評鑑（evaluation）又稱爲評價、評估或考核。謝文全（2002: 342）將評鑑定義爲：「評鑑是對事物加以審愼評析，以量度其得失及原因，並據以決定如何改進或重新計畫的過程。」

　　秦夢群（2013: 369）將教育評鑑定義爲：對於教育現象或活動，透過蒐集、組織、分析資料，加以描述與價值判斷的歷程。

　　Scriven（2003: 15）就字義而言將評鑑視爲定義爲：係指決定事物的績效（merit）、價值（worth）和重要性（significance）的歷程，因此，評鑑是針對上述的歷程所提出的結果報告。

　　Stufflebeam（2003a: 34）從 CIPP 模式的觀點，將評鑑定義爲：評鑑是就某些客觀的目標、設計、實施與結果所陳述（delineating）、取得、提供並應用有關績效、價值、重要性等描述性及評判性資訊的歷程，以引導改善決定、提供績效責任報告、提供制度化的資訊並傳遞所

作成的決定，進而改善對所涉入現象的理解。

綜合上述各論者對於評鑑或教育評鑑的定義，本章將教育行政評鑑定義為：針對教育機構、教育政策或方案、教育人員等相關教育行政事務，系統化蒐集、分析資料，以描述並評判教育行政事務的績效、價值與重要性，以作為教育事務決定與持續改進的歷程。此一定義有包含四個主要的意涵：

1. 教育行政評鑑的主要對象包含教育機構、教育政策或方案、教育人員等教育行政的人、事、物、制等對象的評鑑。

2. 教育行政評鑑應採取多元方法系統化且有焦點的蒐集、分析及報告評鑑的資料與結果。在資料的蒐集與分析可兼採質性與量化的資料。

3. 教育行政評鑑必須針對教育行政事務的績效、價值與重要性進行描述與價值評判。除了事實的陳述外，也必須進行價值的評判。

4. 教育行政評鑑的目的除了績效與價值的評判，以利了解教育行政的績效與品質外，更重要的是作為教育行政機構、政策或方案與人員改進的回饋資訊來源，以持續改進提升品質。

貳　教育行政評鑑的目的與功能

Stufflebeam（2003b）指出，由於評鑑是評估方案或其他目標的績效或價值的系統化過程，對於學校或其他社會機構的成功至關重要。一套功能性的學校評鑑系統應能評估學校的所有重要面向、提供改進的方向、維持績效責任的紀錄，進而提升對教學、學習及其他學校流程的理解。

Stufflebeam（2003b）進一步提出學校評鑑主要包括四項的目的與功能：(1) 持續改進（improvement）：學校事務與服務的持續改進，特別是提供學生個別化的教學；(2) 績效責任（accountability）：學校及其參與的成員必須提供績效責任的資訊給利害關係人；(3) 共同理解（understanding）：隨著時間評鑑可以累積成果，並幫助學校教職員及相關利害關係人可以對學校的功能取得更佳的卓見及理解；(4) 傳播普及（dissemination）：評鑑系統應提供給對學校事務有興趣的外部人員充分的資訊與證據，進而能加以傳播、調整並加以應用，以普及應用評

鑑結果的資料。

綜合上述這四項教育行政評鑑的目的與功能可知，所強調重點在持續改進，擔負起績效責任，同時能持續和利害關係人藉由評鑑得以有更多互動與意見交流，以增進對學校校務與政策有共同的理解與共識，進而能分享擴散學校的優勢與亮點，若有一些缺失或劣勢亦可作為他校的參考與殷鑑。而這四項評鑑的目的與功能頗能呼應上述教育行政評鑑的意義。

 ## 第二節　教育行政評鑑的原則與專業標準

本節旨在針對教育行政評鑑的原則及相關評鑑的專業標準與規準進行分析與探討。

壹　教育行政評鑑的原則

Stufflebeam（2003a: 58）針對評鑑提出的精闢見解與看法，可作為教育行政評鑑的重要參考原則，主要包括：

1.評鑑包含評估某些事物的績效與價值。

2.評鑑最重要的目的不在證明而在改善。

3.評鑑應同時包含主動積極引導改善，也應能回溯（retroactive）產出績效責任報告。

4.評鑑人員應正確評估目標、策略、計畫、活動及成果。

5.評鑑應建基於完善、明確的價值觀。

6.評鑑人員應能與客戶及利害關係人進行有效的互動式溝通與服務。

7.評鑑的設計和報告應是一持續不斷的歷程，並能符合服務對象對資訊需求。

8.評鑑人員應敏覺並適當拒絕一些不當的誘惑或讓評鑑蒙受不白之

損害。

　9. 方案成功與否應是從方案能達成所設定的標的獲益，及其與需求
評估符合之程度。

　10. 評鑑應採用多元方法來蒐集相關質性與量化的資訊。

　11. 不論採取何種評鑑方法，都應能符合完整評鑑的適切標準。

　12. 評鑑本身應能透過內、外部的後設評鑑來加以評鑑。

　上述這十二點教育行政評鑑的原則分別從評鑑的目的、評鑑的標
準、指標與方案內容、評鑑的方法、評鑑的人員的職責與倫理操守、評
鑑的成效與評鑑本身的改善等面向進行重點式的規範與提醒，值得相關
教育行政評鑑的規劃、實施、結果應用與檢討改進時的參考。

貳　教育行政評鑑的專業標準

　評鑑時應採取哪些評鑑規準？是一直受到關注的問題，評鑑雖然會
因對象及評鑑目的之不同而採用不同的評鑑規準，必須在評鑑規劃的過
程中納入考量。Stufflebeam（2003b: 784）具體建議在規劃評鑑規準時
可以考量八種一般性的評鑑規準，主要包括：(1) 基本的社會價值觀，
特別像是公平（equity）和卓越（excellence）這類的價值觀；(2) 評鑑
定義中既有的規準，如績效（merit）及價值（worth）；(3) 有關背景、
輸入、過程和結果的規準；(4) 確定的機構價值觀及目標；(5) 學生進步
的領域，包含知識、社會、情感、職業、身體、美學及道德等；(6) 直
接相關的技術標準，特別是設施、工具和設備的的安全性及耐用性；(7)
人員的責任與資格；(8) 其他更具體、特殊的規準。

　除了上述這些一般性的評鑑規準外，美國教育評鑑標準聯合委員
會（Joint Committee on Standards for Educational Evaluation, JCSEE）
自 1988 年起分別針對人事評鑑標準（standards for personnel evalua-
tions）、方案評鑑標準（standards for program evaluation）及學生評鑑
標準（standards for student evaluations）加以發展設計三大類的評鑑標
準與原則，藉由這些評鑑標準的發展，用以指引和評估評鑑的實務。美
國教育評鑑標準聯合委員會所制定的這三種評鑑的標準都有共通的四大
基本要素，包括：

1. 有效性標準（utility standards）：要求評鑑人員應強調提供有權知道評鑑問題的人員可靠、即時、相關的資訊，以幫助這些人員正確詮釋並應用評鑑的發現。

2. 可行性標準（feasibility standards）：評鑑必須採用可行的程序及政策可實行且符合成本效益的評鑑措施。

3. 適切性標準（propriety standards）：要求評鑑人員必須符合普遍的倫理及法律的要求，包含行事能依明確且正式的協議、維護受評者及受評鑑影響人員的權益、能尊重評鑑參與人員與受評人員、誠實報告所有評鑑發現、適當處理利益衝突。

4. 精確性標準（accuracy standards）：指引評鑑人員依據評鑑目標在相關評鑑脈絡中解釋並提出有效、可靠、沒有偏誤的資訊。

基於上述四項評鑑的基本要素，以下分別就方案評鑑標準、人事評鑑標準等兩種現行的評鑑標準加以舉例說明其內容與應用：

（一）方案評鑑標準

有關 JCSEE 最近一期在 2010 年所制定的方案評鑑標準，除了上述有效性、可行性、適切性與精確性等四類評鑑標準外，又增加了「評鑑績效責任標準」（evaluation accountability standards），詳如表 8-1 所示。由表 8-1 可知，目前 JCSEE 所提出的方案評鑑標準共有「有效性標準」的 8 項標準、「可行性標準」的 4 項標準，「適切性標準」7 項標準、「精確性標準」的 8 項標準及「評鑑績效責任標準」的 3 項標準，合計五大類標準，共 30 項標準（Yarbrough et al., 2010）。這五大類方案評鑑的標準及其細項標準，可以作爲在規劃設計方案評鑑時評鑑指標訂定的重要參考，除了既有的有效性（U）、可行性（F）、適切性（P）、精確性（A）四類標準外，方案評鑑後續在方案評鑑本身的績效責任與後設評鑑的進行更加重要，對「評鑑的績效責任」之強調，更顯示方案本身的持續改善是方案評鑑在規劃、實施與檢討改進時，更加以審慎考量的部分。

表 8-1

JCSEE 方案評鑑標準

U 有效性標準（Utility standards）：有效性標準旨在增加方案利害關係人找出評鑑的過程與結果的有效方式，以滿足其需求的程度。

- **U1 評鑑人員可信度**：評鑑應由合格評鑑人員來執行，以期在評鑑脈絡下建立並維持對評鑑人員的可信度。
- **U2 關心重要關係人**：評鑑人員應更關心所有可能受到方案及其評鑑影響的個人及團體。
- **U3 協調後的目的**：評鑑目的應加以確立並依據重要關係人的需求持續磋商。
- **U4 外顯的價值觀**：評鑑應釐清並具體指出構成整個評鑑目的、過程及評判的個人及文化價值觀。
- **U5 相關資訊**：評鑑資訊應用在確認重要關係人新需求人的用途。
- **U6 有意義的過程與結果**：評鑑應就能鼓勵參與者重新發現、解釋，或修正其理解與行為的方式建構活動、描述與評判。
- **U7 適時且適切的溝通及報告**：評鑑應依據不同對象的需求傳達後續的資訊。
- **U8 關注後果與影響**：評鑑應提倡負責且順應使用評鑑，特別是要避免一些非預期的負面後果及評鑑誤用。

F 可行性標準（Feasibility standards）：可行性標準旨在增進評鑑的效能與效率。

- **F1 方案管理**：評鑑應使用有效的方案管理策略。
- **F2 實務程序**：評鑑程序應很實務且能回應方案運作的方式。
- **F3 脈絡可行性**：評鑑應能承認、監督、平衡文化和政治的利益，以及個人和團體的需求。
- **F4 資源使用**：評鑑後有效能且有效率地使用資源。

P 適切性標準（Propriety standards）：適切性標準支持評鑑中所有的適切性、公平性、合法性、權利性及正義性。

- **P1 回應及包容價值取向**：評鑑應能有效回應重要關係人及其社群。
- **P2 正式協議書**：評鑑協議書應能加以協商以讓義務可以外顯化，並考慮顧客及其他重要關係人的需求、期望、文化脈絡。
- **P3 人權及尊重**：評鑑在設計及實行時應能保設人權及法律權利，並保持評鑑參與者及其他重要關係人的尊嚴。
- **P4 清晰明確及公平性**：評鑑在強調重要關係人的需求與目的上應可以理解並維持公平性。
- **P5 透明及公開**：評鑑應能針對評鑑的發現、限制及結論向重要關係人提供完整的陳述，除非這樣做會違反合法及適切的義務。
- **P6 利益衝突**：評鑑應公開並誠實地確認並強調會讓評鑑妥協的真正或所知覺到之利益衝突。

- **P7 財務責任**：評鑑應對所有耗費的資源負責並遵守完善的財務程序及流程。

A 精確性標準（Accuracy standards）：精確性標準旨在都增加評鑑象徵、主張和發現的可靠性及真實性，特別是有關用以支持品質的解釋和評判的部分。

- **A1 合理化的結論與決定**：評鑑的結論和決定所造成的結果，應置於文化與脈絡中加以合理化。
- **A2 有效的資訊**：評鑑資訊應能作為制定想達成的目的及支持有效的解釋之用途。
- **A3 可靠的資訊**：評鑑程序應能充分引發可靠且一致的資訊並加以如預期般地使用。
- **A4 外顯的方案與脈絡的描述**：評鑑應能就評鑑的目的以適切的細節及範圍來記錄方案及其脈絡。
- **A5 資訊管理**：評鑑應採用系統化的資訊蒐集、檢核、確認、儲存方法。
- **A6 完備的設計與分析**：評鑑應依評鑑目的採用技術上適切的設計與分析。
- **A7 外顯的評鑑推論**：從資訊及分析到發現、解釋、結論與評判等評鑑的推論過程都應能加以清楚且完整地記錄。
- **A8 溝通及評鑑報告**：評鑑溝通應有適切的範圍並能有效避免錯誤概念、誤差、曲解及錯誤。

E 評鑑績效責任標準（Evaluation accountability standards）：評鑑績效責任標準鼓勵適當記錄評鑑且提供後設評鑑的觀點，以聚焦在評鑑過程與結果的改善與績效責任。

- **E1 評鑑文件紀錄**：評鑑應充分記錄評鑑目的的協調、實施的設計、程序、資料與成果。
- **E2 內部的後設評鑑**：評鑑人員應使用這些評鑑標準及其他可應用的標準來檢視評鑑設計、採用的程序、資訊蒐集和成果等的績效責任。
- **E3 外部的後設評鑑**：鼓勵方案評鑑的贊助人、客戶、評鑑人員及其他利害關係人利用這些評鑑標準及其他可應用的標準進行外部後設評鑑。

（二）人事評鑑標準

依據 2009 年美國教育評鑑標準聯合委員會（JCSEE）出版的《人事評鑑標準》第二版，該人事評鑑標準旨在支持中小學及大學的人事評鑑實務。教學者和行政人員等應會感受此人事評鑑標準非常有益於學校發展自己學校的評量實務並針對評鑑學校人事所進行的培訓（Gullickson & Howard, 2009）。在此一人事評鑑標準中可歸納出「適切性標準」7 項、「有效性標準」6 項、「可行性標準」3 項、「精確性標準」11 項，

合計四大類的標準，共計 27 項細項標準。與方案評鑑標準比較，可以發展人事評鑑標準的適切性序位移至第一順位，可見人事評鑑方案評鑑最大的不同在於直指「人」本身，需要更多的安全與倫理，具建設性並減少威脅，在積極的氛圍下協助受評者專業發展。同時也相當強調人事評鑑的精確性，並在精確性標準中也納入後設評鑑的標準，顯見其強調人事評鑑的持續檢討、調整改善的後設評鑑標準。

表 8-2

JCSEE 人事評鑑標準

P 適切性標準（Propriety standards）：適切性標準旨在確保人事評鑑能在合法、合倫理並能保障受評者及參與評鑑的人員之福祉。

- **P1 服務導向**：人事評鑑應能促進健全教育，實現機構使命並能達到工作職責的有效績效表現。因此，學生、社區和社會的教育需求能加以滿足。
- **P2 適切的政策與程序**：人事評鑑的指引應能記錄並提供受評鑑在政策聲明、協商後的協議書、人事評鑑的手冊，讓評鑑具備一致性、公正合理、公平。
- **P3 取得評鑑資訊**：取得評鑑資訊應限制在已取得合法同意權的個人，進行資訊的檢核及使用，讓資訊保持機密及保護隱私。
- **P4 與受評人的互動**：評鑑人員應尊重人的尊嚴，並以專業、關懷有禮的方式來行事，讓受評者對人事評鑑的自尊、動機、績效及態度都能有所提升，至少免除不必要的傷害。
- **P5 平衡的評鑑**：人事評鑑應同時提供足以確認優勢與劣勢的資訊，以利善用優勢，也能處理劣勢。
- **P6 利益衝突**：現有及可能存在的利益衝突應能確認並開誠布公地加以處理，且不會對評鑑的過程與結果有所讓步。
- **P7 法律可行性**：人事評鑑應符合中央聯邦、州政府及各地方的法律要求，相關的判例、契約、集體協商的協議、平權政策，以及地方教育委員會政策及規定或機構的法規和規章制度，所以評鑑人員可以有效進行公平、有效率和負責任的人事評鑑。

U 有效性標準（Utility standards）：有效性標準旨在引導評鑑，並讓評鑑可以提供資訊、適時、有影響力。

- **U1 建構取向**：人事評鑑應是逐步加以建構，不僅可以幫助機構發展人力資源，也可以鼓勵並協助受信評者提供卓越的服務，也能呼應機構的任務聲明與目標。
- **U2 明確界定使用**：人事評鑑的使用者及規劃使用的方式，評鑑剛開始就應加以確認，好讓評鑑可以處理適切的問題與議題。

- **U3 評鑑人員的資格**：評鑑制度應發展、實行與管理評鑑人員的必要資格、技能、培訓與權力，以期評鑑報告可以適切地撰寫、獲得尊重及使用。
- **U4 外顯規準**：評鑑人員應確認並解釋評鑑規準，用以解釋並判斷受評者的績效表現，提供明確正當的結果解釋的原理原則，這些都是解釋及評鑑的基礎。
- **U5 功能性報告**：評鑑報告應清晰、及時、精確、切中要旨，以讓評鑑報告對受評者及有關的人員有實務的價值。
- **U6 專業發展**：人事評鑑應提供資訊給使用者及受評者需要專業發展的領域，以讓所有教育人員更能強調機構的任務及目標，實現其角色與責任，並符合學生需求。

F 可行性標準（Feasibility standards）：可行性標準旨在引導人事評鑑制度讓評鑑更容易實施，更有效率運用時間與運用資源，更適切的經費補助，且從政治的觀點而言更可行。

- **F1 實務的程序**：人事評鑑程序應更實務，以利更有效率且更非破壞的方式產出所需的資訊。
- **F2 政治的可行性**：人事評鑑應從受評者及其他有權知道評鑑結果的人所期待的問題加以規劃與實行，以讓問題可以獲得處理且取得相關人員一起合作。
- **F3 財務的可行性**：應提供人事評鑑活動適當的時間和資源，以讓評鑑可以有效地實施，評鑑結果可以充分傳播，並確認適切的後續活動。

A 精確性標準（Accuracy standards）：精確性標準決定了評鑑能否產出完備的資訊。人事評鑑必須在技術上合宜且盡可能完整以進行健全的判斷及決定。必須依評鑑目的、受評者及其工作的環境採用適切的評鑑方法。

- **A1 有效性取向**：人事評鑑的選擇、發展及實施應確保用在受評者績效表現的解釋是有效的，且不允許錯誤解釋。
- **A2 界定期望**：受評者的資格、角色、績效期望應明確加以界定。以讓評鑑人員在決定評鑑所需的資料與資訊必須確保其有效性。
- **A3 脈絡分析**：影響績效表現的背景脈絡變項應加以確認、描述、記錄，以用在解釋受評者表現時的考量。
- **A4 記錄目的及程序**：計畫性的及實際的評鑑的目的和程序都應加以記錄，以利進行更清楚的評鑑解釋及合理化。
- **A5 合情合理的資訊**：為人事評鑑所蒐集的資訊應合情合理，以利提升評鑑解釋的信度與效度。
- **A6 可靠的資訊**：應選用並發展與實施可靠的人事評鑑程序，以確保評鑑的信度，因而評鑑獲得的資訊，應提供受評者績效的一致的指引。
- **A7 系統化的資料控制**：評鑑所蒐集、處理和報告受評者的績效表現，應能系統化地檢核、適切地校正、保持可靠，以利對受評者績效表現進行精確的判斷，並維持適當等級的機密性。

- **A8 偏誤的確認與管理**：人事評鑑應避免偏誤，以提升對受評者資格及表現解釋的效度。
- **A9 資訊分析**：人事評鑑所蒐集的資訊應系統化且精確加以分析，以有效達成評鑑的目的。
- **A10 合理解釋結論**：有關受評者績效表現評鑑的結論應加以對外合理說明，以讓受評者及其他人員有權得知評鑑機密性的資訊。
- **A11 後設評鑑**：人事評鑑系統應定期檢視上述的評鑑標準，以避免錯誤，偵測並加以校正。發展完備的人事評鑑實務並持續加以維護。

 # 第三節　教育行政評鑑的模式

　　教育行政評鑑模式相當多元，會因為評鑑的目的、類型、背景條件的不同而有其適用性及限制。Scriven（2003）就曾提出八種簡要的評鑑模式，包括：準評鑑（quasi-evaluation）、目標－達成評鑑（goal-achievement evaluation）、結果本位評鑑（outcome-based evaluation）、顧客導向的評鑑（consumer-oriented evaluation）、純形成性模式（formative-only model）、參與式或角色混合模式（participatory or role-mixing approaches）、理論導向的評鑑（theory-driven evaluation），以及權力模式（power model）。由於評鑑是一難以精確加以描述的概念，因此，創造多元的評鑑模式仍有其需要性與必要性。

　　然而為了讓評鑑模式發揮引導並指引教育行政評鑑的規劃、實施與結果利用，本節將更聚焦在教育行政評鑑經常使用的方案評鑑的模式，並依據耶魯大學 Poorvu 教與學中心（Yale Poorvu Center for Teaching and Learning）所規劃提出的方案評鑑（program evaluation）、Kirkpatrick 評鑑模式、CIPP 模式等方案評鑑的模式（Yale Poorvu Center for Teaching and Learning, n.d.）加以進一步說明這幾種評鑑模式的內容、流程與應用。

壹　方案評鑑模式

　　方案評鑑（program evaluation）是教育行評鑑中經常採用的一種評鑑方式，主要可用在政策、制度、課程教學方案的成效評估及檢討改進。所謂的方案評鑑主要係指一種系統化蒐集、分析、使用資料以檢核方案的效率與效能的過程。

　　儘管之後介紹的 Kirkpatrick 模式、CIPP 模式等評鑑模式亦都具有方案評鑑的屬性，且評鑑的目的和背景的不同，亦有獨特性與適用上的差異。然而方案評鑑是較為通稱的評鑑概念與模式，其主要的流程和步驟也常和其他的評鑑模式相似。因此，可以介紹方案評鑑模式的過程，理解不同評鑑模式的共通部分。以下進一步說明方案評鑑的主要流程（Yale Poorvu Center for Teaching and Learning, n.d.）：

（一）規劃（planning）
- 確認評鑑的目的：決定評鑑的必要性與需求性，在評鑑過程中該蒐集的資訊及資訊的用途。
- 確認重要關係：確認方案主要的人事、參與者及對象。同時也必須決定參與評鑑過程的人員，該聽取哪些人改進評鑑的意見。
- 確認方案的資源：確認所有有助於方案實行的時間、金錢、資源及設施等資源必要性。

（二）了解方案的設計
- 描述方案的目標與結果：應能有效敘述方案目標及短、中、長程的目的，以及預期成果。
- 確認方案的活動：包括成員所必須完成的所有工作任務，方案參與者必須參與或完成的所有的課程、作業、協同課程、規定的會議等。
- 建立方案目標、活動與結果間的連結：確認任何無法有效達成的目標、活動與結果的落差之所在，以確保所有活動都能達成預期的目的。

（三）設計評鑑計畫

- 決定評鑑的範圍：確定評鑑中所應包含的目標、結果及活動。有些無法立即達成的結果，需要較長的時間完成的結果或許應安排持續的評鑑。
- 尋求或發展蒐集資料的方法：從相關文獻中探討並確認可以蒐集資料的方法，若缺乏現成的方法，則需要自己系統化發展資料蒐集的方法。
- 撰寫評鑑計畫：計畫中應包括資料蒐集、分析、簡要報告每位評鑑小組成員的組成與職責。一般評鑑計畫應包含對忠實實施評鑑的檢視、評鑑是否依規劃有效實施，以利評鑑結果是基於方案實際的狀況而非只是假定。

（四）進行評鑑

- 蒐集資料：依據評鑑計畫蒐集必要的資料。
- 分析資料：依據所蒐集的資料類型，選用適當的統計分析，以利了解資料所代表的意義。
- 向方案的重要關係人報告結果：確定提供評鑑報告的對象並撰寫評鑑報告，且應同時針對方案及其成果進行報告撰寫。

（五）修正方案並擬定持續改善的評鑑計畫

方案評鑑並非一次性的過程，而應在方案中開啟一種測量的持續程序。包含提供回饋資訊修正方案並提出改善計畫。同時亦可進行後設評鑑（meta evaluation）以持續改善評鑑的規劃、實施與結果應用。

貳 Kirkpatrick四層次評鑑模式

Kirkpatrick 的四層次評鑑模式是廣泛用以評鑑培訓方案效能的模式之一，一開始係由 D. Kirkpatrick 於 1950 年代所開發，主要用在評鑑視導人員培訓方案效能的一種方式，且從開始使用就經過多次的迭代（iteration），此一模式主要採取評核取向的方式（review-oriented approach）以評鑑培訓方案的過程及最終結果，因此，設計了「層次一：反應」（reaction）、「層次二：學習」（learning）、「層次三：行

爲」（behavior）、「層次四：結果」（result）四個評鑑層次，進而獲得各個不同層次受訓者的學習及方案培訓的成效（Kirkpatrick, 1998）。

Kirkpatrick 模式近年來仍持續在演變，J. Kirkpatrick 和 W. Kirkpatrick 於 2010 年本於 D. Kirkpatrick 原有的培訓方案評估四層次模式，所開展的「新 Kirkpatrick 學習評估模式」（the new world of Kirkpatrick® model），在新版的 Kirkpatrick 的四層次學習評估模式中使用者可以從層次一反應層次開始，進而向上逐次的探討層次二、三、四的完整方案內容。同樣地，使用者亦可選擇從層次四：結果層次開始，以終爲始地倒回層次三、二、一，以了解方案設計的實施成效（Kirkpatrick, 2015）。

依據 Kirkpatrick 和 Kirkpatrick（2016）所出版的《Kirkpatrick 的培訓四層次評鑑》一書中所指出，四層次培訓方案評估模式係由 D. Kirkpatrick 所提出且應用相當廣泛的培訓方案成效評估的技術與方法，依據模式中的「層次一—反應」「層次二—學習」、「層次三—行爲」與「層次四—成果」與等四個相互關聯的培訓方案的評鑑層次（如圖 8-1 所示），由圖 8-1 可知，透過四個層次的評鑑後所得到的評估結果用以改進培訓方案、提升培訓的學習轉化爲行爲與組織的效益，進而展現培訓成果對組織的價值。在新版的 Kirkpatrick 的四層次學習評估模式中，主要的流程包括：

1. 層次四（Level 4）—成果層次（Results）：學習活動或方案產生預期結果及後續強化的程度，亦即組織使命與目標的達成度，以及諸如顧客滿意、成員參與、銷售量、降低成本、品質及市場共享等關鍵指標的達成度。

2. 層次三（Level 3）—行爲層級（Behavior）：學習者將培訓方案所學習的知能帶回到工作中加以應用的程度。行爲層次主要包括了可以導致預期結果的重大關鍵行爲（critical behaviors）、所需的驅動力（required drivers）：例如工作協助、指導、績效獎金、賞識，以及在工作中學習（on-the-job learning）：能在工作中展現 70% 的學習、個人責任和動機。

3. 層次二（Level 2）—學習層次（Learning）：學習者從學習方案

中所習得的知識、技能和態度（信心和承諾）。

4.層次一（Level 1）—反應層次（Reactions）：主要係指學習者參與學習方案的反應，是否喜歡方案的學習活動。在反應層次中，主要含括了學員滿意度（satisfaction）、學員參與度（engagement）和課程關聯度（relevance）等三種反應。

上述在新版的 Kirkpatrick 的評估模式中，所採取的是「以終為始」的概念，先從層次四—成果評估起，到層次三—行為，再到層次二的學習，最後再考量學員的滿意、參與和關聯性等反應層次。就培訓方案成效的評估而言，層次三和層次四主要較強調方案培訓與學習的成果，轉化並應用在組織與工作中，以達成組織的使命與目標，進而對組織帶來最大的效益。層次一和層次二則較著重參與培訓方案學員的滿意度、參與度及其所習得的知識、技能和態度的關聯性，進而促進層次三、四的成效。

圖8-1

Kirkpatrick 四層次培訓方案評鑑模式

| 層次一 | 層次二 | 層次三 | 層次四 |
| 反應 | 學習 | 行為 | 成果 |

參 CIPP模式

CIPP 模式是 1960 年代由 D. Stufflebeam 所創造建立的評鑑模式，且被視為一種決定導向（decision-oriented）的評鑑取向，同時兼顧方案的背景評鑑（Context evaluation）、輸入（Input evaluation）、過程（Process evaluation）、結果（Product evaluation）四個部分的評鑑，採取整體系統化蒐集有關方案的資訊，以確認方案的內容與傳遞之優

勢和限制，進而改善方案的效能或規劃方案的未來計畫（Stufflebeam, 2003a; Yale Poorvu Center for Teaching and Learning, n.d.）。是一教育行政評鑑應用在方案評鑑非常普遍的一種教育評鑑模式。

Stufflebeam（2003a）指出，CIPP 評鑑模式的設計可同時作為形成性評鑑及總結性評鑑。CIPP 評鑑用在形成性評鑑時，主要是將資訊的蒐集和報告用在改進。CIPP 評鑑用在總結性時，則是在完成教育的計畫或方案活動，回顧整個服務的績效，總結相關資訊的價值性意義，進而聚焦在績效責任。評鑑人員使用背景（C）、輸入（I）、過程（P）、結果（P）四種評鑑要素來引導方案或計畫的發展與改進，強調形成性的角色，同時也可提供資訊給績效責任，強調總結性的角色。以下茲就改進／形成性導向的 CIPP 評鑑的過程與內容，進一步加以說明，有關 CIPP 評鑑模式詳如圖 8-2 所示。由圖 8-2 可知，基於方案或計畫的核心價值，CIPP 評鑑模式的四項評鑑的重點說明如下：

（一）背景評鑑（Context）

主要用在評估目標選擇與優先順序的設定。例如在背景脈絡的評估時宜考量：了解學生等利害關係人的需求、需求的重要性與多樣性為何？如何加以評估？需求評估的結果能否和目標結合？因此，在背景評鑑時應考量利害關係人的需求，現有的資源及所面對的問題，整個方案所處的背景與環境等都是背景評鑑所應加以重視。

（二）輸入評鑑（Input）

主要用在選擇方案或服務的策略等。例如在考量輸入這個要素時宜思考：要符合利害關係人的需求應投入的相關程序、人事、經費、預算等資源為何？是否有可行的備案？不採取備案的原因為何？所選擇方案的可行性、相容性、成功的可能性、成本效益等是否能符合利害關係人的需求？因此，在輸入評鑑時應考慮相關人事物的規劃與設計，具體內容包含相關利害關係人的需求的掌握與策略的擬定，預算經費、人力的資源的投入，所應涵蓋的範圍等都可在輸入評鑑時納入考量，強調計畫與資源的投入。

（三）過程評鑑（Process）

　　主要在強調實施的過程的執行力、活動與要素。例如應考量：成員或提供服務的個別人員可以執行計畫方案的程度？基於何種理由必須調整？如何調整？調整所產生的成本多高？因此，在過程評鑑中強調行動落實的執行力、活動的發展與實施，在過程應能加以督導，並提供形成性的回饋，加以調整修正。

（四）結果評鑑（Product）

　　主要強調最終的成果的影響性、延續性、永續性、調整性等。例如應考慮：所觀察到的正面、負面成果及預期、非預期的成果為何？不同的利害關係人對於成果的績效與價值的評判為何？達成利害關係人期望與滿足其需求的程度？產生了不合理的副作用為何？整個方案的成本效益為何？不良的結果是否起因於不當的實施過程或錯誤的設計？因此，在結果評鑑中應重視結果所產生的衝擊與影響，成效如何？成果如何傳播分享出去？以利提供受評單位或人員回饋並能持續調整，進而能永續發展與延續結果。

圖8-2

背景、輸入、過程、結果（CIPP）評鑑模式

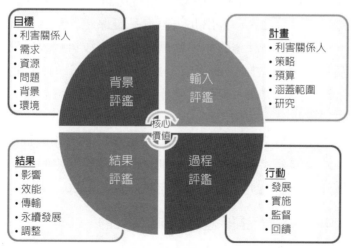

資料來源：引自耶魯大學Poorvu教與學中心網站https://poorvucenter.yale.edu/CIPP

　　綜合本節所介紹的三種教育行政常用的評鑑模式，比較偏重在方案評鑑的取向，因此，除了介紹方案評鑑所設計的過程與內容，以作為其他不同評鑑模式在流程內容的參考外，亦可依不同評鑑模式因取向的著重點不同，參考不同評鑑模式的重點，彈性靈活地善用不同評鑑模式，建立自己在教育行政評鑑方面的作法與內容。有鑒於教育行政評鑑除了對教育政策、方案與計畫的實施推動成果與績效的展現與了解外，也相當重視過程中持續的改進與調整。因此，選用適切合用的評鑑模式，善用評鑑模式，加以活用，以期能從教育行政評鑑中獲得更多有用評鑑結果的資訊，用以持續改進，創造更優質的教育績效。

 ## 第四節　　教育行政評鑑的實務與應用

　　臺北市國民中小學校務評鑑已自 2018 年起開始逐步暫停辦理，至 2020 年國民中學也停辦校務評鑑，至此臺北市中小學已全面停辦校務評鑑。除了因為在國民中小實施校務評鑑其實缺乏法源依據與法律基礎外，加上減輕學校行政工作負擔的呼聲日高，同時要確保中小學學校教育品質，並建立學校永續發展與改善機制的需求，臺北市政府教育局於 2020 年 8 月函布〈臺北市中小學教育品質保證計畫〉，以因應臺北市中小學校務評鑑停辦之後，推出此一教育品質保證的整合創新方案，以期促進原本中小學校務評鑑的順利轉型，強化學校自我改善動能，建立學校教育品質保證的機制（劉春榮，2021）。本節即以臺北市中小學教育品質保證計畫為實例，介紹此中小學教育品質保證計畫，作為教育行政評鑑的實務及應用的實際範例。

　　臺北市中小學教育品質保證計畫自 2020 年開始在國民小學試辦 1 年並依試辦結果滾動式修正，以下分別就此一品質計畫的目的、計畫的內容與實施分別加以說明（臺北市政府教育局，2020）：

一、臺北市中小學教育品質保證計畫的計畫目的

　　臺北市中學教育品質保證計畫的目的：

1. 建立學校內、外部品質保證機制，促進學校不斷改善與永續發展。

2. 公開學校優勢經營報告，滿足民眾對教育的關心與期望。

3. 激勵學校表現，奠定十二年國民教育根基，展現臺北市教育特色。

4. 掌握教育政策要旨，學校依績效責任理念，落實自主經營管理。

5. 持續校務品質提升，強化學校自我檢視功能，維持學校教育品質。

二、臺北市中小學教育品質保證計畫的內容與實施

（一）臺北市中小學教育品質保證計畫的主要內容

內容主要包括內部品質保證與外部品質保證兩大品質保證：

1. 內部品質保證

內部品質保證包括能促進學校不斷自我改善的學校自我檢核與改善，以及對利害關係人公開資訊的學校報告卡。

(1) **學校自我檢核與改善**

a. 檢核時間：各校自訂之，惟須於每年 6 月底前辦理完成。

b. 檢核項目：包括「校務經營與發展」、「課程與教學」、「教師專業素質」、「學生學習與輔導」及「校園環境」等五項。

c. 檢核單位：各校「學校教育品質保證委員會」。

d. 檢核方式：學校每年均需進行自我檢核，檢核方式包括資料檢視、現場觀察、訪談、座談、調查、討論等。

e. 學校依據檢核結果，訂定改善計畫，並滾動式進行修正。

(2) **學校報告卡**

a. 填報時間：每年 8 月底前。

b. 填報項目：包括「學校基本資料」、「校務經營與發展」、「課程與教學」、「教師專業素質」、「學生學習與輔導」、「校園環境」等六項。

c. 學校報告卡填寫的主要目的在於讓家長與社會大眾對學校現況、

經營績效與現況，能掌握更充裕的辦學成效資訊。

2. 外部品質保證

外部品質保證為「學校經營成效」及「家長問卷調查」，每四學年辦理一次：

(1) 學校經營成效

評定項目：依教育政策與學校經營的重要性分為「金質級」、「銀質級」及「銅質級」等三類。「金質級」每項 50 分，「銀質級」每項 30 分，「銅質級」每項 10 分；學校於四學年內累計獲得總分 100 分即為達標。學校經營成效內容包括在校務、教務、學務、輔導、總務、實習及其他項目，用以檢視學校的經營成效。

(2) 學校滿意度

學校滿意度以問卷調查實施，包括對學校的認知與參與，以及學校滿意度兩類，滿意度調查對象為學生家長，以了解家長對學校的認知情形與滿意度兩類。

（二）臺北市中小學教育品質保證計畫的實施

學校歷經 4 學年的內部品質保證（自我檢核與改善、學校報告卡），再根據各校提出之「學校經營成效」及「家長問卷調查結果」等外部品質保證機制，經各校學校教育品質保證委員會決議後，採線上填報方式，陳報教育局「臺北市中小學教育品質審議委員會」審議。審議標準主要包括：健全機制、積極作為、精進改善、具體成效與發展特色等。審議結果分為通過和待改善兩項，通過之學校有效期為 4 學年，且能獲頒品質保證認可證書。

三、臺北市中小學教育品質保證實施計畫的可能成效

依據劉春榮（2021）針對臺北市教育品質保證計畫的分析可知，其品保計畫可能產生的預期成效包括：(1) 轉型校務評鑑，取代校務評鑑功能；(2) 納入學力檢測，確保學生學習品質；(3) 採計政策重點，導引學校重視政策推動；(4) 強化自我檢核與改善，促進學校持續改善；(5) 兼顧內外品保，落實績效責任；(6) 了解家長滿意，提供學校具體回

饋資訊；(7) 完備線上平臺，提升品保資料整理與應用。

問題討論

1. 政府透過方案評鑑（program evaluation）可以了解政策辦理成效與問題，藉以回饋、修正，精進政策。試以高中優質化政策為例，擬定方案之評鑑計畫，並列出本方案評鑑重點（至少三點）與方法。（105年二級高考）

2. 目前部分縣市廢除或停辦學校評鑑，試問學校評鑑的定位與功能為何？主要問題為何？有那些做法可以改進或取代校務評鑑？（106年三級原民特考）

3. 教育評鑑的種類與形式繁多，請列舉一個相關評鑑模式，加以說明其內容與步驟。（107年三等特考）

4. 教育評鑑越來越受到關注，而評鑑的目的之一在協助受評鑑對象能不斷的自我改善，因此自我評鑑之實施更顯重要。何謂自我評鑑？自我評鑑能為受評鑑對象帶來那些效益？試論析之。（107年高考）

5. 雙語教育是國家重要教育政策，但各縣市政府的起步與作法不一，投入的資源也不同。如果你是中央單位，要如何規劃本政策之評鑑，以掌握各縣市政府辦理雙語教育政策的成效與問題？請說明你的評鑑目標、評鑑重點、評鑑工具、評鑑結果應用。（111年高考）

參考文獻

秦夢群（2013）。**教育行政實務與應用**。五南。

臺北市政府教育局（2020）。**臺北市中小學教育品質保證實施計畫**。作者。

劉春榮（2021）。學校教育品質保證的規劃與實施——以臺北市中小學教育品質保證計畫為例。載於蔡進雄（主編），**邁向未來教育創新**（頁203-221）。元照。

謝文全（2002）。**教育行政學**（七版）。高等教育。

Datta, L.-E. (2003). The evaluation profession and the government. In T. Kellaghan, D. L. Stufflebeam & L. A. Wingate (Eds.), *International handbook of educational evaluation* (pp.345-360). Springer.

Gullickson, A. R., & Howard, B. B. (2009). *The Personnel Evaluation Standards: How to assess systems for evaluating educators* (2nd ed.). Corwin Press.

Kirkpatrick, D. L. (1998). *Evaluating training programs: The four levels* (2nd ed.). Berrett-Koehler.

Kirkpatrick, J. (2015). *An introduction to the New World Kirkpatrick® Model*. Kirkpatrick Partners. https://www.kirkpatrickpartners.com/wp-content/uploads/2021/11/Introduction-to-the-Kirkpatrick-New-World-Model.pdf

Kirkpatrick, J. D., & Kirkpatrick, W. K. (2016). *Kirkpatrick's four Levels of training evaluation*. Association for Talent Development.

Scriven, M. (2003). Evaluation theory and metatheory. In T. Kellaghan, D. L. Stufflebeam & L. A. Wingate (Eds.), *International handbook of educational evaluation* (pp.15-30). Springer.

Stufflebeam, D. L. (2003a). The CIPP model for evaluation. In T. Kellaghan, D. L. Stufflebeam & L. A. Wingate (Eds.), *International handbook of educational evaluation* (pp.31-62). Springer.

Stufflebeam, D. L. (2003b). Institutionalizing evaluation in schools. In T. Kellaghan, D. L. Stufflebeam & L. A. Wingate (Eds.), *International handbook of educational evaluation* (pp.775-806). Springer.

Yale Poorvu Center for Teaching and Learning (n.d.). *Program evaluation*. https://poorvucenter.yale.edu/Evaluating-Programs

Yarbrough, D. B., Shula, L. M., Hopson, R. K., & Caruthers, F. A. (2010). *The program evaluation standards: A guide for evaluators and evaluation users* (3rd. ed.). Corwin Press.

第九章

教育行政管理與創新

范熾文

　　本章旨在探討教育行政管理與創新相關意涵與實施策略。第一節為人力資源管理；第二節為團隊管理；第三節為全面品質管理；第四節為知識管理；第五節為創新管理；第六節為教育行政管理及創新之發展趨勢。

第一節　人力資源管理

壹　意涵

　　隨著知識經濟來臨，場地、設備與資金等，已不再是組織唯一優勢，人力資源素質成為企業致勝的重要因素之一，換言之，人力素質良窳已是組織成功發展的主因。事實上，人力資源管理概念起於人事管理，然而兩者概念有所不同。之後相類似之名詞，如工業關係（industrial relations）、勞資關係（labor relations）、聘僱國際（employment relations）、人力管理（manpower management）等名詞，隨著學術發展與組織現況而調整內涵（范熾文，2004，2008；黃英忠、吳復新、趙必孝，2001；黃同圳，2000）。人力資源管理與人力資本有密切關聯，人力資本是組織運作主要動力，它是由組織中成員所組成的勞動力，是由成員知識、技能、態度、行為所組成，一般而言，人力資本包含三大項：(1) 才能（competency）：知識、技能；(2) 態度（attitude）：動機、行為；(3) 智慧敏捷性（intellectual agility）：創新、模仿、調適（黃英忠、吳復新、趙必孝，2001）。亦即成員之知識、態度與智慧構成人力資本主要內涵，領導者要考量審酌組織之人力資本，才能進行有效管理，發揮應有組織效能。

　　有效人力資源管理是組織永續經營之關鍵，Harvey 和 Bowin（1996）提出：成員招募、甄選、訓練、績效評估、管理者與成員關係是人力資源管理主要內涵。國內方面，何永福和楊國安（2001）、洪榮昭（1991）等認為：人力資源管理是組織內人力資源取得、運用、進修和維護等一切管理過程和活動；進言之，包含教育訓練、組織發

展、職涯發展、人力規劃、績效管理系統、員工安置、薪資與福利、諮詢輔導、勞資關係等。

　　教育行政是對在教育有關之人、事、物進行系統的管理，以達成教育目標。教育行政人員素質是教育政策推動的主要關鍵，其專業素養與執行力關乎政策推動之成功。因此人力資源管理成為教育行政重要課題，亦即教育行政人員的招募、培育、任用及進修成長，相當重要。而學校人力資源管理，乃是學校組織應用人力資源概念，將教師視為學校組織重要資產，進而做好教職員甄選、任用、進修、發展的工作（范熾文，2004，2008）。學校人力資源發展即在提升學校人力資源基礎，學校組織除了物質資源、制度資源外，最重要就是人力資源，有高素質教師，才有高競爭力之組織。

貳 實施策略

　　人力資源在企業組織已成為熱門議題，原因在於人力有如組織發展的重要基礎資源，透過人力專長的整合，正是建立競爭優勢的關鍵。作者參考相關文獻（范熾文，2004，2008）提出具體實施策略：

一、分析組織發展願景

　　就學校而言，願景意謂學校的理想、存在意義以及未來的藍圖。願景是學校未來發展藍圖，也是學校校長辦學的理想。因此學校人力資源管理首先就要分析學校的內外部環境，了解重要教育改革方向，評估現有人力，才能提出未來發展願景。

二、建立完善招募制度

　　建立完善的招募制度是人力資源管理的首要關鍵，有良好的招募制度，才能夠甄選到優秀的人才。從接受報名、資格審核、面談、筆試、試教、各項心理測驗、評分及結果宣布、榜示、報到等，都有完整計畫，以期招募到最佳合適人選，落實學校人力取得。

三、強化成員教育訓練

　　成員的教育訓練發展非常重要，尤其科技發展與社會變遷快速，成員必須不斷接受教育訓練，才能夠吸取新的知識與技術，以發揮工作效能。教師是教育革新的專業者角色，學校要落實成為學習型組織，加強教師進修學習，提升其專業能力並保障其專業自主權。

四、落實工作績效評估

　　績效評估制度是人力資源管理之重要環節，為了了解組織成員工作的表現以及績效高低，獎勵優秀人才及淘汰不適任成員是組織發展關鍵；換句話說，本著「綜覈名實、信賞必罰」之旨，落實績效評估制度，藉以激勵成員工作效能，進而提升組織的績效。

五、重視工作生活品質

　　重視工作生活品質是人力資源發展重要關鍵，其目的在於改善組織績效與個別成員的福祉；換言之，員工是否認同組織，願意為組織奉獻以及留職服務，工作生活品質之高低，有關鍵影響。領導者要改進學校整體環境、班級氣氛，教學環境與設備、校園空間規劃與安全性等並滿足教師需求，同時提高教師工作滿足感的程度。

 ## 第二節　團隊管理

 ### 壹　意涵

　　團隊一詞如同運動場上一群接力賽跑運動選手、籃球隊員等，雖然成員扮演不同的角色，承擔不同的責任，但都是需要一起貢獻於隊伍而獲得最終的成果。團隊功能可以增加彈性、增進解決問題能力、集中組織資源、加強組織創造力與組織績效、鼓舞成員學習新方法與技能等（范熾文，2008；范熾文、張文權，2016；賈春琦，1999；Hayes, 1997）。

　　隨著教育事務愈趨複雜，學校組織內部及外部生態改變，單打獨鬥的時代已經過去了，教育政策執行與計畫推動需要團隊的力量，才能完成，優質的行政團隊才能帶動教育改革與發展。至於團隊管理的意義？團隊強調集思廣益、充分溝通與協調合作，團隊建立是最廣泛之成員與組織發展（Everard, 1995），根據吳清山、林天祐（2002）認為，係指領導者發揮其影響力，引導團隊或群組成員相互合作，邁向某一個目標，以達成組織目標的過程和行為。Scott 和 Yenming（2000）指出：團隊代表機會，去創造學校的變革，使學生有較佳學習；同時也代表挑戰，改變領導者與同儕間關係。可見團隊是組織的正式群體，組織為了實現特定的目標，而運用相互協作的個體所組成。所以團隊能夠產生動力，引導成員繼續往前發展的動能，團隊也具備整體性，成員能夠產生整體的榮譽感。

　　綜上所述，團隊管理是在一個組織當中，領導者因應環境變遷與解決各項問題，特別將一群能力互補的成員建構成團隊組織型態，採取授權與激勵策略，賦予專業自主決定空間，發展其信任與承諾感，認同團隊願景與目標，以達成高績效目標的管理理念（范熾文，2008；范熾文、張文權，2016）。

貳　實施策略

　　團隊管理內涵可歸納為共訂目標、授權賦能、坦誠溝通、互信合作等層面，其實施策略包含幾項（范熾文，2008；范熾文、張文權，2016；陳玉娟，2000；Forsyth, 1999）：

一、共訂組織發展目標

　　團隊成員必須對目標的性質應有所了解與認同，不僅需要在工作執行之初先了解團隊的目標，認同團隊的目標，並以團隊目標作為其行動與決策的中心（蘇建洲，2003）。一個高績效團隊的建立在於有清晰明確目標價值與共同的遠景，才可以引導成員努力。

二、落實成員增能賦權

賦予團隊成員適當的權力和能力以及鼓勵主動積極的參與，也是非常重要的事，Carpenter 與 Sherretz（2012）指出增權賦能的領導，可以讓教師擁有在專業與教學上的責任。校長可以適度授權給成員，讓成員自主負責，有充分權力作決定，完成工作。

三、建立人際關係與溝通

組織是由部門及人員所組織，領導者必須善用溝通原理，來傳達組織任務。誠如吳清山、林天祐（2002）指出，團隊領導人需要具備更多專業和溝通的知識、能力和態度。因此，校長要營造開放與民主的溝通氣氛，隨時與成員進行正式與非正式溝通。

四、營造互信合作氣氛

團隊管理實施有賴行政領導者與成員相互努力合作，陳玉娟（2000）指出要營造互信互重的組織氣氛，必須要鼓勵團隊成員密切地協調工作、互助合作，提高他們互動性，強調意見與資訊的交流與溝通，最重要的藉著共享團隊成敗以建立成員的團隊精神。

五、扮演合適團隊角色

團隊運作有不同需求，應依照成員人格、專長來分配。Forsyth（1999）指出，當成員在角色要求下，工作會更有效率。校長要知人善用，了解主任、組長與導師之專才與職責，適才適所任用團隊成員，以求得最大功效。

 第三節　全面品質管理

 意涵

工業革命始自 1800 年，品質革命開始於 1900 年代（Murgatroyd

& Morgan, 1994）。全面品質管理概念可追溯到 Taylor 出版《科學管理原則》（*The principal of scientific management*）一書。學者 Deming 提出 14 點品質管理原則，Juran 則提出品質規劃、品質控制、品質改善三部曲（Juran Trilogy）。Crosby 主張品質就是符合要求的標準（吳清山、林天祐，1994；高麗鳳，1997）。當然品質管理不只是用於製造業，而是所有企業都要推動全面品質管理，在日本企業界致力研究品質管理之方法與制度，並加以推廣，而成爲工業經濟大國。美國從 1980 年代以後，致力推動全面品質管理運動。美國國會在 1987 年通過了「馬康包力治法案」（Malcolm Baldridge National Quality Improvement Act of 1987），設立國家品質獎。而國際標準組織公布 ISO 9000 系列國際標準規範（范熾文，2008；范熾文、張文權，2016；高麗鳳，1997；Sallis, 1993）。

全面品質管理意涵爲何？吳清山、林天祐（1994）、黃久芬（1996）認爲：全面品質管理是一套永續經營的管理原則，組織中所有人員、部門都要參與品質的持續改善工作。全面品質管理必須透過事先審慎安排與設計，使所有部門、人員無時無刻致力於品質的改進，以持續滿足消費者之需求。

全面品質管理對教育行政影響至深，例如 Deming 提出 PDCA（Plan-Do-Check-Act），意義即是計畫、執行、檢查與行動。許多教育政策推動與計畫的執行，就可以參考此循環品質管理概念，按照 PDCA 來確保目標達成，持續改善計畫品質。總之，全面品質管理是以人爲中心的管理系統，強調組織所有成員能參與全面性的品質管制，並利用科學方法，成員的團隊合作，不斷地改進品質，以提升服務的品質，其目的在滿足並超越顧客（customer）的需求與期望（范熾文，2008）。從上所述，全面品質管理是一種新的管理理念，著重組織文化更新、溝通管道暢通、參與工作設計、重視訓練成長以及績效評估。教育行政的目的在爲師生的教與學服務，也是在追求精緻的教育，因此，品質管理成爲教育行政重要課題。

貳　實施策略

全面品質管理實施內涵可歸納為「事先預防」、「全面參與」、「顧客至上」、「建立目標」、「永續改進」、「品質第一」及「成員發展」（范熾文，2008）。以下分別說明（吳清山、林天祐，1994；范熾文、張文權，2016；Deming, 1986；Sallis, 1993）：

一、建立事先預防機制

全面品質管理是一種防患於未然的哲學（Deming, 1986）。全面品質管理重要性在於提出事先預防為前提，而不是以事後補救來彌補。因此組織要建立事先預防機制，確保服務品質，相當重要。

二、鼓勵成員全面參與

組織發展必須依靠領導者與成員的參與共同合作，才能達成目的。尤其是全面品質管理特別強調組織成員要全面的參與，了解重要計畫目標與業務推動，才能發揮一加一大於二的功能，亦即成員全面參與的方式，才會激發所有成員貢獻其心力。

三、強調顧客滿意至上

顧客滿意代表組織產品獲得消費者之重視支持，服務的品質優劣是根據顧客滿意程度高低而定（吳清山、林天祐，1994）。以學校而言，顧客的滿意就是學生學習以及家長認同，校長應定期學校要定期了解家長、學生與教師的需求，推動改進措施，提高其滿意程度。

四、發展組織中長期目標

全面品質管理強調建立持續長遠的目標，領導者首要工作，要先提出一個組織發展的願景，發展成短中長程之目標，可以使成員有具體工作方向。

五、落實永續改進品質

顧客的需求隨時在變，為了滿足並超越顧客的需求，則必須不斷地改進產品的品質，而欲改進產品的品質則必須持續不斷地改進系統（范熾文，2008）。亦即永續改進是確保學校組織依照目標與品質而改善各項行政與教學，進而永續經營。

六、強化承諾品質保證

品質是組織發展最重要目標，基於品質至上之理念，組織必須為顧客提供最佳服務。因此學校成員要不斷地改進教學與行政兩大系統之品質，強化承諾品質保證（范熾文，2008）。

第四節　知識管理

壹　意涵

當前社會已邁向電腦及資訊時代，此階段的原動力則是資訊科技和知識工作者，促使社會朝向服務與資訊經濟發展（范熾文，2001，2008；Sorge & Warner, 1997）。處在知識經濟社會時代，知識管理將促使組織和個人有更強大的競爭力，尤其是教育行政扮演教育改革的火車頭，更要重視教育知識的流動、共享和創新。何謂知識管理？這是一個複合概念。

知識經濟概念包含數據（data）、資訊（information）、知識（knowledge）、智慧（wisdom）等相關要素。以下主要參考（范熾文，2001，2008）分別說明：

1. 數據：數據就是對事件或現象之審慎客觀的紀錄。現代組織中，多半將數據存在網路系統內。數據本身能展現事件與事實，組織需要正確數據累積，作為組織決策分析之重要來源。

2. 資訊：資訊通常透過軟硬體網路在組織內流動，當數據結合意義之後，才會成為資訊。換言之，透過不同的方式為數據賦予意義，例如

文字化、圖示、分類、計算、發表等。資訊的目的在賦予接收者對事情的看法，並影響其判斷與行為。

3. 知識：知識包括概念、經驗、價值以及經過文字化的資訊，知識是與經驗、解釋、思考結合一起（范熾文，2008）。在知識經濟社會當中，知識也是商品，能創造財富。

4. 智慧：智慧是位於最高層。是一種以知識為基礎，能夠發揮個人判斷、決策執行與創新作為的流動綜合體（王如哲，2000；范熾文，2008；劉淑娟，2000；Davenport & Prusak, 1999；Sorge & Warner, 1997）。

然而，知識可以分成不同種類，例如學者 Nonaka 與 Takeuchi 分成內隱知識與外顯知識並比較其異同：就性質而言，內隱是經驗性的知識，其屬性是實質的；也是同步的知識，指此時此地的，屬於實務應用的。外顯則是理性的知識，屬於心智運作的，一種連續性的知識，一種理論性的數位知識（黃博聲，1998；Nonaka &Takeuchi, 1995）。

當工業發展已經來到新的階段，那就是工業 4.0 概念，這是第四次的工業革命，強調互聯網、自動化、機器學習與大數據，以期推動工業發展的電腦化、數位化和智慧化。尤其是大數據時代來臨，影響未來教育之發展，透過互聯網可以產生海量資料，不論是高等教育或者是中小學校，有關學生註冊、轉學、學習、教學歷程等所獲得大數據分析，都可以善加利用，作為適性教學、課程發展與輔導之應用（Williamson, 2017）。至於知識管理之意涵為何？這是一個複合概念，Bennett 和 Gabriel（1999）認為，知識管理是透過擷取、創造有益知識，以增進組織績效。可見，知識管理的涵義可用 $K = (P + I) \times S$ 公式說明，K 是知識，P 是人力資源，I 是資訊，S 是分享擴散，知識管理即等於人力資源加上重要資訊，並且必須加以分享擴散（范熾文，2001，2008；張光正、呂鴻德，2000）。進言之，知識管理必須結合資訊與人員管理，透過成員知識與學校資訊結合，落實知識儲存、分享、應用、創新與轉化，達到競爭的優勢，提升組織績效的過程。

貳　實施策略

　　知識管理在於資訊科技與人員經驗智慧的結合，讓知識得以流通、擴散、應用、傳達，讓整個組織得以發展創新。茲就知識管理實施策略論述如下（王如哲，2000；范熾文，2008；范熾文、張文權，2016；Bennett & Gabriel, 1999）：

一、形塑知識型文化

　　組織文化是組織的共同歷史、期望、規則、習俗、信念的結合。身為校長，應透過各成員專業成長及學習活動，建立專業社群，進行知識分享與創新，激起成員勇於冒險和創新的精神（吳清山、賴協志，2007；張文權，2010）。

二、盤整校內外資訊

　　無論是成員個人知識或是組織部門外顯知識，都是組織取得知識的重要資源。領導者必須盤點學校組織內外部資源，包含書面檔案、人力、物力與財力等，都是重要資產，而有關教學、訓輔、人事與總務等工作流程，也要分門別類建立檔案並加以傳承。

三、營造知識分享的文化

　　營造分享合作的概念，必須將個人與成員的知識與職涯加以整合，促進彼此間相互合作。為了做好知識分享轉移工作，學校領導者必須營造自由的、開放的溝通氣氛與生活文化，提供成員對談機會，例如實施工作坊、推動讀書會、教師社群等，以提升專業智能（范熾文，2008）。

四、建構完善科技設施平臺

　　建置完善的資訊基礎設施是知識領導的重要促動要素之一（張文權，2010）。知識管理要重視科技設施應用，要把知識透過科技設施，加以儲存、轉換、分類，因此校長要了解學校可用知識資源，包括

圖書資料、科技設施等，並有效地整合及運用，以形成有系統、有組織的知識庫。

五、轉化學習者角色

知識具有無限創新性與擴展性，只要組織能善用知識管理，透過研究歷程，就能創發知識。學校知識管理代表學校領導者與教職員工都要轉化角色，從科層角色轉化爲學習的角色。教師應一起合作學習，塑造出優良的教學文化。而學校校長、各處室主任，應轉型爲學習者與溝通者的角色（范熾文，2008），形成學習的氣氛，發展成爲學習型組織。

 ## 第五節　創新管理

 ### 壹　意涵

經濟學家 Schumpeter 曾闡述創新對經濟、社會與組織所造成的衝擊，以及它所帶來的「創造性破壞」（creative destruction）潮流。這股潮流不僅掃除了做事的舊方法，也淘汰了死守舊方法的企業與機構（楊幼蘭譯，2004）。創新意義爲何？Damanpour（1991）指出：創新要包含「新」的產生、發展與執行。所謂組織創新乃是組織具有不同產品、政策方案或服務。Drucker（1995）指出，創新型組織應接受創新，並視爲機會，它必須培養組織內創新氣氛的政策與實務。

至於學校創新在於尋求有效突破舊有教育思維與作法，以符應時代的需求。學校創新管理乃是創新與經營的結合體，以「創新」爲體，「經營」爲用，發揮學校教育的功能（吳清山，2004），以新觀念、新作法追求組織之永續的經營發展。學校創新管理即是校長運用創新理念，進行創新的思維與活動，以提升學校效能（范熾文，2008；范熾文、張文權，2016；Afuah, 1998；Damanpour, 1991）。

至於學校創新管理層面內涵包括如下（范熾文，2008，2012；范熾文、張文權，2016）：

1.行政管理創新：行政人員之行政作爲，必須根基於紮實的知識基礎與創新意念，致力於行政管理與制度規範之創新，提升行政效能與效率。

2.學生活動創新：係指針對學生需求與多元智慧，推動各項學習活動，以利學生學習。亦即學校行政人員與教師要突破傳統思維，打破慣例，發展一種具創意、能吸引學生參與的教育活動。

3.教學創新：在教育改革中，學校課程將更加統整化與生活化，教學將更爲生動活潑化。教師要採用多元評量方式，以符合教學的新趨勢。例如：動態評量、實作評量、眞實評量、案卷評量等等（范熾文，2008）。

4.學校環境設備創新：學校建築與校園規劃的優劣良窳在教育功能發揮、教育目標達成、師生互動促進、學生行爲的改變上，具有關鍵性的影響作用（湯志民，2000）。學校環境空間規劃要掌握創新精神，具體落實在設備、校舍、校園、運動場地及其附屬設施的規劃設計上。

5.親師合作創新：加強親師合作，才能激發家長關心教育的意願，發揮親職教育的功能。例如招募班級志工，訂出工作計畫協助解決教學需求（如母語教學、製作教具、教室布置）（范熾文，2008）。

貳　實施策略

學校創新管理實施策略如下（吳清山，2004；范熾文，2008；范熾文、張文權，2016；蔡純姿，2004；Drucker, 1995；Rogers, 1995）：

一、增進成員對組織願景認同

領導者要提出組織發展的願景，以引導成員努力方向（Yukl, 1994）。校長可以採取多元策略與方法來增進教職員對組織遠景之認同，例如領導者寫下未來對組織期許的文章、在會議中闡述願景內涵等。

二、察覺組織環境變遷

察覺組織環境變遷才會體認到創新的需要，適度產生壓力與危機感。例如少子化來臨，學校就面臨倒閉壓力，領導者要提出方法來增加

成員對環境變遷的敏感度，成爲學校辦學重要關鍵。察覺組織環境變遷即在引導成員了解外在社會發展與社區需求，進而導入創新變革的需要。

三、組成學校創新團隊

沒有團隊合作，組織推動創新就難以成功。但是團隊之間如果缺乏實質的合作，也會阻礙創新。誠如 Duck 說：「由具有熱誠的成員組成跨職能團隊，是致勝的關鍵」（周旭華譯，2016）。因此要設計新的組織結構，建立創新團隊，才能讓組織遠景的實現更爲平順（李弘暉，2003）。校長要重視團隊合作的組織文化，發展共同目標，透過團隊的互動、腦力激盪，發揮最大創造力。

四、重塑學校組織文化

組織文化是成員共同持有的信念、價值及行爲模式，包括價值觀、制度及人造器物。校長要積極激發成員創造力，提出發展遠景，讓成員有共同價值及規範，建立革新文化以促進組織發展。

五、持續組織創新發展

對組織而言，持續創新相當重要。一旦組織建立長遠目標之後，就要不斷改進產品和服務品質，這就是創新的精神。亦即學校組織成員能接受不同挑戰，願意嘗試新的方法，融合創意，推動創新，改善教學與行政品質，以確保組織成功。

第六節　教育行政管理與創新之發展趨勢

當前所謂工業 4.0、元宇宙市場、永續發展目標（Sustainable Development Goals, SDGs）等理念，成爲當前重要國際發展趨勢，教育

行政部門亦須因應社會變遷與發展趨勢，在計畫、組織、執行與評鑑等層面加以融入創新概念。以下提出幾點趨勢（范熾文，2008；吳清山，2017；吳清基，2018，2020；張明輝，1998；葉俊榮，2007；劉龍龍、葉乃嘉、何志宏、余孝先，2013；謝文全，2022；Davies, 1999；Sutcliffe & Court, 2005；Torres, 2022）：

壹 確保專業品質

專業與品質是組織運作之目標，也是組織管理之哲學，而教育行政乃教育之一環，教育行政人員必須建立正確價值觀念，有專門知識、道德涵養與專業倫理，主動積極參加各種專業學習活動和反省思考的過程，以期在知識、技能及態度上，達到符合專業指標的標準，做出合理的專業判斷，最終確保教育行政決策之專業品質。

貳 發展跨域協作

未來政治、經濟、文化與社會領域，均相當複雜，教育行政人員必須有跨域合作與解決複雜問題之能力，始能因應。在學校組織當中，有必要從教育功能著手思考，進行跨域協作，才有助於產生教育綜效（synergy）。尤其教育行政人員是政策制定與資源分配者，要具備跨領域的知識與方法，形成科學方式解決問題的全新架構，透過跨域協作，落實橫向連結以驅動教育行政的專業服務。

參 落實增能賦權

賦權增能是一種授權下放，透過行動來提升成員自我能力的歷程。教育行政的執行需要領導者與組織成員共同合作，領導者必須先提升組織成員做事的能力，並加以授權課責，讓成員能夠提升專業能力與決策權力，引發工作意願及動力，達到自我改善與達成教育目標。

肆 應用科學證據

管理是實現計畫與政策之具體方法與制度，是對事或對人之指導。領導者要有效運用新科學證據知識，研擬相關策略，來推動各項工

作。在教育行政領域當中，採取科學證據本位的領導與決策，相當重要。目前主要國家教育改革的趨勢，強調教育政策與教育研究應該更緊密地結合成教育行政的核心思想，任何教育政策的制定與決策都要以研究證據為最高指引。因此，教育行政人員必須要有研究的專業能力，蒐集更詳實的科學數據，以學生學習權益為核心，作為教育政策制定的依據。

伍 整合教育資源

教育資源是指運用於教育活動所需之人力、財政、設備及資訊等資源。組織要訂定計畫，依優先順序、教育目標等原則，以最少經費獲致最大成效。教育資源運用原則必須掌握教育性、優先性和整體性的三項原則，尤其要注重其教育意義，考量各項經費優先順序，以及符合長遠教育發展。

陸 結合數位資訊

隨著科技資訊的發展與普及，包含人工智慧（AI）、大數據分析、雲端運算、物聯網（IoT）、5G 行動通訊等，改變組織環境面貌，各先進國家無不大力透過資訊與網路來作為政府各項政策執行與資訊公開的途徑，讓施政成效更加透明化及傳播。教育行政是政府公共行政的一環，亦面臨教育資訊公開與應用資訊科技之要求，尤其教育大數據來臨，有效搜尋、分析、管理與探究這些海量資料，可以有效研究決策與教學過程。這種趨勢，能夠提高資訊傳遞效率與參與範圍擴大，更重要的是數位化時代產生之教育大數據，提供理解過去、分析現狀與預測未來之功能，亦為重要發展趨勢。

問題討論

1. 請分析人力資源之內涵及其對教育行政之啟示。
2. 請分析團體與團隊之差異，並分析團隊組織在教育行政之應用。

3. 請分析知識管理對教育行政之啟示。

4. 請分析教育行政如何因應數位科技之影響。

5. 「全面品質管理理論」在企業界廣受歡迎以後，也逐漸進入了「教育事業」殿堂，現在已成為「教育評鑑」的核心參照理論之一。請說明全面品質管理理論的核心主張及其在教育品質管理上的運用。（106年薦任升資考試）

6. 學校雖然較其它組織相對趨於穩定，但在學校經營中有時也會出現危機。危機（crisis）有何特性？何謂危機管理（crisis management）？學校危機管理的策略為何？試論析之。（107年高考）

7. 學校行政是教育行政重要的一環，現代管理學中「參與管理」理論有助於提升決策品質和工作績效。何謂參與管理？參與管理在學校行政上如何應用？請說明之。（109年三等地特）

8. 常云：「人才要放對地方，才能成為人才。」作為機構領導者，要如何善任人才，以使人才發揮其才能以協助組織發展？若組織龐大，控制幅度大，身為領導者要如何進行人事管理，以善用人才？（110年高考二級）

9. 請闡述教育績效責任制度的主要內涵，並以「實驗教育政策」為例說明其績效管理的具體做法。（110年薦任公務升官等考試）

參考文獻

王如哲（2000）。知識管理的理論與應用。五南。

何永福、楊國安（1995）。人力資源策略管理。三民。

何永福、楊國安（2001）。人力資源策略管理。三民。

李弘暉（2003）。知識經濟下領導新思維。聯經。

吳清山（2004）。學校創新經營理念與策略。教師天地，**128**，30-44。

吳清山（2017）。素養導向教育的理念與實踐。教育行政與評鑑學刊，**21**，1-24。

吳清山、林天祐（1994）。全面品質管理及其在教育上的應用。初等教育學刊，**3**，

1-28。

吳清山、林天祐（2002）。團隊管理。**教育研究月刊，102**，143。

吳清山、賴協志（2007）。國民小學校長知識領導之研究：角色知覺與踐行。**教育與心理研究，30**(2)，1-29。

吳清基（2018）。工業 4.0 對高教人才培育政策之挑戰。**通識在線，76**，14-15。

吳清基（2020）。工業教育 4.0 對未來師資培育政策之挑戰與因應。載於吳清基主編，**教育政策與發展策略**（吳清基教授七十大壽論文集）。五南。

周旭華譯（1998）。**競爭策略**。天下文化。

周旭華譯（2016）。M. E. Porter原著。**競爭策略：產業環境及競爭者分析**。天下文化。

周慧菁（1994）。**面對大師**。天下雜誌。

許士軍（2000）。走向創新時代的組織績效評估。載於高翠霜（譯），**績效評估**（頁1-5）。天下文化。

洪榮昭（1991）。**人力資源發展**。師大書苑。

高麗鳳（1997）。**全面品質管理理論及其在我國國民小學實施可行性之研究**（未出版碩士論文）。臺北市立師院。

孫本初（2001）。**公共管理**。智勝文化。

范熾文（2001）。學校知識管理的具體途徑。**教育資料與研究，43**，113-118。

范熾文（2004）。學校人力資源管理內涵之建構。**學校行政雙月刊，30**，1-14。

范熾文（2008）。**學校經營與管理：概念、理論與實務**。麗文。

范熾文（2012）。國民小學創新經營與經營績效關係之研究。**教育行政論壇，3**(2)，1-27。

范熾文、張文權（2016）。**當代學校經營與管理新興議題：個人、團體與組織的連結**。高等教育。

陳玉娟（2000）。**團隊管理及其在國民中小學運用之研究**（未出版碩士論文）。國立臺灣師範大學。

張文權（2010）。國民小學校長知識領導之研究——信念、角色、困境與實踐策略。**學校行政，68**，44-69。

張光正、呂鴻德（2000）。知識經濟時代的領袖特質。載於高希均、李誠（主編），**知識經濟之路**（頁 89-114）。天下文化。

張明輝（1998）。九〇年代主要企業組織理論與學校行政革新。**教育研究集刊，42**，
　　155-170。

葉俊榮（2007）。從行政院公報新制談資訊公開與民眾參與。**研考雙月刊，31**(3)，
　　3-12。

楊幼蘭譯（2004）。Richard Luecke 編著。**創新管理**。天下文化。

湯志民（2000）。**學校建築與校園規畫**。五南。

黃久芬（1996）。**國民小學全面品質管理與學校組織效能關係之研究**（未出版碩士論
　　文）。臺北市立大學。

黃同圳（2000）。人力資源管理策略。載於李誠（主編）：**人力資源管理的 12 課**（頁
　　23-52）。天下文化。

黃英忠、吳復新、趙必孝編著（2001）。**人力資源管理**。空中大學。

黃博聲（1998）。**專業分工、知識管理與創新之關係研究**（未出版碩士論文）。國立
　　政治大學。

蔡純姿（2004）。**學校經營創新模式與衡量指標建構之研究**（未出版博士論文）。國
　　立臺南大學。

賈春琦（1999）。**團隊型組織在國民中學學校行政之應用**（未出版碩士論文）。國立
　　臺灣師範大學。

劉淑娟（2000）。**知識管理在學校營繕工程之運用**（未出版碩士論文）。國立東華
　　大學。

劉龍龍、葉乃嘉、何志宏、余孝先（2013）。各國政府之雲端發展策略與推動現況。
　　公共治理季刊，1(3)，22-34。

蘇建洲（2003）。**提升國小協同教學成效策略之研究：以團隊管理觀點**（未出版碩士
　　論文）。國立成功大學。

謝文全（2022）。**教育行政學**。高等教育。

Afuah, A. (1998). *Innovation management: Strategies, implementation, and profits*. Oxford
　　University Press.

Bennett, R., & Gabriel, H. (1999). Organizational factors and knowledge management with-
　　in large marketing departments: An empirical study. *Journal of Knowledge Manage-
　　ment, 3*(3), 212-225.

Broadbent, M. (1998). The phenomenon of knowledge management: What does it mean to the information profession? *Information Outlook, May*, 22-26.

Carpenter, B. D., & Sherretz, C. E. (2012). Professional development school partnerships: An instrument for teacher leadership. *School-University Partnerships, 5*(1), 89-101.

Damanpour, F. (1991). Organizational innovation: A meta analysis of effects of determinants and moderators. *Academy of Management Journal, 34*(3), 555-590.

Davies, P. (1999). What is evidence-based education? *British Journal of Educational Studies, 47*(2), 108-121.

Davenport, T., & Prusak, L. (1999). *Working knowledge: How organization manage what they know*. Harvard Business School Press.

Deming, W. E. (1986). *Out of the crisis*. Cambridge University Press.

Drucker, P. F. (1995). The information executives truly need. *Harvard Business Review, 73*, 54-63.

Everard, K. B. (1995). Teambuilding-a powerful tool for educational development. *Educational Change and Development, 15*(2), 21-4

Forsyth, D. R. (1999). *Group dynamic*. Wadsworth Publishing.

Hayes, N. (1997). *Successful team management*. Thomson Business Press.

Harvey, D., & Bowin, R. B. (1996). *Human resource management: An experiential approach*. Prentice-Hall, Inc.

Murgatroyd, S., & Morgan, C. (1994). *Total quality management and the school*. Open University Press.

Nonaka, I., & Takeuchi, H. (1995). *The knowledge-creating company*. Oxford University Press.

Rogers, E. M. (1995). *Diffusion of innovations*. Free Press.

Sallis, E. (1993). *Total quality management in education*. Philadelphia.

Scott, K., & Yenming, Z. (2000). Team leadership：Reflections on theory and practice. In C. Dimmock & A. Walker (Eds.), *Future school administration: Western and Asian perspective* (pp.115-130). The Chinese University.

Sorge, A., & Warner, M. (Eds.) (1997). *The hand of organizational behavior*. International

Thomson Business Press.

Sutcliffe, S., & Court, J. (2005). *Evidence-based policymaking: What is it? How does it work? What relevance for developing countries?* Overseas Development Institute. SAGE.

Torres, L. (2022). School organizational culture and leadership: Theoretical trends and new analytical proposals. *Education Sciences 12*, *4*, 254. https://doi.org/10.3390/educsci12040254

Williamson, B. (2017). *Big data in education: The digital future of learning, policy and practice*. SAGE.

Yukl, G. A. (1989). *Leadership in organization*. Prentice-Hall.

Yukl, G. (1994). *Leadership in organization*. Prentice-Hall.

第十章

教育治理模式及實踐策略

陳盈宏

　　「治理」係指政府及非政府部門（私部門及第三部門）共同管理公共事務諸多方式之總稱，常見的教育治理模式包括：科層治理、市場治理及網絡治理。在 1990 年之後，強調各行動者共同參與教育治理的網絡治理模式，廣泛應用於各類教育行政及政策的規劃與推動，然而，網絡治理仍有其運作挑戰，所以，在教育治理過程，尋求有效回應網絡治理可能限制及發揮網絡治理最大效益的相關處方。據此，本章將說明「教育治理」的相關內涵、「教育治理」的模式、「教育治理」模式的新取向、「教育治理」的實踐策略。

 # 第一節　「教育治理」的相關內涵

 ## 壹　治理

　　「治理」（governance）一詞，可追溯自古希臘語及拉丁文，意指爲掌舵之人，具有引導、導航之意，後用以指涉與公共事務有關的政治活動、管理行動、制度安排等。「治理」與「統治」（government）雖主要都指稱爲了維持國家及社會正常運作的政治管理過程，但兩者最主要差別在於：「治理」的權力運作過程爲上下互動，權力由政府及非政府部門共享，係有別於「統治」的權力運作爲單向的由上而下，且權力集中於政府本身（陳盈宏，2017；俞可平，2000），進而言之，「治理」象徵「公共」、「私人」及「第三」部門之間的互動過程，是一種「國家」、「市場」與「社會」共同合作的新公共服務型態。

　　「治理」相關概念開始爲各界廣泛討論之始，係源於 1989 年世界銀行（World Bank）針對非洲部分國家未加思索就貿然移植歐美國家公共制度，進而產生未明瞭「淮橘爲枳」道理的各種發展困境，其將「治理」界定爲一個國家在政治、文化、社會、教育及等經濟各層面進行公共事務管理的行爲，並據此提出了「治理危機」（crisis in governance）一詞；在 1994 年，世界銀行進一步將其協助國家發展及治理運作的成功經驗，出版《治理：世界銀行的經驗》（*Governance: The*

World Bank's experience），更讓如何達成及實踐「善治」（good governance）成為各國家及各領域共同關心的課題（陳盈宏，2015a；World Bank, 1989, 1994）。

貳　教育治理

在教育領域中，「教育治理」（educational governance）已成為學界探究的重點，當前的「教育治理」研究熱門主題包括高等教育階段治理議題、教育分權化、新自由主義等（吳清山，2020；吳政達等，2018）；不同學者對於「教育治理」亦有各自的定義，例如：王麗雲（2007）指出「教育治理」是指對教育事項的規範與運作，採用治理一詞之原因在於教育場域的行動者不會只限於政府部門，會較符合現代社會教育事務多元行動者參與的實際情況；吳政達等（2018）認為「教育治理」係指在國家、地方與學校層級中運行的教育決策與指令系統，涉及多種利害關係人的參與；吳清山（2020）強調「教育治理」是指教育行政機關及學校運用其權力，進行各項教育政策或事務的規劃、執行和評估的過程，以有效管理人力、經費和其他資源，進而實踐教育目標。

總之，「教育治理」係指政府及非政府部門（私部門及第三部門等）以共同管理教育相關公共事務諸多方式之總稱，其具有相互主體性的民主化意涵，亦涉及多元行動者[1]的自主互動及對話協商；另外，依據「教育治理」觀點，教育政策網絡中的各行動者間存在資源互賴及權力共享的關係，並透過持續協力合作及協調對話等互動過程，以期形成共同理解、解決教育問題、產出最大化教育公共利益等「善治」教育願景。

---

[1] 「教育治理」的多元行動者涉及公部門、私部門、非營利組織、公民社群等利害關係人（陳盈宏，2015b）。

第二節 「教育治理」的模式

　　由於「教育治理」屬於公共治理的一環，所以，公共治理模式的更迭也影響「教育治理」模式的遞嬗。在公共治理領域，各學者提出的公共治理模式雖有差異，例如：Denhardt 和 Denhardt（2000）提出傳統公共行政、新公共管理及新公共服務三類公共治理模式，吳瓊恩（2002）提出層級節制／權威、市場／價格、社群組織／信任三類治理模式等，但分析其相關概念可歸納為：科層治理、市場治理及網絡治理三種常見模式（蔡允棟，2006；陳恆鈞，2012；Pierre & Peters, 2000），其亦為「教育治理」的常見模式，茲說明如下（表 10-1）：

壹　科層治理

　　科層治理的理論基礎為韋伯（Weber）提出的科層體制理論，據此，科層治理係以法職權為運作基礎，因為法職權來自於教育法令的明確規定，所以，奉行科層治理模式的教育領導者，其會透過依法行政、專業分工、層級節制、紀律性等策略來進行教育治理，以維持教育事務處理的穩定性及合法性（王麗雲，2022；陳盈宏，2015a）；例如：張煜琳（2008）發現雖然基隆市地方教育治理受到相關選舉的政治影響，但是基隆市的教育事務仍由具教育專業及行政經歷豐富的教育局長領導，具有「專業科層模式」的教育治理特徵。

　　但是，科層治理的可能限制在於領導者專業不足、制度規則無法考量地區差異、社會公民缺乏參與的機會、教育政策回應性較為不足、政府官員缺乏「網絡治理」實務技能，難以妥善面對公私協力複雜課題等（王麗雲，2022；陳盈宏，2015a）；例如：曾冠球（2011）提醒政府相關制度設計及人事行政規劃較缺少考量融入跨部門協力要素及相關規準，也導致很難期待政府部門行動者可以積極產生相關協力行為。

貳　市場治理

　　市場治理的理論基礎為古典經濟理論、代理理論及公共選擇理論

表 10-1

教育治理模式

向度	科層治理模式	市場治理模式	網絡治理模式
治理結構	科層體制	市場	跨部門網絡
權力基礎	法職權	市場契約	信任及共識
權力運作	由上而下，單向	由下而上，單向	雙向互動
政策治理	政府部門主責規劃及執行	政府部門引入私部門的經營策略	政府及非政府部門間共同治理
治理原則	依法行事	顧客導向	對話合作
治理文化	監督控制	競爭績效	互惠夥伴

資料來源：整理自陳盈宏（2015a）；蔡進雄（2016）；蔡允棟（2006: 173）；孫本初、鍾京佑（2005: 129）。

等，主要受到新公共管理邏輯的影響，其強調精簡施政成本、提升績效與效能、發展競爭優勢及強化品質等特色；換言之，奉行市場治理模式的教育領導者，偏向採用市場化工具，並會引入企業管理技術至教育治理過程，解除相關教育管制，希望可以滿足教育市場的顧客需求，並重視教育服務產出的績效與品質（陳盈宏，2015a；劉坤億，2002）。例如：馬湘萍（2021）分析 1994 年至 2015 年近二十年的時間，我國高等教育政策工具主要採用教育鬆綁及權力下放、公開大學資訊、採用績效型撥款策略等，係呈現市場治理的濃厚色彩。

　　然而，「市場治理」的可能限制在於教育淪為商品化、教育市場資訊流通性仍待加強、弱化教育公平及犧牲特定群體教育權利、政府利用市場機制遂行特定政治目的相關操作等，進而產生市場失靈的治理困境（陳宏彰，2022；陳盈宏，2015a；謝卓君，2022）。

參　網絡治理

　　「網絡治理」（Network Governance）是 1990 年代之後興起的公共治理模式，主要是因為政府財政能力日益緊縮、教育需求多元化、教育政策實際情境等，加上現今教育問題往往具有動態性及複雜性，涉及

多層次、多參與者、多部門的多中心治理；所以，根據網絡治理觀點，在民主社會中的不同部門，包括：政府、企業、社區、非營利組織、媒體或社會大眾等，必須進行跨部門的協力合作，以解決日趨棘手複雜的教育公共事務及社會問題（陳盈宏，2015a；蔡進雄，2016；Bryson et al., 2006），例如：陳宏彰（2022）提出，近年來英國學校與學校之間發展出各類新型態的合作夥伴關係，開啟各類教育事務的協力合作及自我改善。然而，「網絡治理」的可能限制在於網絡治理的各行動者之間存在的自利、依賴、難以課責等所引發的信任危機，會導致彼此協力行動難以進行或終結，進而產生網絡失靈的治理困境（陳盈宏，2015a；莊文忠，2013；Essien, 2018）。

綜上所述，由於當前教育環境及衍生的教育問題日趨錯綜複雜，傳統的科層治理已經無法提出有效的教育政策處方，進而導致政府失靈的治理困境層出不窮。另外，受到新公共管理思潮的影響，政府為了解決政府失靈的諸多窘境，各公部門莫不積極將企業領域相關技術融入各項政策工具，希冀可以實踐經濟、效率及效能的市場治理邏輯及價值；然而，卻也導致教育市場化及犧牲特定群體的利益之挑戰，進而產生市場失靈的諸多教育治理困境。當強調多中心治理的「網絡治理」於1990年後崛起之後，其主張政府及非政府部門應共同承擔教育治理的責任及成敗，除了可解決傳統跨部門分工卻缺乏合作的問題，也成為有望解決政府失靈及市場失靈的「新治理」策略，以達成「善治」教育願景；然而，由於「網絡治理」涉及跨部門多元行動者的互動，若各行動者的權力不均等、資源不共享、彼此缺乏信任關係等，將可能形成教育治理障礙，進而產生網絡失靈的治理困境（陳盈宏，2015a）。

🎓 第三節　教育治理模式的新取向
——「網絡治理」

壹　「網絡治理」的定義

「網絡治理」係爲當前「教育治理」的新取向及主要模式，其與「協力治理」（collaborative governance）、「跨部門協力治理」（cross-sector collaborative governance）、「協力式政策參與」（collaborative policy engagement）及「協力式政策制定」（collaborative policy-making）等概念密切相關（陳盈宏，2015a；張鐙文、吳佩靜，2021；Bianchi et al., 2021；Essien, 2018）。不同學者對於「教育治理」亦有各自的定義，例如：蔡進雄（2016）認爲，網絡治理可界定爲：組織爲解決問題及達成組織目標的內外部多元連結及協同合作歷程；而循此脈絡，學校網絡治理可定義爲：學校爲解決教育問題或爲促進學校教育目標達成，連結整合公私部門及利害關係人之意見或資源，並建立互動合作夥伴關係之運作過程。謝百傑、史美強（2011）主張，「網絡治理」過程係指中央政府、地方政府、利益團體、壓力團體、社會機構、公民社會、個人等不同行動者進行彼此權力及資源的互動及互賴，但是政府部門仍位居治理資源網絡的中心位置。

總之，從「教育治理」觀點，「網絡治理」係指由政府部門、非政府部門、非營利組織、公民社會等各部門多元行動者，共同進行教育公共事務的管理及解決教育問題所構成的動態過程，各行動者以互信互惠爲基礎構成不同類型的政策網絡，並透過眞誠對話、資源互換、權力共享及責任共擔等合作互動，以期凝聚共識、建立夥伴關係及產生協力行動，進而解決教育問題、極大化教育公共利益及實踐「善治」之教育願景（陳盈宏，2015a）。

貳　「網絡治理」的特性

依據前揭「網絡治理」的定義及相關文獻，可進一步歸納「網絡治

理」的特性包括：具有多元行動者、各行動者具有共同目標、各行動者擁有的獨特資源具有互賴性及共享性、各行動者間呈現相對平等的權力關係、各行動者間具有互信互惠的協力關係等，茲說明如下：

一、具有多元行動者

在民主社會中，由於教育政策環境日趨複雜，為避免政府失靈和市場失靈的困境，教育政策規劃及執行不能僅以政府或市場為教育政策治理的唯一中心，尚應納入學校、民間團體或第三部門等行動者，以協力解決公共問題（陳盈宏，2015a，2015b）。例如：Bryson 等人（2006）認為在民主社會中的不同部門，包括：政府、企業、社區、非營利組織、媒體或整體公眾等，必須進行跨部門的協力合作，以解決日趨棘手複雜的公共事務及社會問題；陳盈宏（2015b）從協力治理觀點探討「國立大學自主治理試辦方案」時，其指出所涉及的行動者包括：教育部、學校領導階層、教師、學生等。

二、各行動者具有共同目標

「網絡治理」涉及不同部門的多元行動者共同參與，而不同行動者之間具有共同目標及參與動機，例如：解決特定教育問題、實踐某項教育價值、產出公共利益、提供公共服務等，且必須要不同部門各行動者彼此協力合作方能實踐此共同目標（陳盈宏，2015a；Bianchi et al., 2021；Essien, 2018）。例如：Mosley 和 Jarpe（2019）探討美國持續性照護（Continuum of Care, CoC）方案時，發現參與的公部門、非營利組織、學區、社區、企業等，都希望可以結束對無家可歸者有負面影響的警示作法，以及終結無家可歸的長期遊民現象，進而進行協力合作；陳盈宏等（2022）發現教育部、專案團隊、試辦學校等各部門行動者推動「S2 課程設計系統」的共同目標之一為「因應 108 課綱變革，讓教師擁有以課綱為本進行課程設計的專業能力」，且「S2 課程設計系統」的推動必須各部門行動者彼此真誠合作方能實踐，缺一不可。

三、各行動者擁有的獨特資源具有互賴性及共享性

　　根據「網絡治理」觀點，在教育政策網絡中的各行動者所擁有資源具有獨特性及互賴性，並願意透過資源分享的過程，例如：資訊、經費、專業知識、技能、社會資本、人力資源等，彼此互惠互補，以維持教育政策網絡治理的穩定運作及持續產出最大化的教育公共利益（蔡進雄，2016；莊文忠，2013）；例如：Rhodes（1997）分析英國中央與地方政府之間的關係，發現各部門資源交換關係是維持相關政策網絡運作的關鍵條件；莊俐昕、黃源協（2021）亦發現在社區照顧永續服務的網絡治理過程，社區重要人士扮演資源連結的媒介、社區照顧機構以多元籌募資金方式彌補服務經費的不足、地方政府提供人力與釋放空間（場地）等。

四、各行動者間呈現相對平等的權力關係

　　傳統的教育治理觀點認為治理權力會集中在特定行動者身上，例如：政府、市場等，且權力運作多為單向性，但根據「網絡治理」觀點，來自於不同部門的多元行動者之間，同樣具有參與及管理教育公共事務的權力，且呈現雙向的權力運作（陳盈宏，2016；蔡進雄，2016）。例如：張奕華、劉文章（2012）探討臺南市七股區兒童希望工程課輔方案，發現推動的民間部門與公部門之間的關係是平等的，公部門也了解弱勢家庭的教育支援需要這些民間資源的投入；江大樹、張力亞（2012）認為現今政策環境，政府部門不再有足夠能力可以獨自妥善管理所有教育公共事務，但是，這並非表示官僚已死（death of the public bureaucracy），而是象徵政府必須進行治理轉型，以建構各部門行動者可以共享治理權力的機制及場域。

五、各行動者間具有互信互惠的協力關係

　　根據「網絡治理」觀點，來自於不同部門的行動者彼此之間必須透過不斷的對話、共同承擔責任、共同努力及共享成果等，以達成共同理解及深化互惠互信的協力關係，進而追求「善治」願景的實踐（陳

盈宏，2017；Bryson et al., 2006）；例如：Ansell 等人（2020）認為各行動者的參與動機取決於彼此信任程度，即使是積極性很高的行動者，若他們害怕在協力過程中被其他行動者控制或操弄，也可能不願意參與協力過程。

參 「網絡治理」的影響因素

「網絡治理」強調教育政策網絡不同部門各行動者彼此的協力合作，各行動者協力過程會受到諸多因素影響，茲根據相關文獻歸納「網絡治理」在初始狀態、治理過程、治理結果等面向的各項影響因素如下：

一、初始狀態

由於「網絡治理」的首要特性為具有多元行動者，且各行動者具有共同目標，所以，在「網絡治理」初始狀態的影響因素，包括：各行動者的參與動機、互動經驗等，皆是決定「網絡治理」是否能夠順利開啟的關鍵。

（一）各行動者彼此的參與動機是否一致

在「網絡治理」初始狀態，若各行動者彼此的參與動機一致，亦即各行動者間對於彼此協力合作的誘因及期待具備高度相似性，則可以順利開啟網絡治理的運作之窗，但若各行動者彼此的參與動機歧異性大，則網絡治理將難以順利進行（陳盈宏，2015a；Ansell & Gash, 2008），例如：陳盈宏（2017）發現學校及非營利組織願意協力推動課後照顧班的相同動機，在於希望能為有課後照顧需求的學生提供更優質的課後照顧服務。

（二）各行動者彼此是否具有成功或衝突的互動經驗

在「網絡治理」初始狀態，若各行動者彼此曾具有成功的互動經驗，可能已經累積正向的社會資本及信任關係，有助「網絡治理」的運作順暢（陳盈宏，2015a；Ansell & Gash, 2008）；例如：陳盈宏等（2022）發現，教育部、專案團隊、試辦學校等各部門行動者彼此存在

美好的互動經驗及評價，所以，使得「S2課程設計系統」跨部門協力治理可以順利開啟。但是，若各行動者彼此曾具有衝突的互動經驗，則可能各行動者會產生懷疑、不信任與刻板印象的惡性循環困境，進而形成政策共識、缺乏互信基礎等「網絡治理」運作阻礙（陳盈宏，2015a；Ansell & Gash, 2008）。

二、治理過程

由於「網絡治理」涉及不同部門多元行動者的協力互動，所以，在「網絡治理」的治理過程中，各行動者彼此的資源互享情形、權力均等關係、互信基礎等，皆是決定「網絡治理」是否能夠順利運作的關鍵：

（一）各行動者間是否呈現相對均等的權力關係

在「網絡治理」的治理過程中，各行動者在政策網絡中佔據不同的節點，象徵各行動者扮演不同的角色及擁有不同的權力，各行動者如果具有相對均等的權力關係，可以進行雙向的協調與互動，將可以讓網絡治理的運作更加順暢（陳盈宏，2015a；Emerson et al., 2012）；例如：丁心淳（2020）發現南投縣食物銀行的跨部門協力治理成功關鍵，在於食物銀行委託方（南投縣政府）有意識地營造良好跨部門平等夥伴關係，有別於自居管理者或是委外給錢就是老大的傳統思維，也願意解決委辦單位所遇到的問題，這也讓食物銀行受託方（大學）願意積極配合及展現充沛動能。

但是，若各行動者之間的權力關係不均等，則可能因為關鍵行動者的存在或退出，演變為特定行動者支配網絡治理的現象，進而引發「集體盲思」、「人在政存，人去政亡」等諸多治理衝突（陳盈宏，2015a；劉淑瓊，2008；Emerson et al., 2012）；例如：陳盈宏（2015a）曾提醒相對於學校，教育主管機關擁有公權力，並是主要的經費補助來源，教育政策需要中央及學校共同執行，但學校可能受到中央相關法規的限制，導致其並無足夠的自主性去決定教育政策在學校場域的實踐，進而妨礙學校自主性及形成網絡治理的困境。

（二）各行動者間是否能夠無私互相分享資源

在「網絡治理」的治理過程中，各行動者所擁有多元的治理資源，若彼此可以彼此無私地進行擁有資源的互相分享，除了可以強化教育資訊交流的透明性、讓各行動者依據本身專業知能進行合作等，進而創造教育資源整合綜效（陳盈宏，2015b；Ansell et al., 2020；Bryson et al., 2006）；例如：陳定銘等（2012）發現新北市推廣客家文化的跨部門協力治理過程，新北市客家社團高度認同新北市客家事務局各項政策資訊的透明，以及兼具立即性及便利性的政策溝通，新北市客家事務局也願意尊重及給予新北市客家社團推動客家文化活動的自主性，所以，新北市客家事務局及新北市客家社團之間也逐步累積深厚的互信關係，進而讓客家文化推廣更為順暢。陳淑娟和陳盈宏（2014）指出我國偏遠學校在執行弱勢教育政策時，若能夠與非政府部門建立合作的夥伴關係，根據弱勢教育學生需求，引入非政府部門的資源，可以與政府部門及學校產生互補效果。

但是，若各行動者彼此對於分享資源有所保留或有特定目的，則可能會產生相對強勢與弱勢的行動者，使較為弱勢的行動者降低參與政策網絡治理的意願，且治理資源分配失當，亦會引發不同行動者間的互相競爭及衝突，進而產生無辜的政策犧牲者，形成網絡治理運作障礙（陳盈宏，2015b；Ansell et al., 2020；Bryson et al., 2006）；例如：Goldsmith 和 Eggers（2004）則提醒若非政府部門僅依賴政府部門的經費補助，則非政府部門可能會受到政府部門的計畫審核及考核指標之拘束，而忽略非政府部門本身需求，並會因為政府部門經費核撥程序的曠日廢時，影響網絡治理整體效益。

（三）各行動者間是否能夠進行真誠對話及產生共同理解

在「網絡治理」的治理過程中，各行動者皆具有本身的偏好立場及行為選擇，若可以創造各行動者互相對話的友善情境，透過各行動者間有效溝通及換位思考，促使各行動者達成共享的充分理解，則在進行教育政策規劃與執行時，各行動者可以更站在彼此立場進行換位思考，據此產生的教育政策措施也更具靈活性，以迅速回應各種新的教育挑戰；

換言之，若各行動者之間可以進行眞誠對話，將有助於解決協力過程的相關歧見、扭轉刻板印象及提升各行動者間的信任程度等，進而讓各行動者在教育政策理念、核心價值、問題定義等面向，都可以發展出共同的理解（蔡允棟，2006；陳盈宏，2015a；Ansell & Gash, 2008；Emerson et al., 2012）；例如：張力亞等（2019）觀察「埔里 PM2.5 空汙減量」的核心行動者，包括自救會成員、大學師生等皆採取定期且持續的互動，共擬行動策略意見交流等，進而形成相關行動方案的共識。

但是，若各行動者只顧及本身利益及政策偏好，產生自利行動的選擇，彼此之間缺乏足夠有效的眞誠對話，則不僅無助於形成各行動者的共同理解，且相關衝突事件也可能愈演愈烈，彼此互惠的協力合作行動也勢必難以展開（陳盈宏，2015a；Ansell & Gash, 2008；Emerson et al., 2012）；例如：陳盈宏（2015a）提醒在教育政策實務運作方面，教育部、教育局及學校等相關行動者可能因爲自利動機的考量，導致彼此政策認知產生分歧、政策執行難以延續等可能困境，進而形成網絡治理的阻礙。

（四）制度設計是否夠明確，且能保障各行動者參與

在「網絡治理」的治理過程中，理想的制度設計必須建立明確和合法的基本規則，盡可能擴大參與的相關行動者，以強化各行動者協力過程的合法性、透明性及回應性，進而實踐民主化的教育價值（陳盈宏，2015b；Ansell & Gash, 2008）；例如：張鐙文、吳佩靜（2021）發現我國 JOIN.gov 在「提點子」項目的流程規劃，已涵蓋公眾提議、機關檢核、公眾附議及機關回應等階段，其制度設計的理念，足以提供協力式政策參與一套良善的運作機制。

但是，若相關制度設計缺乏清楚的基本規則或程序具有排他性，則可能會讓網絡治理過程形成各類衝突或爭議，各行動者也難以發展出彼此信任的協力關係（莊俐昕、黃源協，2021；陳盈宏，2015b；Ansell & Gash, 2008）。例如：林淑馨（2020）分析臺灣非營利組織參與政府災害防救的協力經驗，除了規模較大及知名度高的救災組織之外，大多數救災組織平時鮮少與政府有互動關係，故無法持續穩定累積與深化

「救災」協力關係。

三、治理結果

由於「網絡治理」涉及不同行動者，所要處理的教育問題也甚為繁雜，所以「網絡治理」產出的結果如何累積與評估也是重要課題：

（一）各行動者是否有足夠的時間產生互信的協力關係

從「網絡治理」觀點，各行動者必須要經過持續的對話及互動，以及長時間的持續合作，方能建立互信關係，進而提升教育問題的解決品質、形成教育創新及達成「善治」目標（陳盈宏，2015b；Ansell & Gash, 2008）；例如：劉麗娟（2017）發現臺東縣池上鄉存在長久累積的不同部門合作網絡關係，彼此間有足夠的信任及相互理解，所以持續一起完成老人照顧任務的共同目標。

但是，在教育實際運作方面，教育問題解決往往有其時效性的現實考量，若缺乏足夠時間，可能導致各行動者難以產生足夠的信任關係，也難以評估網絡治理的真正成效；換言之，由於各行動者間的信任建立是一個費時過程，若各行動者間曾有過彼此對抗的歷史，各行動者必須考量信任建立所需的時間成本（陳盈宏，2015a；Ansell & Gash, 2008）。例如：陳恆鈞（2012）、莊文忠（2013）皆提醒當政策網絡內的行動者愈多元時，代表彼此互動關係愈複雜，所以各行動者雖然表面同意建立協力夥伴關係的理念，但在實務運作中，往往因為「政策時效性」的考量，出現了「知易行難」的落差，進而選擇採取自利競爭、搭便車、隱匿資訊等手段，而忽略真誠合作的必要性，導致彼此協力行動的難產。

（二）是否具有循證本位的系統性評估機制

在評估「網絡治理」成效時，若能夠針對投入、過程及產出階段，蒐集多樣化的資料，進行循證本位的協力治理績效評估，將可以確實了解「網絡治理」運作的真實面貌、了解各行動者協力情形及探討網絡治理效益是否外溢等（陳盈宏等，2022；Bianchi et al., 2021）；例如：陳定銘等（2012）發現在跨部門協力推動客家文化的過程，係透過民

眾滿意程度、客家社團成員肯定情形、客家社團評鑑制度等進行績效衡量。

　　但是，若在「網絡治理」進行過程，若缺乏具體課責機制，則將導致產生治理責任模糊，或碰到棘手政策問題便宣稱要交由相關委員會討論，反而成為特定行動者卸責手段等（陳盈宏等，2022；Bianchi et al., 2021）；例如：劉淑瓊（2008）提醒在公私部門合作時，若缺乏具體的課責機制，將可能產生爭功諉過的治理困境，導致無法確實釐清各行動者應該為最後的政策結果負起哪些責任。

 # 第四節　「教育治理」的實踐策略

　　當前各項教育行動皆涉及多元行動者的共同參與及互動，為了達成更好的教育治理品質，茲說明「教育治理」的實踐策略如下：

壹　應讓各行動者的角色定位明確化

　　由於不同部門各行動者可能具有不同的政策偏好與立場，所以，在進行「教育治理」時，各行動者在協力合作之初，就必須針對政策願景、理念、目標、運作方式、欲解決問題等議題，進行充分討論，了解彼此差異及可達成共識之處；另外，必須營造自由無宰制的對話空間，以讓各行動者可以有相互溝通、說服及彼此認可的機會，進而明確化各行動者在「教育治理」中的角色定位（陳盈宏，2015a）。例如：吳清山（2020）認為面對 Covid-19 疫情衝擊時，中央、地方、學校必須齊心合作，但教育行政機關及學校最了解教育事務，所以教育行政機關及學校應了解本身的教育專業角色，積極針對各項教育防疫議題提供建言，最重要的是未來教育治理仍應回歸到法律規範，以免有權責模糊及決策衝突的情形。

貳　應進行各行動者彼此資源的相互整合

　　當各行動者的角色定位明確化之後，由於各行動者各自有擁有不同

的資源，例如：公部門可能具有教育政策規劃的公權力、非營利組織可能提供教育政策執行的專業知識、學校可能提供教育政策實踐的場域等；所以，在進行「教育治理」時，應協助各行動者進行相關資源的相互整合，例如：建置透明公開的資源查詢及媒介系統、建立永續性的資源互惠機制等；最後，更必須要注意資源整合可能引發的相關爭議之處理，例如：當推動偏鄉課輔活動時，引入非政府部門的課輔人力支援，雖可能減輕學校編制內教師的課輔工作負荷，但由於非政府部門課輔人力資源可能缺乏足夠的教育專業，人力流動也缺乏永續性，反而會形成「偏鄉課輔議題」的教育治理阻礙（陳盈宏，2015a，2017）。

參 應實踐權力共享取向的協力領導策略

「教育治理」必須要面對充滿挑戰的教育環境及解決日益複雜的教育問題，所以，若採取權力集中的權威治理方式或以宰制權（power over）進行對話，雖可能在短時間內滿足教育治理效率的目標，但長時間而言，卻可能影響教育治理效能（吳清山，2020；陳盈宏，2015a）；例如：吳清山（2020）認為中央教育行政機關採用注意事項的命令函囑各級學校必須配合實施相關防疫事項，實不利於教育治理的民主性。據此，在進行「教育治理」時，各行動者應實踐權力共享取向的協力領導策略，例如：促進型領導、分布型領導以及強調跨越組織及部門界限的系統領導（system leadship）等，基於「彰權益能」（empowerment）的精神，對各行動者應呈現最小化的干預，以使各行動者彼此可以自願和眞誠的對話；另外，若各行動者遲遲難以達成共識時，則扮演政策領導者的行動者應發揮公正調節的功能，依據當時教育政策情境條件制訂解決方案，以化解各行動者的歧見及提升參與動機（陳宏彰，2022；陳盈宏，2015a；Ansell & Gash, 2008）。

肆 應提升各行動者的教育專業能力

吳清山（2020）曾提醒有效的「教育治理」有賴於各部門存在高素質的治理人員。由於「教育治理」涉及多元行動者為了解決複雜教育問題的協力互動，所以，不同部門各行動者若具有足夠的教育專業能

力，將能夠確保「教育治理」品質；例如：各行動者若具有跨域管理能力，將可以解決不同行動者協力過程可能產生的矛盾或衝突，進而促進各行動者建立教育政策共識及產生協力行動、各行動者若具有弔詭管理能力，將可以運用換位思考能力，從不同思考角度來探析教育問題本質及透過自我反省來發現自我決策盲點，以增進教育政策資源分配及治理權力運用的合理性，並可促進各行動者的和諧關係（黃乃熒，2001；陳盈宏，2015a）。

伍　應擴大教育治理的開放性及透明性

吳清山（2020）曾提醒成功有效的「教育治理」必須要擴大相關行動者的共同參與，並讓治理相關決策更加透明化，避免決策資訊黑箱的存在。據此可知，在進行「教育治理」時，首要的制度設計關鍵在於盡可能納入欲解決教育問題的相關行動者，且要保障各行動者合法參與教育治理過程的機會及權力，以促使各行動者發展出共識導向的過程承諾；再者，也必須建立具體的治理程序規則，以確保教育治理的程序合法性及透明性；最後，在進行制度設計時，亦必須考量時間因素，亦即要讓各行動者認知到教育政策效果是可預期及可達成，以提升各行動者的參與動機及協力信心（陳盈宏，2015a）。

陸　應持續累積各行動者的信任資本

「教育治理」的成功關鍵之一為不同部門各行動者可以基於互惠互信基礎進行相關協力行動；所以，在進行「教育治理」時，應讓每個行動者有相等的發聲機會，並避免刻意模糊議題的政治遊戲，且彼此可以透過互為主體性的真誠對話及理性溝通，以化解各行動者的認知歧見及建立共識；可以透過中介成果（small win）的持續產出，以建立各行動者持續參與協力行動的過程承諾；由於各行動者間的信任建立是一個費時過程，可立基於零基決定觀點，妥善運用計畫評核術及甘特圖等教育規劃技術，以克服沉澱成本的限制；各行動者可以對欲探討的教育問題進行充分及開放的對話及討論，以檢視每個教育問題的基本假設及解決方案妥適性等策略，持續累積各行動者的信任資本（陳盈宏，2013，

2015a；Ansell & Gash, 2008）。

柒 應建立教育治理的有效課責機制

「教育治理」係為政府及非政府部門（私部門及第三部門等）以共同管理教育相關公共事務諸多方式之總稱，也共同承擔教育治理的責任與結果，所以，必須從多元面向思考教育治理的有效課責機制之建立，以落實民主社會的責任政治精神（陳盈宏，2015a，謝百傑、史美強，2011；Goldsmith & Eggers, 2004），例如：在正當性面向的課責機制，應回歸依法行政的科層治理精神，讓各行動者的相關行動於法有據，也具有一致的行動參考基準；在回應性面向的課責機制，應落實重視顧客需求及回應的市場治理精神，讓師生意見及需求成為教育治理的關注焦點；在專業性面向的課責機制，各行動者應具有教育專業，並願意積極奉獻所長，以提升教育品質及達成「善治」教育願景。

問題討論

1. 請說明教育治理模式的演變，並說明各教育治理模式的特色。
2. 請說明「網絡治理」的定義、特性及影響因素。
3. 整體而言，我國目前教育環境，你認為最適合採用哪一種教育治理模式？為什麼？
4. 我國教育政策是如何制訂的？請列舉並說明參與教育政策制訂的行動者（policy actors）。（106年三等地特）
5. 教育行政去集中化（decentralization）的概念為何？其功用與問題為何？依你之見，我國教育行政在那些去集中化不夠，仍需要努力？有那些去集中化過當，需要調整？請各舉一例並妥為論證。（106年三等原民特考）

參考文獻

丁心淳（2020）。大學與地方政府的跨部門協力治理——以暨南大學承接南投縣食物銀行爲例（未出版之碩士論文）。國立政治大學。

王麗雲（2007）。地方教育治理模式之分析。**教育政策論壇，10**(1)，189-228。

王麗雲（2022）。教育治理的意義與科層治理的重塑。載於潘慧玲、王麗雲（主編），**教育治理：理論與實務**（頁20-34）。元照。

江大樹、張力亞（2012）。社區營造、政策類型與網絡治理——六星計畫比較分析。**政策與人力管理，3**(2)，1-42。

吳政達、張雅婷、謝瑞君、張攸萍（2018）。教育治理研究熱點與前沿的文獻計量分析。**教育研究月刊，290**，19-33。

吳清山（2020）。新冠肺炎疫情時代教育治理之探究。**教育行政與評鑑學刊，27**，1-28。

吳瓊恩（2002）。**行政學**。三民。

林淑馨（2020）。臺灣非營利組織參與政府災害防救之協力經驗。**政治科學論叢，86**，191-236。

俞可平（2000）。**治理與善治**。社會科學文獻出版社。

孫本初、鍾京佑（2005）。治理理論之初探：政治、市場與社會治理架構。公共行政學報，**16**，107-135。

馬湘萍（2021）。從政策工具理論探析臺灣市場治理導向下高等教育政策工具之運用。**臺灣教育評論月刊，10**(11)，170-194。

張力亞、戴榮賦、黃資媛（2019）。大學與地方社群的協力合作策略與挑戰：以埔里空汙減量爲例。中國行政評論，**25**(2)，31-56。

張奕華、劉文章（2012）。教育正義的實踐觀點與個案分析。**教育資料與研究，106**，1-22。

張煜琳（2008）。**基隆市地方權力結構與教育治理關係之研究**（未出版之碩士論文）。國立臺灣師範大學。

張鐙文、吳佩靜（2021）。實踐公部門線上協力式政策參與之研究：以機關回應態樣與決策行爲核心的檢視。公共行政學報，**60**，47-96。

莊文忠（2013）。網絡治理的難題與前景。載於許立一（主編），**當代治理新趨勢**（19-50頁）。空大。

莊俐昕、黃源協（2021）。「以社區為基礎」的照顧模式之檢視：網絡治理觀點的分析。臺大社會工作學刊，**44**，133-173。

陳宏彰（2022）。地方系統領導的治理機制。載於載於潘慧玲、王麗雲（主編），**教育治理：理論與實務**（頁188-209）。元照。

陳定銘、陳樺潔、游靖宇（2012）。政府與客家社團協力指標之析探。**行政暨政策學報，54**，41-82。

陳恆鈞（2012）。**治理互賴理論與實務**。五南。

陳盈宏（2013）。由政治遊戲隱喻思考進行教育政策對話之原則。**國家教育研究院電子報，72**。

陳盈宏（2015a）。**我國教育政策網絡治理之研究——以國民小學補救教學政策為例**（未出版博士論文）。國立臺灣師範大學。

陳盈宏（2015b）。從協力治理觀點探討國立大學自主治理試辦方案之執行。**教育研究與發展期刊，11(3)**，31-54。

陳盈宏（2017）。國小課後照顧班公私協力治理議題之探討。**教育行政論壇，9(1)**，57-77。

陳盈宏、呂秀蓮、王秀槐（2022年5月28日）。**從跨部門協力治理觀點探討「課綱為本課程設計系統」之推動**。素養教育課程設計及發展計畫2022成果發表暨研討會，新竹市。

陳淑娟、陳盈宏（2014）。**初探偏遠學校執行弱勢教育政策之影響要素—網絡治理觀點**。發表於國立臺灣師範大學教育學系舉辦之「教改20年：回顧與前瞻」國際學術研討會，臺北市。

曾冠球（2011）。協力治理觀點下公共管理者的挑戰。**文官制度季刊，3(1)**，27-52。

黃乃熒（2001）。從學校組織權力弔詭管理觀點建構學校組織變革模式。**師大學報：教育類，45(2)**，145-164。

劉坤億（2002）。地方政府治理機制的創新挑戰：市場治理模式的功能與限制。**法政學報，15**，79-113。

劉淑瓊（2008）。推倒柏林圍牆——論家庭暴力防制之網絡治理課題。東吳社會工作

學報，**19**，1-35。

劉麗娟（2017）。偏遠地區老人照顧跨部門治理研究：以臺東縣池上鄉爲例。**國家與社會**，**19**，161-212。

蔡允棟（2006）。民主行政與網絡治理：「新治理」的理論探討及類型分析。**台灣政治學刊**，**10**(1)，163-209。

蔡進雄（2016）。學校網絡治理的應用與評析。**教師專業研究期刊**，**11**，1-16。

謝百傑、史美強（2011）。都會網絡治理課責之研究。**研習論壇**，**123**，47-61。

謝卓君（2022）。教育公私協力治理的可能與挑戰。載於潘慧玲、王麗雲（主編），**教育治理：理論與實務**（頁 276-292）。元照。

Ansell, C., Doberstein, C., Henderson, H., Siddiki, S., & Hart, P. (2020). Understanding inclusion in collaborative governance: A mixed methods approach. *Policy and Society*, *39*(4), 570-591.

Ansell, C., & Gash, A. (2008). Collaborative Governance in Theory and Practice. *Journal of Public Administration Research and Theory*, *18*(4), 543-571.

Bianchi, C., Nasi, G., & Rivenbark, W. C. (2021). Implementing collaborative governance: models, experiences, and challenges. *Public Management Review*, *11*, 1581-1589.

Bryson, J. M., Crosby, B. C., & Stone, M. M. (2006). The design and implementation of cross-sector collaborations: Propositions from the literature. *Public Administration Review*, *12*: 44-55.

Denhardt, R. B., & Denhardt, J. V. (2000). The New Public Service: Serving rather than steering. *Public Administration Review*, *60*(6), 549-559.

Emerson, K., Nabatchi, T., & Balogh, S. (2012). An integrative framework for collaborative governance. *Journal of public administration research and theory*, *22*(1), 1-29.

Essien, E. D. (2018). Strengthening performance of civil society through dialogue and critical thinking in Nigeria: Its ethical implications. In S. Chhabra (Ed.), *Handbook of research on civic engagement and social change in contemporary society* (pp.82-102). IGI Global.

Goldsmith, S., & Eggers, W. (2004). *Governing By Network: The New Shape of the Public Sector*. Washington: The Brookings Institution.

Mosley, J. E., & Jarpe, M. (2019). How Structural Variations in Collaborative Governance Networks Influence Advocacy Involvement and Outcomes. *Public Administration Review, 79*(5), 629-640.

Pierre, J., & Peters, B. G. (2000). *Governance, politics amd the state*. London: Macmillan Press.

Rhodes, R. A. W. (1997). *Understanding Governance: Policy Networks, Governance, Reflexivity and Accountability*. Buckingham: Open University Press.

World Bank (1989). *Sub-Saharan Africa: From Crisis to Sustainable Development*. World Bank.

World Bank (1994). *Governance: The World Bank's Experience*. World Bank.

第十一章

教育行政法令與制度

顏國樑

在民主法治的社會中，政府的一切施為，都必須依法行事。因此，教育政策或行政作為都必須有教育法令作為實施的規範。教育法令是教育政策合法化的具體表徵，影響政府教育的施政作為、資源分配，以及關乎教育品質的良窳。此外，任何教育人員皆應對教育法令具備基本的修養，才能適應民主法治的社會。

教育行政探討的重點，其範圍主要包括教育行政組織結構，亦即靜態的教育行政制度與教育行政事務，以及動態的教育行政的組織運作過程。教育行政制度的良窳，關係教育實施的成敗，可謂至深且巨。教育行政組織是一國為實現其教育政策，所設立的管理機構，其功能包括計畫、領導、協調、執行、考核等。缺少有效率的教育行政組織，即容易造成無政府狀態（秦夢群，2020）。換言之，建立有系統性與效能性的教育行政制度，可促進教育政策目標的達成。

第一節　教育法令的相關內涵

壹　教育法令的意義

所謂「教育法令」的意義，是指政府為保障教育的自律性與創造性，規範教育事務的有效運作，促進教育事業的健全發展，經過一定的制（訂）定程序，以國家權力所公（發）布的教育法律和教育命令。換言之，無論是長期性的教育目標或階段性的政策重點發展工作，政府可透過教育法令的頒布，建立合理而健全的制度化教育措施，以促進國家教育政策目標的達成（顏國樑，2015）。

貳　搜尋教育法令的途徑

從事教育的人員需要教育法令來從事教育事務的運作，因此必須了解教育法令的內涵。但是教育法令應隨著社會變遷而加以修訂，以符合社會大眾的需求。因此，掌握最新教育法令內容並加以了解，是從事教育工作者應該重視的課題。至於如何搜尋最新的教育法令，從事教育工

作者可以從全國法規資料庫（網址：http://law.moj.gov.tw）、教育部
（網址：http://edu.law.moe.gov.tw/）及地方直轄市與縣市教育局處三
個途徑著手，以便掌握最新教育法令，作爲推動教育行政工作的法源
依據。

參 教育法令的功能

作爲實施教育政策或活動的教育法令都必須有合理的規範與適度的
自由，據此顯現出教育法令的功能（顏國樑，2015）。

一、推動教育政策的依據

在民主法治的社會國家中，民主政治的特質之一是法治政治，由於
法治化的重視，教育政策或活動都必須有法令作爲推動的依據，不能僅
靠決策者的意志來執行。否則，往往無法源基礎，造成民眾對政策的質
疑，產生違法而失敗（顏國樑，1997）。

二、保障教育實施的品質

教育法令的訂頒，不僅在規範與導引教育活動的實施，同時也在
保障教育活動實施的品質，可見教育法令具有雙重的功能。在消極方
面，法規設定了最低的條件限制，提供教育活動最起碼的標準要求，保
障教育實施的品質；在積極方面，法規導引教育活動的發展方向，也提
供教育發展的目標與理想。

三、促進教育改革的成功

一般說來，教育法令大都會規範組織、人員、運作方式，可確定執
行的機關人員，並因有法規依據，經費的編列有法源基礎，可確保經費
有固定的來源，推動的事務不會因無經費而遭停頓。

四、教育理念的具體化

任何人都可提出許多教育理念，但教育理念如果無法化爲具體措施
實際去推動，則僅是空中樓閣而已。而教育法令是教育理念具體化的表

現，透過教育法令可將教育理念以具體可行之方式明文規定於法律、規程、綱要、標準等之內，俾使教育人員有清楚可行之明確方向，促進教育目標的有效達成。

肆 教育法令的類別與名稱

教育法令在中央法規方面包括教育法律與教育命令。教育法律專指由立法機關經過立法程序所制定的法律而言，教育命令則指各機關依其法定職權或基於法律授權訂定之命令。在地方方面，依據《地方制度法》之規定，地方政府可依規定自訂自治法規，自治法規又分成自治條例、自治規則及委辦規則。因此，以下分成教育法律、教育命令、地方自治法規，分別說明法規類別及其名稱（行政院，2017；李建聰，2000；顏國樑，2015）。

一、中央教育法令

（一）教育法律

依據《中央法規標準法》第 2 條規定：法律的名稱得分為法、律、條例、通則。這四種名稱，無論以何種名稱制定，其程序與位階性，並無差異。目前在教育法律方面只有法與條例兩種用法。

（二）教育命令

因為教育法律僅是原則性的規定，仍需要靠行政機關訂定許多教育命令，才能有效推展教育工作。以下分成法規命令、行政規則加以說明。

1. 法規命令

在學理上稱法規命令，乃與人民權利義務有關，並對外發生效力的命令。此種教育命令，是一種委任命令，亦稱授權立法，乃是各機關基於法律授權所發布的命令（李建聰，2000）。法案在名稱用法上，得依其性質分成規程、規則、細則、辦法、綱要、標準或準則（《中央法規標準法》第 3 條）。

2. 行政規則

所謂行政規則，在學理上認為乃是屬於機關內部規定，其規範機關內部有關事項，沒有直接對外發生效力，與人民權利義務亦無直接關

係。目前教育行政機關本於行政權，單純就某種個別事件所發布的事項，往昔學理上稱為單純命令或行政規定。其常用的名稱有：要點、須知、注意事項、方案、程序、基準、規定、原則、計畫等名稱，這些名稱的使用，主要在針對法規命令作進一步的說明，具有促使民眾得知依法而行的作用，但不具法規的特性及效力（李建聰，2000）。

二、地方自治法規

（一）自治條例

　　《地方制度法》25條規定：「直轄市、縣（市）、鄉（鎮、市）得其自治事項或依法律及上級法規之授權，制定自治法規。自治法規經地方立法機關通過，由各該機關公布者，稱自治條例」，如《臺北市國民中小學校長遴選自治條例》。

（二）自治規則

　　《地方制度法》第27條規定：「直轄市政府、縣（市）政府、鄉（鎮、市）公所究其自治事項，得依其法定職權或基於法律、自治條例之授權，訂定自治規則。」自治規則應分別冠以地方自治團體的名稱，並依其性質，定名為規程、規則、細則、辦法、綱要、標準或準則。

（三）委辦規則

　　《地方制度法》第29條規定：「地方行政機關為辦理上級機關委辦專案，得依其法定職權或基於法律、中央法規之授權，訂定委辦規則。」例如：《新竹市教育審議委員會設置辦法》，就是依據《教育基本法》第10條的授權訂定。

伍　教育法律制定過程

　　我國立法院為國家最高立法機關，代表人民行使立法權，立法機關為政策合法化的主要機關，依照我國實際情況分成一、提案。二、程序委員會。三、一讀會。四、委員會審查。五、黨團協商。六、院會二讀會。七、院會三讀會。八、總統公布（立法院，2021；張芳全，2000；顏國樑，2015；羅傳賢，1996），其詳細的立法過程如圖11-1。

圖11-1

我國教育法律立法程序

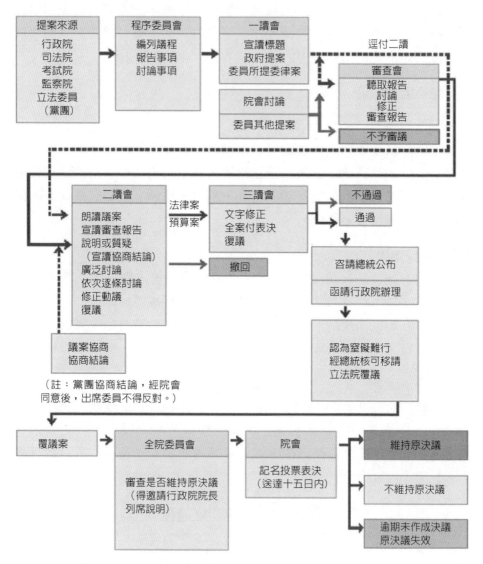

註：立法院（2022）。立法程序。作者。
https://www.ly.gov.tw/Pages/List.aspx?nodeid=151

第二節　我國教育法令的體系

　　一個國家的教育立法是否完善和有效，往往取決於是否有一個健全的教育法令體系。教育法令體系並不是現行教育法令的簡單相加，其必須反映國家的教育政策，反映教育與社會、經濟、政治、文化等的緊密關係。我國制（訂）定有不同等級與不同效力的教育法令的體系，以下分成縱向結構與橫向結構兩方面來分析（顏國樑，2015）。

壹　教育法令的縱向結構

　　由於教育法令的立法權限和立法程序的不同，教育法令的適用範圍和效力也不同。以教育法令的效力位階而言，以《憲法》有關的教育條款的位階最高，其次為《教育基本法》，再其次為各種教育法令，最低位階的教育法令則是教育行政機關頒布的教育法令命令及地方自治法規。它們之間的位階關係如表 11-1。以下分別說明這些不同階級的教育法令的內涵。

表 11-1
教育法令效力位階

位階	法令類別		法令效力
第一層	憲法及其增修條文		教育法律、命令皆不得牴觸憲法。
第二層	教育基本法		不得牴觸憲法，而教育法令應依該法之規定，修正、廢止或制（訂）定。
第三層	教育法律		1. 教育法律不得牴觸憲法、教育基本法。 2. 教育命令不得牴觸教育法律。
第四層	中央教育法令命令		依據法律授權訂定，其效力高於地方自治法規，但不得牴觸憲法、教育基本法、教育法律。
第五層	地方教育自治法規		1. 地方教育自治條例不得牴觸憲法、法律或基於法律授權的法規。
	地方教育自治條例	地方教育自治條例	2. 地方教育自治規則不得牴觸憲法、法律、基於法律授權的法規及地方自治條例。

註：作者整理

一、憲法中的教育條款

民國 36 年制定的《憲法》第十三章基本國策之第五節列為教育文化，共計十條，自 158 條至 167 條；其他涉及到教育的條款還有第 21 條規定「人民有受國民教育之權利與義務」，及第 168 條有關邊疆地區各民族教育等事項的規定。這些條款對於教育的目標、教育機會均等原則與保障、國民教育制度、教育事業的監督、社會教育、教育經費的保障、教育工作者的保障、教育事業的獎助等基本問題都有原則性的規定。

此外，在民國 89 年修正《憲法增修條文》中的第 10 條的第 10 項，規定各級政府教育經費的編列原則；第 11 項及第 12 項規定保障原住民語言與文化，並強調對原住民及離島地區教育文化事業的重視等。上述《憲法》及增修條文中有關教育的條文是制（訂）定教育法令的最高規範。

二、教育基本法

《教育基本法》乃是為落實並補充《憲法》有關教育的原則性規定，並明定教育之目的與基本原則，以作為有關教育事務之法規及政策的基本指導綱領的法律，可說是一切教育法令的根本大法（顏國樑，2000）。依該法第 16 條：「本法施行後，應依本法之規定，修正、廢止或制（訂）定相關教育法令」。此正突顯它是所有教育法令的依據，在法律的實質效力上，介於《憲法》與其他教育法律之間，其位階是僅次於《憲法》，效力可以說是所有教育法令最高者。

三、教育法律

這裡所指的教育法律，係經過立法院通過，由總統公布的教育法律。在名稱上，採用「法」與「條例」兩種名稱。而又以「法」的名稱居多。教育法律係教育命令的母法，教育命令不得牴觸教育法律。

四、中央教育法令命令

中央法規命令是與人民權利義務有關，並對外發生效力的命令。此種教育命令是各機關基於教育法律授權所發布的命令。由中央政府各行政機關依法律授權所訂定的法規稱為「中央法規命令」，其效力高於地方自治法規。

五、地方自治法規

依據《地方制度法》的規定，地方政府可就其自治事項或依法律及上級法規之授權制定自治法規（《地方制度法》第 25 條）。自治法規包括自治條例與自治規則兩種。在自治條例方面，地方立法機關可以制定教育方面的法律，惟其名稱需要冠以「自治條例」及地方自治團體的名稱，如《臺北市國民中小學校長遴選自治條例》、《高雄縣鼓勵民間參與經營教育事業自治條例》。在自治規則方面，地方政府也可以就其自治事項，基於法律、自治條例的授權或其法定職權，訂定地方教育行政規則，如《宜蘭縣教育審議委員會設置辦法》、《高雄市各級學校場所使用管理要點》。

就法律位階及效力而言，地方自治法規的位階最低、效力最小。但就數量而言卻不少，這些地方自治法規的制訂可補教育法律的不足，並可適應地方的需求，發揮地方特色。

貳　教育法令體系的橫向結構

教育法令橫向結構，是指按照教育關係的性質或教育關係的構成要素不同，劃分出若干處於同一類別的部門法，形成教育法令調整的橫向面，使之在橫向構成上呈現門類齊全、內容完整、互相協調的體系（張東天主編，2000）。我國現行的教育法令體系，其內容十分龐雜，除《憲法》上的教育條款外，尚包括各種法律、法規命令及行政規則，以下僅就我國教育法律方面的橫向結構的表現形式加以說明，如表11-2。

表 11-2

我國教育法律架構表

類別	法條	條例
基本規範	憲法及其增修條文、教育基本法	
教育行政組織	教育部組織法、教育部國民及學前教育署組織法、教育部體育署組織法、教育部青年發展署組織法、國家教育研究院組織法、國家圖書館組織法、國立自然科學博物館組織法、國立科學工藝博物館組織法、國立教育廣播電臺組織法、國立臺灣科學教育館組織法、國立公共資訊圖書館組織法	國家運動訓練中心設置條例
教育經費	教育經費編列與管理法	國立大學校務基金設置條例 國立高級中等學校校務基金設置條例 各級學校扶助學生就學勸募條例
學校教育	大學法、學位授予法、專科學校法、技術及職業教育法、高級中等教育法、國民教育法、幼兒教育及照顧法、私立學校法、國民體育法、學校衛生法、學生輔導法	強迫入學條例、教保服務人員條例、公立國民小學及國民中學委託私人辦理條例、高級中等以下教育階段非學校型態實驗教育條例、學校型態實驗教育實施條例、偏遠地區學校教育發展條例、私立高級中等以上學校退場條例
社會教育	社會教育法、補習及進修教育法、藝術教育法、家庭教育法、圖書館法、性別平等教育法、終身學習法	空中大學設置條例 社區大學發展條例 教育部所屬機構作業基金設置條例
少數族群	特殊教育法、原住民族教育法	
教育人員	教師法、師資培育法、公教人員保險法	教育人員任用條例、公立學校教職員退休資遣撫卹條例、學校法人及其所屬私立學校教職員退休撫卹離職資遣條例、軍公教遺族就學費用優待條例、教保服務人員條例、教師待遇條例

註：作者整理

第三節　我國教育行政組織與職權

壹 教育行政體系

任何國家為了落實教育工作，皆需要建立系統性的教育行政制度來推動。我國教育行政制度系統（教育部，2022），如圖 11-2。由圖中可知行政院是我國最高行政機關。對教育部、縣市政府；直轄市政府的教育行政相關事務具有監督的職權。教育部對於國立各級學校、國立社教機構、私立大專校院、私立高級中等學校具有監督的職權。對於直轄市教育局與縣市教局（處）具有業務指導的職權。

圖11-2

教育行政體系

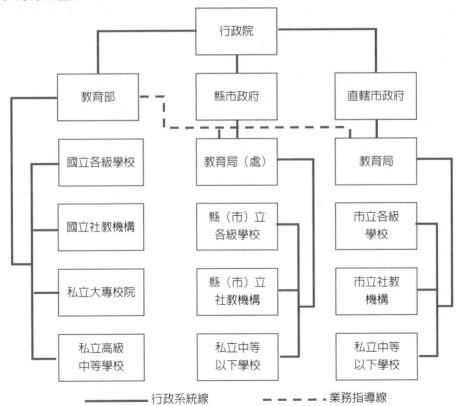

貳　我國教育行政組織、職權及特徵

　　我國的教育行政制度分為二級，中央為教育部。在地方包括直轄市與縣市政府。直轄市有臺北市、高雄市、新北市、臺中市、臺南市、桃園市六個教育局，在縣市為縣市教育處。以下分別敘述中央教育行政機關：說明教育部與教育部國民及學前教育署的組織與職權。地方教育行政機關方面，直轄市以臺北市，縣市以新竹市教育處為例，說明其職權組織結構、職權及特徵。

一、中央教育行政機關

（一）教育部組織與職權

　　目前教育部置部長 1 人，政務次長 2 人，常務次長 1 人，主任祕書 1 人，參事、督學若干人，下設 8 司、6 處、3 署。茲將教育部設立各單位的名稱及職權簡述如下（教育部組織法，2021；教育部處務規程，2019），其組織架構如圖 11-3（教育部，2022）。

　　1. 綜合企劃司

　　掌理事項包括：(1) 年度施政方針與計畫；(2) 施政報告、重大個案計畫之研擬、管考及評估；(3) 研究發展工作之規劃、研析、推動及管考；(4) 原住民族及少數族群教育、學校衛生教育、海洋教育政策；(5) 全國性教育會議、部務會報及其他重大會議之籌辦；(6) 國家教育研究院之督導；(7) 教育經費編列與管理、學校衛生教育、原住民族及少數族群教育、綜合性教育相關法規之研修；(8) 國會、新聞發布、媒體公關之協調及聯繫；(9) 為民服務工作。

　　2. 高等教育司

　　掌理事項包括：(1) 高等教育（含醫學教育等各學術領域）政策；(2) 大學各類人才培育、多元入學制度與增設調整系所；(3) 大學評鑑、產學合作與技術研發；(4) 大學卓越化、國際化、國外與大陸學歷採認；(5) 大學學雜費、學生助學措施、資源分配、財務及行政之監督；(6) 大學組織規程之審核；(7) 大學原住民族與少數族群教育事項；(8) 專科以上學校教師資格審定、學術倫理規範及國家講座、學術獎遴選；(9) 大

圖11-3

教育部組織架構

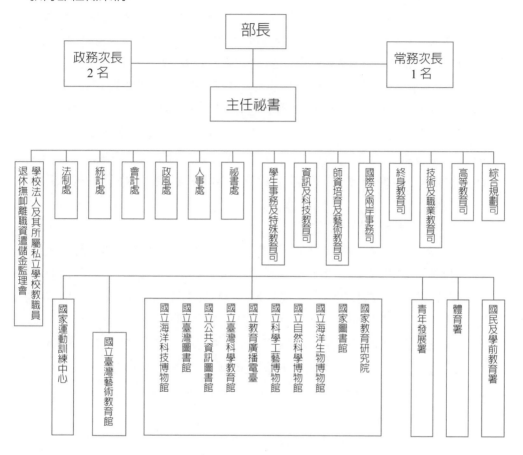

學、私立學校、學位授予及其他高等教育相關法規之研修。

3. 技術及職業教育司

掌理事項包括：(1) 技術職業教育政策；(2) 科技大學、技術學院、專科學校（以下簡稱技專校院）各類人才培育、多元入學制度與增設調整系所；(3) 技專校院評鑑、產學合作與技術研發；(4) 技專校院卓越化、國際化、國外與大陸學歷採認；(5) 技專校院學雜費、學生助學措施、資源分配、財務及行政之監督；(6) 技專校院組織規程之審核；(7) 技專校院原住民族與少數族群教育事項；(8) 技專校院教師技術報告送

審升等；(9) 技術及職業教育相關法規之研修。

4. 終身教育司

掌理事項包括：(1) 終身教育、空中教育、短期補習教育、國民中學與國民小學補習學校教育、成人基本教育與成人特殊教育政策；(2) 社會層面人權教育、法治教育、公民教育、品德教育與生命教育政策；(3) 家庭教育、外籍配偶教育與婦女教育政策；(4) 高齡教育政策；(5) 全國公共圖書館之輔導及閱讀推廣之規劃；(6) 本國語言文字之研究、保存與推動及字形、字音、字義標準之訂定；(7) 國立社會教育機構之設立、輔導與監督及直轄市、縣（市）立、私立社會教育機構之輔導；(8) 教育基金會與教育公益信託之設立、輔導及監督；(9) 終身教育相關法規之研修。

5. 學生事務及特殊教育司

掌理事項包括：(1) 性別平等教育政策與大專校院性別平等教育工作之推動及督導；(2) 學生事務政策規劃與大專校院學生事務工作；(3) 學生輔導政策規劃與大專校院學生輔導工作。(4) 特殊教育政策規劃與大專校院特殊教育工作；(5) 校園安全規劃、校安通報、校園災害管理、防制校園霸凌與藥物濫用；(6) 各級學校全民國防教育、學生兵役、全民防衛精神動員與教育服務役政策；(7) 軍訓教官與護理教師相關權益；(8) 學生事務及特殊教育相關法規之研修。

6. 國際及兩岸事務司

掌理事項包括：(1) 國際教育、學術交流政策；(2) 國際教育、學術相關組織之聯繫及參與；(3) 駐境外單位之籌設、聯繫及督導；(4) 公費留學生、獎學金生、遊學；(5) 外賓邀訪；(6) 對外華語文教育政策；(7) 兩岸教育交流政策、陸生與港澳生來臺就學、大陸地區臺商學校之設立、獎補助及督導；(8) 僑生教育政策、僑生來臺就學、海外臺灣學校；(9) 外僑學校政策、外國學生來臺就學。

7. 師資培育及藝術教育司

掌理事項包括：(1) 師資政策、制度規劃、推動及相關法規之研修；(2) 師資培育大學之認定、職前教育課程、獎補助、公費獎助金；(3) 教師資格檢定考試與教師資格認定；(4) 教育實習與專業證照；(5) 教師在

職進修政策與制度；(6) 師資培育教育研究發展與地方教育輔導；(7) 教師專業組織輔導、專業標準、專業發展、評鑑與進階制度；(8) 藝術教育政策、制度規劃與推動及相關法規之研修；(9) 藝術教育活動推廣之規劃、推動及督導。

8. 資訊及科技教育司

掌理事項包括：(1) 資訊教育政策之規劃與推動及相關法規之研修；(2) 臺灣學術網路及教育體系資通訊安全政策；(3) 數位學習政策與數位教學資源；(4) 教育行政資訊系統與資料庫；(5) 人文社會科學與科技教育政策；(6) 前瞻性專業領域或跨領域人文社會科學與科技教育計畫；(7) 學校環境教育政策、永續發展、人才培育及跨部會交流；(8) 學校防災教育與實驗場所安全管理、廢棄物管理與化學品管理政策；(9) 所屬機關（構）資訊應用環境規劃及管理。

9. 祕書處

掌理印信典守及文書、檔案、出納、財務、營繕、採購、工友（含技工、駕駛）及駐衛警、學產基金之經營管理及運用等。

10. 人事處

掌理教育人事政策，以及教育部、所屬機關（構）及專科以上學校人事事項。

11.政風處

掌理教育部所屬機關（構）及專科以上學校政風事項。

12. 會計處

掌理教育部、所屬機關（構）與專科以上學校之歲計及會計事項。

13. 統計處

掌理教育部、所屬機關（構）與專科以上學校統計事項。

14. 法制處

掌理法規案件之審查、法規之整理及檢討、法規疑義之研議及闡釋、訴願案件之審議、中央級教師申訴案件之評議、其他有關法制、訴願及教師申訴事項。

15. 學校法人及其所屬私立學校教職員退休撫卹離職資遣儲金監理會

是一種常設任務編組的性質，以處理學校法人及其所屬私立學校教

職員退休撫卹離職資遣儲金相關事宜。

教育部設有三級機關，包括國民與學前教育署、體育署、青年發展署。職權如下：

1. 國民及學前教育署

掌理規劃、推動高級中等以下學校與學前教育政策及制度，並督導、協調、協助各地方高級中等以下學校與學前教育之發展，及執行教育部所轄高級中等以下學校教育事項。

2. 體育署

掌理體育與運動政策、運動彩券、運動發展基金、運動產業發展、學校體育發展、全民運動發展、競技運動發展、國際及兩岸運動交流發展、運動設施發展、職業運動、國家運動訓練中心等。體育署設立國家體育場管理處。

3. 青年發展署

掌理青年生涯輔導政策、青年就業力政策、大專校院學生就業力、創業力及領導力培育、青年政策參與、大專院校自治組織與學生社團、青年志工參與政策、青年旅遊學習政策、服務學習政策等。

另外設立所屬三級機構，包括國家圖書館、國家教育研究院、國立海洋生物博物館、國立自然科學博物館、國立科學工藝博物館、國立教育廣播電臺、國立臺灣科學教育館、國立公共資訊圖書館、國立臺灣圖書館、國立海洋科技博物館、國家運動訓練中心（行政法人）。所屬四級機構設有國立臺灣藝術教育館。

（二）教育部國民及學前教育署組織與職權

「教育部國民及學前教育署」的設立，是教育部為配合中央政府組織改造，整併中教司、技職司、國教司、訓委會、特教小組、環保教育小組及中部辦公室等單位的相關業務。置署長 1 人，副署長 2 人，主任祕書 1 人，分設四組四室，專責掌理高級中等以下學校教育政策、制度的規劃、執行及督導，並協調及協助地方政府辦理國民及學前教育共同性事項。茲將「教育部國民及學前教育署」設立各單位的名稱及職權簡述如下（教育部國民及學前教育署組織法，2012；教育部國民及學前教育署處務規程，2012），其組織架構如圖 11-4。

圖11-4

教育部國民教育與學前教育署

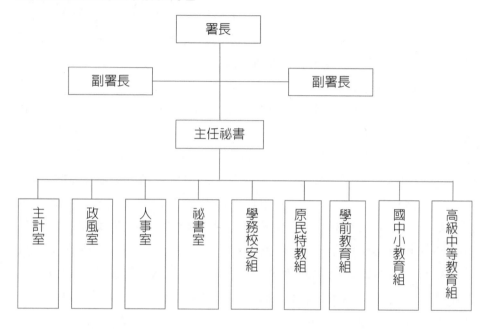

1. 高級中等教育組

　　掌理事項有：(1) 直轄市、縣（市）政府辦理高級中等教育之督導及協調；(2) 高級中學教育制度之政策規劃及相關法規之研修；(3) 所轄高級中等學校行政之管理及督導；(4) 高級中等學校校園環境設施、教學設備之規範及督導；(5) 高級中等學課程、教學、研究、實驗；(6) 高級中等學校辦理國際教育與交流；(7) 高級中等學校學生實習；(8) 高級中等學校辦理進修教育業務；(9) 高級中等學校入學政策。

2. 國中小教育組

　　掌理事項有：(1) 直轄市、縣（市）政府辦理國民中學、國民小學之督導及協調；(2) 國民中學、國民小學與學前教育制度之政策規劃及相關法規之研修；(3) 國民中學、國民小學與學前教育經費之補助及督導；(4) 國民中學、國民小學課程、教學、研究、實驗；(5) 國民中學、國民小學與學前教育階段研究、實驗；(6) 偏遠地區學校教育發展。

3. 學前教育組

掌理事項有：(1) 直轄市、縣（市）政府辦理學前教育之督導及協調；(2) 學前教育制度之政策規劃及相關法規；(3) 學前教育經費之補助及督導；(4) 學前教育課程綱要；(5) 學前教育機構設施與教學設備之規範及督導；(6) 學前特殊教育之推動及督導。

4. 原民特教育組

掌理事項有：(1) 直轄市、縣（市）政府辦理高級中等以下學校原住民族與少數族群教育、特殊教育之督導及協調；(2) 高級中等以下學校原住民族與少數族群教育及特殊教育之政策規劃及相關法規之研修；(3) 高級中等以下學校原住民族與少數族群教育、特殊教育經費之補助及督導；(4) 高級中等以下學校原住民族及少數族群教育、特殊教育課程、教學、研究與實驗；(5) 高級中等以下學校原住民族與少數族群教育、特殊教育學生就學扶助、補助、獎助；(6) 所轄高級中等以下學校特殊教育學校行政之管理及督導；(7) 高級中等以下學校特殊教育學生就學鑑定、安置與輔導；(8) 高級中等以下學校無障礙校園環境、特殊教育教學設備、教育輔助器材與支持服務系統建置；(9) 其他有關高級中等以下學校原住民族與少數族群教育及特殊教育事項。

5. 學務校安組

掌理事項有：(1) 直轄市、縣（市）政府辦理高級中等以下學校與學前教育階段學生事務、輔導與校園安全防護、學校衛生之督導及協調；(2) 高級中等以下學校學生事務工作；(3) 高級中等以下學校學生輔導工作；(4) 高級中等以下學校校園安全中心；(5) 高級中等以下學校全民國防教育、校園安全防護、防災教育、交通安全教育、校外生活輔導；(6) 高級中等以學校全民國防教育與設備、器材購置業務；(7) 本署、各直轄市政府軍訓單位、高級中等學校之軍訓教官與護理教師人事事務管理；(8) 高級中等以下學校與學前教育階段衛生制度、健康促進；(9) 高級中等以下學校與學前教育階段校園傳染病、慢性病防制；(10) 高級中等以下學校與學前教育階段環境衛生、環境保護、學校午餐、校園餐飲營養衛生。

6. 祕書室

掌理事項有：(1) 印信典守及文書、檔案之管理；(2) 出納、財務、營繕、採購及其他事務管理；(3) 媒體公關事務之政策規劃、研擬、執行及管考；(4) 不屬其他各組、室事項。

7. 人事室

掌理本署及所轄學校人事事項。

8. 政風室

掌理本署及所轄學校政風事項。

9. 主計室

掌理本署及所轄學校歲計、會計及統計事項。

二、地方教育行政機關

（一）臺北市教育局的組織與職權

臺北市教育局隸屬於臺北市政府，為臺北市政府一級機關，置局長 1 人、副局長 2 人、主任祕書 1 人，下設 9 科 7 室。其組織架構如圖 11-5。茲將臺北市教育局各單位名稱與職掌說明如下（臺北市政府教育局組織規程，2014）：

1. 綜合企劃科：高等教育、國際教育、性別平等教育、青年教育與新聞聯繫、府會聯絡、研究發展及管制考核等綜合事項。

2. 中等教育科：高級中等學校及國中教育等事項。

3. 國小教育科：國小教育事項。

4. 學前教育科：學前教育事項。

5. 特殊教育科：特殊教育事項。

6. 終身教育科：終身及補習教育等事項。

7. 體育及衛生保健科：各級學校體育、衛生保健及環境教育等事項。

8. 工程及財產科：市立學校、本局所屬社會教育機構等用地取得與財產管理及營繕工程等事項。

9. 資訊教育科：應用資訊科技於教學與學習、行政資訊化及資訊教育等事項。

10. 祕書室：文書、檔案、出納、事務、財產之管理與法制業務及

不屬於其他各單位事項。

　　11.督學室：各級學校與本局所屬社會教育機構之指導考核、策進及參與。

　　12.軍訓室：依法辦理高級中等以上學校軍訓工作、全民國防教育、校園安全及防災教育等事項。

　　13.會計室：依法辦理歲計、會計及帳務檢查等事項。

　　14.統計室：依法辦理統計事項。

　　15.人事室：依法辦理人事管理事項。

　　16.政風室：依法辦理政風事項。

　　17.其他：另設有二任務編組：(1) 學生輔導諮商中心：辦理學生諮商、輔導服務工作事項；(2) 數位學習教育中心：協助辦理數位學習規劃等工作事項。

　　除了上述單位之外，二級單位設有臺北市教育局所屬單位包括臺北市青少年發展處、臺北市教師研習中心、臺北市家庭教育中心、臺北市立天文科學教育館、臺北市立圖書館、臺北市立動物園。

圖11-5

臺北市教育局組織架構

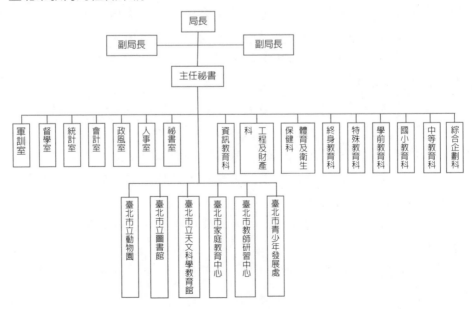

（二）新竹市教育處的組織與職權

　　新竹市教育處置處長一人，承市長之命掌理局務。置副處長一人，下設督學室、國民教育科、學務管理科、社會教育科、體育保健科、特殊與學前科、國教輔導團、教育網路中心。其組織系統如圖 11-6。茲將新竹市教育處各單位名稱與職掌說明如下（新竹市教育網，2022）：

　　1. 督學室：市私立中小學視導考核及報告、各校陳情案件調查及處理、教育人員之專案獎懲、抽查學生聯絡簿及作業分別予以督導及改進、協助各科進行視導與評鑑工作。

　　2. 學務管理科：掌理學校校務、訓導、輔導及人事等有關行政事宜。校安通報系統管理及綜理校園安全維護、新住民子女教育、補救教學計畫、戶外教育、十二年國教入學方案、科學教育、原民族教育等。

　　3. 國民教育科：掌理增班設校、修建設備、學校總務、學區劃分、教育經費、防災、消防、全民國防教育、永續教育等有關事宜。

　　4. 社會教育科：掌理終身教育、性別教育、補習教育、特殊及資深優良教師表揚、童軍教育、高齡教育、美感教育、交通安全教、國語文競賽、家庭教育、社區大學與成人教育等有關事宜。

　　5. 體育保健科：掌理體育場館與運動中心、校園食品管制及健康飲食、學校午餐衛生、運動競賽、消費者保護、健康促進學校、學校飲用水、學校校護等有關事宜。

　　6. 特殊與學前教育科：(1) 特教法規、人事、課程教學、教師進修、經費、評鑑、身心障礙學生之鑑定與輔導及教育安置等相關事宜，以及資優教育、在家教育、藝術才能學生鑑定及藝才班相關業務；(2) 幼兒法規、設園增班及充實設備、人事、經費、教師進修、評鑑、公共教保服務等有關事宜。

　　7. 課發中心：掌理國教輔導團及其領域中心學校運作、十二年國民基本教育之管控與前導學校、STEAM 聯盟、科技教育、精進教學計畫、國民中小學本土教育、教師專業實踐計畫、教師社群等有關事宜。

　　8. 教育網路中心：掌理學術網路中心及中小學網路、資訊安全管理制度、教師研習護照系統、學生帳號系統、國中資訊教育規劃與執行、前瞻數位基礎建設等有關事宜。

圖11-6

新竹市教育處組織架構

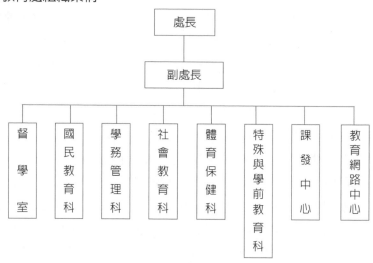

三、我國教育行政制度的特徵

綜合上述分析,我國教育行政制度的特徵如下(丁志權,2020;秦夢群,2020;顏國樑,2015;謝文全,2022):

(一)依據《憲法》、《教育基本法》、《地方制度法》的規定,中央與地方的職權劃分係採取均權制度,但因為地方經費不足,需要教育部經費補助,在實際運作上仍傾向中央集權。

(二)教育部為中央主管機關,掌理各級各類教育,主要功能為教育政策的規劃、輔導級行政監督。而教育部之上,尚有行政院與總統府影響教育政策;其他立法院、司法院、監察院、考試院對教育政策也有相當程度的影響,尤其立法院因有審議立法與預算的權責,對教育政策運作影響最大。

(三)教育部設立國民教育與學前教育署,主管中小學教育事務,但可能使得教育部與國教署某些職掌混淆。以學生事務工作為例,教育部學生事務與特殊教育司,國教署設有學務校安組、兩者在權責劃分方面,可能產生混淆,而影響行政效能。

（四）教育行政機關層級採取兩級制，即是中央與地方兩級，縣以下的鄉鎮市與直轄市下的區，均不設立教育行政主管機關。

（五）教育行政機關為該級政府內部的布局，採取一般行政與教育行政合一的制度，非獨立於該政府之外。此種制度較容易受到政治運作的影響，受制於民意代表與民選首長的意識形態，較不利於教育行政的專業自主性與中立性。

（六）教育行政機關採取首長制，不是委員制。教育部設部長，各地方教育行政機關設首長一人，分別綜理行政業務。優點在於事權統一，缺點較易流於主觀專權。

（七）教育行政機關採取的結構具有科層體制色彩，有層級節制、專業分工、依法行事、保障任期、建立書面檔案等特徵。

（八）教育行政人員署於公務人員體系，除了部長、政務次長、直轄市教育局長、部分縣市教育處長署於政務官或政務職外，其餘均須具備公務人員任用資格。這也導致教育行政機關人員具備學校教學經驗愈來愈少，不利於教育政策的制定與推動。

（九）教育部設有教育審議委員會，但並未充分發揮審議與諮詢的功能。地方縣市依據《教育基本法》規定設有地方教育審議委員會，其功能尚有待加強。

（十）教育行政人員專業化任用制度尚不完善，因相關法令並未規定教育行政人員必須受過教育行政學方面的專業培訓，教育行政專業成長制度仍待建立。

（十一）教育經費受到法律保障，依據《教育經費編列管理法》規定，各級政府教育經費預算合計應不低於該年度預算籌編時之前三年度決算歲入淨額平均值之 23%。

第四節　我國教育行政制度的運作

教育行政人員對國家的教育行政制度的靜態結構應深入了解之外，亦應掌握教育行政制度的動態運作過程，才順利達成教育政策的目

標。目前我國是民主法治的國家，因此，所有教育行政制度的運作皆須依《憲法》及教育法令來推動教育工作，並強調民主參與、專業化及科學化的要求，以提升教育行政運作的效能。現有我國教育行政組織分爲教育部與直轄市教育局、縣市教育局二級，茲將每一層級的運作過程詳述如下（李惠宗，2004；黃昆輝、吳清基，1984；顏國樑，2001，2014；秦夢群，2020；謝文全，2022）。

壹 教育部教育行政制度的運作過程

一般而言，教育部決策的運作大都是政策的決定，其運作過程如下：

一、教育問題的提出

政策的制定，係在解決問題爲目的，因此，教育問題的提出實爲教育政策制定的第一步。在教育部政策制定過程中，教育問題的提出有多方面的不同來源，包括：來自中央行政首長或上級行政機關的交議研辦、基層縣市教育行政機關的向上反應建議、教育部全國教育會議的建議、教育部內部行政單位工作人員自行提出、立法院民意代表機構的意見、執政黨中常會或全會的決議、社會一般輿論的反映、學術與社團單位的研究建議、教育學者個人研究心得的建言等。

二、教育問題的商議座談或委託研究

經過確實認定的教育問題被提出之後，教育部邀請有關專家學者、承辦行政業務相關的教育部與縣市教育人員、相關利益團體代表（如教師、家長、學校行政團體代表），共同研議座談，俾求集思廣益之效。問題性質簡單的，僅需一、二次的座談研商，即可獲得一致性的結論，但若問題性質較複雜的，則邀集研商的次數將增多，甚至指定專案小組長時間定期研討，或委託學術單位提專案研究報告建言。

三、教育政策的研擬

教育行政機關在多方蒐集資料，並經過共同研究討論與分析過程

後，將可獲致可行的問題解決變通方案。政策草案研擬完成後，有時需要再重赴各地區辦理座談修訂之，有時則逕送法制處進行法規審議工作。

四、教育法規的審議

一般說來，經研擬完成的教育問題決策方案，若屬行政命令之功能性質者，則可逕由教育部長核定發布實施。但若涉及法律之功能性質者，則須送請教育部法制處法規委員會審議，經法規委員會審議通過的決案方案，再經教育部主管會報討論通過後，方可送請行政院審議。

五、立法審議

教育法律經行政院院務會議通過的教育政策法案，尚須再送立法院審議，以完成立法程序。通常須經立法院三讀通過，行政院所送的教育政策才算完成合法化的程序。不是法律層次的教育政策，則視教育部的權責規定發布實施。

六、公布施行

經立法院三讀通過的教育法律，最後要咨請總統明令公布實施，至此教育政策的制定過程乃告完成。

貳　直轄市與縣市教育局（處）教育行政組織的運作過程

一般而言，直轄市與縣市教育局決策的運作過程中，全國性政策性的決定機會較少，事務性的決定則較多，其運作過程如下。

一、教育問題的提出

直轄市與縣市教育行政決策問題的提出，其主要來源包括：自上級教育部主管行政命令的要求、局（處）內教育行政人員的創發性看法、所管轄學校機關的意見反映、專家學者的研究建議、議會的建議等。

二、教育問題的研商解決

教育局（處）主辦科行政人員在發現教育問題後，一方面請示單位主管意見，一方面視問題的需要性，邀請專家學者、有關教育與學校行政人員，或相關利益團體共同參與座談，研商解決方案。

三、局務會報研議

經主辦業務科行政人員擬妥的解決方案，若經局（處）長批定，則大致已生效可行。惟若涉及須動員全局（處）或有求他部門來作行政支援時，則常會在局（處）會報提出討論審議，請各科及督學表示意見，再由局（處）長裁決定案。

四、縣市政府主管會議審議

若某項教育問題之解決方案，涉及教育局（處）以外之相關行政部門，而非教育局（處）長所能批定時，常由教育局（處）長於縣市政府主管會報中提出報告、研商或審議。由直轄市與縣市政府教育局（處）決定的行政問題解決方案，一經批定發布後即可生效實施，惟有時尚須函報教育部核備。

五、議會立法審議

教育事務若涉及自治條例之功能性質者，則須送請直轄市縣市法制室之法規委員會審議，經法規委員會審議通過之決案方案，再經直轄市與縣市政府主管會議討論通過後，乃可送請經直轄市與縣市議會審議。通常需要進行三讀的程序，直轄市與縣市的教育政策才算完成合法化的程序。

六、公布

直轄市與縣市的教育政策屬於自治規則性質，經送請直轄市與縣市政會議通過後，由直轄市政府辦理公布及相關事宜，並於公布後函報教育部備查。若教育政策是屬於自治條例，除法律另有規定外，直轄市

法規公布後，應報教育部轉行政院備查。但如果規定有罰則的法規，經
送請議會議決後，應分別報經教育部與行政院核定後實施。經過上述程
序，直轄市與縣市的教育政策的訂定過程才告完成。

 **第五節　教育法令與行政制度
的發展趨勢**

壹　教育法令的發展趨勢

　　隨著教育改革潮流的推動，教育革新理念和措施的實施，必須有相
關的法規作為政策執行的根據，才能落實教育改革。以下考量教育的特
性，綜合專家學者的看法（李惠宗，2004；林純雯，2006；周志宏，
2012；許育典，2007；顏國樑，2014，2015；羅傳賢，1996；Biegel,
2012；Dayton, 2012；Zander, 1990），提出教育法令立法的發展趨勢。

一、教育法令內容應以實現教育本質為綱

　　教育法令是手段不是目的，立法過程中，不應受意識形態之爭、法
規內涵不偏於利益團體的立場，教育法令的內涵應符合教育本質，透
過法案的推動，使受教者能開展潛能，追求自我實現，培養五育均衡發
展的全人教育。《教育基本法》乃是為落實並補充《憲法》有關教育的
原則性規定，並明定教育之目的與基本原則，以作為有關教育事務之法
規及政策的基本指導綱領的法律，可說是一切教育法令的根本大法。因
此，所有教育法令自應恪遵《教育基本法》所揭示的教育本質與原則，
包括諸如教育目的、國民的學習權與受教權、家長教育選擇權與參與學
校教育權、中央教育權的下放、教師專業自主、教育中立、國民教育小
班小校、獎勵私人興學、資源的合理分配與有效運用、適時延長國民教
育年限等，作為教育立法的依據。

二、保障學習者的學習權與受教育權利為中心

學習權的保障為一切教育活動之目的，受教育的權利也是以學習權為其本質。因此，教育法令的一切法規範，應以保障學習者的學習權與受教育權利為中心，確立以學習權與受教育權利為核心的教育法制。《教育基本法》第 1 條即闡明立法目的在於「保障人民學習及受教育的權利」，意即教育法令制定，其思考的起點應從保障學習權以及學習權的主體開始。尤其政策立法內涵應能反映出保障弱勢族群的學習權與受教育機會的具體作法，達成實質的教育機會均等。

三、加強教育行政人員教育法制方面的專業素養

教育法令立法過程中，教育行政人員的教育法制素養不足，這對於教育法令的品質與效率有相當大的影響，這與教育行政人員培育過程及在職進修缺乏教育法制課程有關。因此，有必要加強教育行政人員教育法制的素養。在作法上可從下面著手：第一，教育行政人員的考試、職前訓練及遴用重視教育法制相關課程的學習或考試。第二，辦理教育行政人員在教育法制方面的研習進修，加強一般法律基本觀念、立法技術、法制作業、《行政程序法》等方面的法制相關課程，使理論與實務能結合。第三，建立教育法令資料庫，使教育人員隨時都可方便上網查詢。第四，編印教育法令書籍或教育法制相關書籍，或是在原來的教育刊物內增加法規的案例說明等，以供教育人員參考。第五，成立教育法制小組以提供諮詢。

四、提升地方教育行政機關與學校的教育法制品質

過去在地方與學校較忽視教育法制化的工作，鮮少依據地方與學校特性與需求制訂相關教育法令來推動教育的事務。因此，為提升地方政府與學校的教育法制品質，如培養教育人員民主法治的觀念、建立健全的法制化作業制度、提升教育人員立法技術與作業的素養、建立教育法令的查詢與反應的資訊網路系統、補助學校購買教育法學書籍、辦理教育人員有關教育法制的研習等，都是我們應該加強努力的課題。

五、因應社會環境的變化，適時修正或廢止教育法令

　　教育法令的制定，並不是要消極限制規範人民的行為，而應積極導引與保障人民的活動。因此，教育法令在其公布施行一段時間之後，教育行政機關應因應社會環境變化，適時針對其實施情況與執行效能進行評估，俾了解相關人員的適應與執行情形，以及法條本身有無窒礙難行之處。倘若評估結果發現教育法令因不合時宜或與教育現狀格格不入，則應主動選擇適當時機，對該法規進行適當的修正或廢止，藉以豐富教育法令條文的內涵，提升法案執行的效能，並增進人民教育權益的保障。

　教育行政制度的發展趨勢

一、建構學習型的教育行政組織

　　過去我國教育行政組織較偏向科層體制的運作，往往造成較保守與僵化，無法因應外在環境的變化而適度調整。在組織理論發展中，學習型的組織理論可提供未來教育行政組織另一面向的思考。自從彼得・聖吉（Senge, 1990）的《第五項修練》一書問世後，喚起大家對學習型組織的重視，其重點包括改變心智模式、形成共同願景、自我超越、加強團隊學習、建立動態的系統思考觀。質言之，學習型組織是一個提供成員繼續不斷學習和成長的組織，亦是一個能學習有回應及有行動的團隊，在學習組織中，組織成員不斷地充實，激發工作熱忱和組織承諾；同時發展反省批判能力，隨時檢討、澄清並避免偏見。尤其是要發揮團隊學習，激發集體洞見，共同塑造願景，引導組織的永續發展。未來努力建立教育行政制度成為學習型組織，是值得我們加以重視與改進的方向。

二、加強教育行政運作法制化

　　教育行政運作必須依法行政，能夠依據相關法規執行教育事務，可讓教育理想具體實現，也因為有明確規定，可減少爭議，提升工作效

能，促進教育目標的達成。因此，有必要加強教育法制的工作。如何加強教育行政法制化體作法如下（吳清山，2011；謝文全，2022）：

（一）建立「教育法規研修小組」，成為一種常態性和制度性的工作，以因應社會變遷，促進教育行政工作的有效推動。

（二）教育法令的訂定與執行應兼顧程序與實質正義，以符合公開、民主、合理、有效的精神。

（三）教育的主體是學生、教育人員家長，但學生與家長並未有法律位階的法規，宜儘快訂定，以保障其權利與義務。

三、調和教育行政機關科層體制與專業控制的衝突

教育行政組織的科層化乃是現代社會中一個重要的發展趨勢，其目的在經由客觀、公正及嚴格的標準化措施，以促進組織目標的有效達成。在科層體制之中，任何的決定均須依循制度的成規，層層而上，最後由機關首長裁決。但教育行政機關面對各階段學校，學校的教學專業要求獲得專業處理的自主決定權，才能讓教師教學與學生學習獲得效果，無法依循科層體制運作，此為科層體制精神所不容。因此，教育組織是一種鬆散連接（loose coupling）和系統（Owens, 1991），無法像一般行政實施強而有力的科層化的控制和指揮。教育行政的發展，將視工作性質，分層級負責決定，使行政級、視導級、運作級各能依行政需要要求專業自主。簡言之，行政機關可以較偏向科層體制，但在學校方面則採取專業自主體制，以調和教育行政組織科層體制與專業控制的衝突。

四、邁向教育行政均權化與合理分配中央與地方權限

中央與地方權限的劃分有集權、分權及均權三種制度。集權與分權制各有其優缺點，均權制則取兩者之長，補兩者之短。目前世界上集權的國家逐漸分權化，分權的國家逐漸集權化，都往均權制發展。均權化已是世界各國的發展趨勢，而均權化是一個動態平衡的概念，希望中央與地方都有空間發揮其應有的功能，以達到最好的行政效率與效能（謝文全，2022）。我國自從《地方制度法》與《教育基本法》公布之後，

教育行政制度與運作已逐漸往均權制發展。因此，我國教育行政權限分配應依據《憲法》、《教育基本法》、《地方制度法》、《教育部組織法》對中央與地方職權劃分的規定，給予地方教育權限，以利地方發展特色，促進教育的多元化發展。

問題討論

1. 教育法令的重要性與功能為何？
2. 請說明如何搜尋教育法令。
3. 請說明我國教育法令的體系與立法的過程。
4. 請說明加強教育行政人員教育法制方面的專業素養。
5. 請分析我國教育行政制度的特徵。
6. 請分析我國教育行政制度發展的趨勢。
7. 國家的教育政策會隨著內外在政經社會環境與教育發展趨勢而調整，請問當前臺灣主要的教育政策方向為何？目前臺灣的教育制度有何特色？請加以申論。（106年三等身障特考）
8. 依據《地方制度法》之規定，直轄市與縣市政府自治事項都包括學前教育、各級學校教育及社會教育之興辦及管理。請說明我國中小學教育（k-12）的學校制度及其教育行政主管機關，並說明中央與地方政府之間的分工。（106年三等特考）
9. 教育行政機關常需要透過政策立法，來規範與執行教育政策。試申述教育行政機關在那些事項，宜以法律定之；在那些情形需要對教育法規進行修正，以及在那些情況之下，則需要對教育法規條文廢止？（108年高考）

參考文獻

丁志權（2020）。教育行政法規分析——法規與現象之間。師大書苑。

立法院（1999）。立法院簡介。立法院。

立法院（2021）。國會攻略。立法院。

立法院（2022）。立法程序。https://www.ly.gov.tw/Pages/List.aspx?nodeid=151

臺北市政府教育局組織規程（2014）

地方制度法（2016）。

行政院（2017）。行政機關法制作業應注意事項。行政院。

李建聰（2000）。立法技術與法制作業。三民。

李惠宗（2004）。教育行政法要義。元照。

吳清山（2011）。教育概論（第二版）。五南。

周志宏（2012）。教育法與教育改革 II。高等教育。

林純雯（2006）。教育政策合法化理論建構與實際運作之研究（未出版博士論文）。
　　國立臺灣師範大學。

教育基本法（2013）。

教育部（2022）。教育部組織圖。https://www.edu.tw/default.aspx

教育部國民及學前教育署組織法（2012）。

教育部國民及學前教育署處務規程（2012）

教育部組織法（2021）。

教育部處務規程（2019）。

黃昆輝、吳清基（1984）。我國教育行政制度。載於黃昆輝（主編），中外教育行政
　　制度（頁 1-58）。中央文物供應社。

秦夢群（2020）。教育行政理論與應用（四版）。五南。

張芳全（2000）。教育政策立法。五南。

張東天主編（2000）。教育法令導讀。華東師範大學。

許育典（2007）。教育法。五南。

新竹市教育網（2022）。新竹市教育處組織架構。https://www.hc.edu.tw/ edub/basic/
　　org.aspx

憲法（1947）。

謝文全（2022）。**教育行政學**。高等教育。

顏國樑（1997）。**教育政策執行理論與應用**。師大書苑。

顏國樑（2000）。我國教育基本法的立法過程、內容分析及其對教育發展的影響。**新竹師院學報**，**13**，375-402。

顏國樑（2001）。教育行政發展與革新。載於吳清基、陳美玉、楊振昇、顏國樑（合著），**教育行政**（頁 295-313）。五南。

顏國樑（2010）。教育基本法的核心價值及其對我國教育發展的啟示。載於國家教育研究院籌備處（主編），**教育核心價值實踐之研究**（頁 117-154）。國家教育研究院籌備處。

顏國樑（2014）。**教育政策合法化理論與實務**。麗文。

顏國樑（2015）。**教育法規──大意與政策**。悅翔。

羅傳賢（1996）。**立法程序與技術**。五南。

Biegel, S. (2012). *Education and the law* (3rd ed.). West.

Dayton, J. (2012). *Education law: Principle, policies, and practice*. Richmond. Wisdom Builders Press.

Owens, R. G. (1991). *Organizational behavior in education* (4th ed.). Prentice-Hall, Inc.

Senge, P. (1990). *The fifth discipline: The art and practice of the learning orranization*. Daubeday Cuyyency.

Zander, M. (1990). *The law-making process*. Weidenfeld and Nicolson.

第十二章

教育財政與教育經費

梁金盛

　　政府最重要的投資即屬人才教育，不容否認的是，辦理教育事業必須有足夠的經費給予支持與涵養，方能持續經營與發展，而開辦教育也處處都與經費息息相關，因為教育事業的從業人員之薪俸、教育活動的場所之興設與營運、相關輔助設施與器材的購置與管理、順利運轉的資源與軟硬體的建置與維護等，都需要經費的挹注方能成事。

　　辦理教育事業有其目標，在大目標底下再有次目標，再細分為各項教育政策（education policy）或教育計畫（educational planning）以落實之。「十年樹木，百年樹人」，點出教育成效不易彰顯的最佳寫照，尤其是投入教育的經費數額不斐，雖難在短期內顯現其成效，但是，教育對整個社會的貢獻，卻是不容否認的事實，故有教育興國的說法。教育的投資乃是政府財政支出極為重要的一環，也是值得關注的面向，以下即就教育財政（school finance）與教育經費（educational appropriations）的內涵、教育財政與教育經費的沿革、影響教育財政分配的因素、教育經費之分配與運用、教育經費的收支與管理等分別闡述之。

第一節　教育財政與教育經費的內涵

　　教育財政是教育政策中不容忽視的一環，俗語有云：「錢不是萬能，但沒有錢卻是萬萬不能。」又云：「巧婦難為無米之炊。」都是在說明經費對於辦理各項事務中的關鍵地位。教育財政所關心的是如何分配經費，以支持教育服務和確保學生學習成就（Odden & Picus，1992）的活動。就國家整體而言，教育政策是國家政策中的區塊之一。政府的施政，財政的收入與支出都必須有其來源方得以順利運作，在財政收入方面可能來自於各項稅收，或是公營事業的盈餘，甚或債券、不動產處分等等。支出方面，則根據既有的財政收入，分配於各施政項目。而教育政策的落實，必須有賴教育經費的配合與支持，方能順利達成預期的目標。以下即就教育財政的意義、教育經費的定義，以及教育財政與教育經費的關係等加以闡明。

壹　教育財政的意義

　　教育財政是國家對教育經費及其他教育相關資源的管理，包括國家對教育經費及其他教育資源的籌措、分配及使用的監督等，教育財政又因分類的角度與方法而有不同，如依教育體制、政府管理體制、收入來源、支出用途、支出有無補償等（廖楚暉，2006）。

　　政府財政的來源相當多，主要來自於課稅收入，如所得稅、土地稅、房屋稅、增值稅、貨物稅、交易稅、遺產稅……不勝枚舉。這些課稅收入的總和，即為政府編列政府年度歲出預算的重要基礎。在政府的總預算中，分配給教育事業之用的經費，即為教育財政分配的基石。

　　教育財政的分配是相當複雜的議題，Odden 和 Picus（1992）指出，美國在二十世紀的教育財政聚焦於有關州的各類別學生之教育教育支出的公平分配問題，就學生而言，可能因為層級的不同而有相異的需求，如幼兒教育、初等教育、中等教育、高等教育、社會教育等；也可能因其特質的差異而有別，如性別、族群、區域、身心特質等。

　　政府因其職責所在，對於教育經費或其他教育相關資源的籌措、分配、使用監督等事務之管理即為教育財政，其可能因不同視角的差別，而有不同的處置方式，最終目的即在於能夠公平，且有利於學生的學習品質的確保與提升。

貳　教育經費的定義

　　教育經費是指中央和地方財政部門的財政預算中實際用於教育的費用（劉潔，2010）。有關教育經費的來源，有主張教育經費負擔者的對象是誰，或者說，教育的投資者是誰？雖教育經費的來源的管道多樣，然最主要者係來自政府（張來，1992）。近年來，對於使用者付費的觀念頗被認同。教育事業所需面對的用度繁雜，為使經費運用得當，常會將經費進行分類，而教育經費的類別，有所謂的經常門（人事費、一般事務費等）及資本門（硬體設施及建築等）二大類，多數主張專款專用，但在第一線的運用者，則常會有綁手綁腳之議，因而有彈性區間處理的呼籲，以期兼顧實際的需求。因教育的層面甚廣，執行人員

甚眾，爲能有利於教育經費管理，是以會制訂相關法令規定，以利執行者遵循。

教育經費是指政府財政預算中實際用於教育的經費，爲能保證經費來源的穩定性，必須確認經費由誰負擔或投資；爲期經費能運用得當，所以會區別經費的使用類別，並制定相關法令規定，讓執行者能夠依規行事。

參　教育財政與教育經費的關係

雖然在論著方面，有教育財政學與教育經濟學之別，但在一般的教育事務之討論，則以教育經費的問題較多，但在討論的過程中難免將教育財政與教育經費二者相互混淆。事實上，教育財政係爲籌措、分配及使用監督教育的事務，不管其財源係獨立自主，或是依附於整體財政之下，其分配及使用監督的著眼點，都是要使教育經費的使用循其正軌而行，使接受教育者能享有品質保證的教育活動。而教育經費則爲經過教育財政分配之後，實際的運用與管理，有收入、保管、支出等大項。大多數的教育經費均有指定使用的科目及用途，執行者必須依其指定用途，及相關法令規定妥善運用，就算有其彈性，也必須在規定彈性範圍內，或其上級主管機關同意的情形下方得支用。

可知，教育財政係屬上層的概念，其必須從所獲得的財源，依整體教育理想，將有限的財源加以分配，並對執行的過程與結果進行監督審核。而教育經費則偏重在實際執行的層面，係將已獲配的經費資源，按照相關的規定運用，使教育事業能夠順利運作，完成預期的目標，當然教育經費使用的經驗也可作爲教育財政修正或改進的重要參據。是以教育財政和教育經費兩者，雖有上下權屬之別，然亦有相互影響的關係。因爲教育經費如果沒有永續經營的籌措，其穩定性不足，教育就難持續發展。如未經過合適的規劃分配，則可能無法善用，造成過與不足的問題產生。經費的分配與使用，如果沒有透過檢視與監督，則理想目標的達成可能會受到不良的影響。而教育經費現場使用的過程與經驗，又可作爲下次籌措、分配、使用監督的重要參據，可知教育財政與教育經費可說是相互表裡、相輔相成的關係。

第二節　教育財政的演變

　　教育財政制度因國情的不同也有其相異的面貌，美國在憲法中將教育保留給地方，其教育經費主要來源為財產稅（local property tax）收入，各州的財政制度未必完全相同，其學校教育制度也相當多元；日本的作法則採統收統支（unified income and expenditure）概念（曾巨威，2004）。至於我國建國以來，前因復辟與軍閥割據，後有日本侵略及內戰等因素，雖對於教育制度及經費來源等，於 1947 年公布的《中華民國憲法》中有原則性規定，如《憲法》第 21 條明示人民有受國民教育之義務與權利；第 159 條申明國民受教育之機會一律平等；第 164 條教育、科學、文化之經費，在中央不得少於其預算總額 15%，在省不得少於預算總額 25%，在市縣不得少於預算總額 35% 等，但實施的過程可說並非一步到位。又 1997 年公布之《中華民國憲法增修條文》第 10 條陳明教育、科學、文化之經費，尤其國民教育之經費應優先編列，不受《憲法》第 164 條規定之限制。從字面上看來，似乎對教育特別重視，尤其是國民教育經費，但事實上仍有其限制，是以才有 2000 年制定公布之《教育經費編列與管理法》產生，以下即就我國之教育財政之演變分就混沌期、憲法未落實期、憲法落實期、真空期、專屬法律期等五個時期分別敘明之。

壹　混沌期（1911-1949）

　　中華民國於 1911 年成立，建政之後的國政並不平順，歷經復辟、軍閥、清黨、抗日、二戰、內戰等內亂外患，及至 1947 年元旦方公布《中華民國憲法》，這段期間，面臨政局的不穩定，教育財政制度也難一致，如 1927 年以前軍閥割據，各自為政；1927 年仿效法國實施大學區制，1929 年廢止；1937 年因抗日戰爭劇烈，遷都重慶，大批學子也一併遷移，為讓學者有繼續學習的機會，成立長沙大學、西南聯合大學等，又為抗日而有「十萬青年十萬軍、一寸山河一寸血」的口號，呼籲青年學子投筆從戎以保家衛國；1945 年二戰結束，內戰又起，1948 年

頒布《動員勘亂時期臨時條款》，國家進緊急狀態，教育財政均依附於一般政務之內，呈混沌不明的狀態。

🈔 憲法未落實期（1950-1989）

中華民國政府於 1949 年退守臺澎金馬，開始休養生息，逐漸實施憲政，將施政重點著重於反攻大陸，對中央政府的教育預算編列是否符合《憲法》第 164 條規定成為被關注的焦點，如於 1970-1980 年代間的國家公務人員考試，其教育行政類科的考題中，即常有《憲法》第 164 條相關規定或是否達到該規定的考題出現，足見此議題為學者所關注；1987 年臺灣地區解除戒嚴令，此議題更為增額立法委員關注的焦點，是以於 1989 年在立法委員的要求下，中央政府首度編足占總預算 15% 的教育科學文化預算（陳麗珠、陳明印，2013）。

🈡 憲法落實期（1990-1997）

由於教育、科學、文化經費之編列占全國總預算 15% 的緣故，教育經費大幅增加，各級教育在軟硬體方面得以大幅改善。然而，1960 年代起臺灣進行一連串的政治與制度改革及經濟建設（最著者為十大建設），逐漸邁向高科技產業轉型，創造所謂的臺灣經濟奇蹟（Taiwan Economic Miracle），依 2016 年之數據顯示，臺灣是全球第二十二大經濟體（維基百科，2022a），經濟繁榮，政府的稅收也水漲船高，依《憲法》第 164 條規定的教科文預算也必須相對提高，對教育而言是好事（有保障），但對主政者而言則可能是一種限制。加上經費的增加，教育的軟硬體得以改善，難免有部分教育工作者要求更高的標準，那段期間即曾有南部某省中校長，其不但每年積極爭取建設經費補助，而且在爭取蓋體育館時，即公開表示，蓋個體育館沒有一億元以上的經費，哪能像個體育館。是時也正興建省立三重高級中學（現為新北市立新北高級中學），除了校地外，以 60 班的規模規劃設計，包含體育館設施，全部總經費也僅只 10 億元。使得當時的臺灣省政府教育廳主管高中教育的第二科，要求各高中需提報校務發展計畫外，並公布各校之重要建築及設備的經費基準。或許南部某高中的想法只是冰山一角，但

也不容否認當時經費充裕的情形。也因此招致社會各界批評教育事務過度浪費之議（陳麗珠、陳明印，2013）。加上《憲法》的條文明訂中央政府教育預算編列的固定比例，也免不了當政者有受限制的感受。是以，1997年國民大會的《中華民國憲法增修條文》第10條第8項即明文指出，教科文經費之編列不受第164條規定之限制，也就是教科文經費不再受到《憲法》的保障，而我國的教育經費又依附在國家政務之內，沒有明文的保障，則其無法因國家整體總預算的增漲而調升。教育經費之編列雖也可能因收入縮減而調降，但發生機率不多，自1947年以來，僅有因世界金融風暴影響，於2001及2002年財政呈現赤字，其餘都屬提升（維基百科，2022b），而且這兩年的國家總預算並未因之緊縮。是以對教育的發展仍有不利的影響。

肆　真空期（1998-2000）

我國依照《財政收支劃分法》之規定，對中央及工商發達或人口數多之直轄市或縣市較為有利，如所得稅、遺產及贈與稅、關稅、營業稅、貨物稅、菸酒稅、證券交易稅、期貨交易稅、礦區稅等屬於國稅，其中遺產及贈與稅，在直轄市徵起之收入的50%給該直轄市，其餘則80%給地方（第8條），至土地稅、房屋稅、使用牌照稅、契稅、印花稅、娛樂稅等屬直轄市或縣市之稅收，但縣的部分之土地稅、房屋稅要有50%以上，及契稅、娛樂稅則100%要分配給其所屬鄉鎮市的層級，可知以此原則，經費大都集中於中央，其次為直轄市。財政自主性最低者為縣的層級，如朱學雄（2020）研究即指出，臺南市與彰化縣的人口相當，但就整體財政、自籌財源、統籌分配稅款等，臺南市遠優於彰化縣，另在每生平均分攤經費方面亦存在明顯差異（臺南市每年每生高於彰化縣約3萬元），既無保障，如物價指數提高或國家總體預算增加，也很難據以要求增加預算支出，以維持或提升品質。

再者，1997年《中華民國憲法增修條文》第9條第1-3項指明省、縣地方制度另以法律定之，不受《憲法》第108條第1項第1款、第109條、第112至115條及第122條之限制，即俗稱之省府虛級化，原來之省立高級中等學校全部改為國立，從隸屬來看是升級了，但實際

上，其經費已實質減少（陳麗珠、陳明印，2013）。經由教育團體的呼籲，獲得立法委員的支持，終於 2000 年底另立法案保障之，以平息來自於高級中等以下學校的心聲。

伍 專屬法律期（2001-）

2000 年 11 月立法院通過《教育經費編列與管理法》，共計 18 條，修法至今已逾二十餘年，歷經 2011 年 3 月及 12、2013 年 11 月、2015 年 12 月等 4 次修正，仍維持 18 條文，其中 2011 年 3 月之修正係為將公私立國民中小學及幼稚園教職員納入所得稅法課徵對象，明訂其所繳所得課稅收入，以外加方式用於整體教育環境，不調整各級政府教育經費預算合計不低於該年度預算籌編時之前三年度決算歲入淨額平均值（以下簡稱平均值）之 21.5%（第 3 條）；2011 年 12 月為未來實施十二年國民基本教育需要約需經費每年 300 億元，將平均值調整為 22.5%（第 3 條），允許地方政府得開徵附加稅捐，籌辦國民教育所需經費（第 4 條），以及防堵地方政府挪用教育經費補助款或採消極措施減少人事費用（第 10 條），和明訂地方教育發展基金為基金別預算，必須將賸餘滾存，確保經費專款專用等；2013 年修正第 5 條及第 7 條，主要係申明為保障偏遠及特殊地區教育發展，地方政府得提出計畫，由中央政府專案核定補助，和對建立完善獎助學金制度之私立學校，政府應優先給予補助及獎勵；2015 年 12 月主要修正第 3 條，係為確保實施十二年國教之財源穩定且不排擠其他階段之教育經費，將平均值修正為 23%。可知《教育經費編列與管理法》公布施行後，不但對教育經費之編列與管理有更為明確的指導作用，且能配合稅制調整、制度變革、使用問題修正等進行滾動式的修正。

綜而言之，我國百餘年來的教育財政制度，從無序的混沌狀態起始，因體認到教育在整體社會的重要性，因此在國家的根本大法中明示，各級政府的總預算中應占一定比例的教科文預算；然在實際執行中則因執政重點的差異，而未能完全依此規定實施，雖經民意代表的要求與決定，中央部分終於依此規定編足，但此規定也使主政者有受束縛之感，而現場的部分執行人員在執行預算過程，使社會大眾有浮濫之

議，造成在《憲法》中被凍結的情形發生，也因而造成教育發展受到影響，立法之論再起，最終採取另立專法保障教育經費的產生，並依社會環境的變革適時修正之。只是，近二十餘年來，政府習慣用所謂的特別預算的名號，規避政府年度決算歲入或歲出淨額問題，對教育預算也免不了有不利影響，在此不予贅述。

 # 第三節　影響教育財政分配的因素

　　確定教育財政的籌措固是教育財政的首要課題，接下來的教育財政分配問題也相當重要。以我國而論，由於《財政收支劃分法》的規定，中央握有全國財政經費的比例甚重，依《財政收支劃分法》第 8 條規定所得稅、遺產稅、菸酒稅等有一定比例應由中央統籌分配，第 12 條指明地價稅、房屋稅、契稅等有一定比例由縣統籌分配給鄉鎮市，和土地增值稅的 20% 由中央統籌分配，第 16 條則指出統籌分配應本透明化及公式化原則分配之。

　　而《教育經費編列與管理法》第 10 條載明，應衡酌各地區人口數、學生數、公、私立學校與其他教育機構之層級、類別、規模、所在位置、教育品質指標、學生單位成本或其他影響教育成本因素，研訂教育經費計算基準，計算各級政府年度教育經費基本需求，並參照各級政府財政能力，計算各級政府應分擔數額。可知影響教育財政分配的主要因素相當複雜，以下即就接受教育的對象、提供教育的年限、提供教育的內涵、提供教育的機構、負擔者與其負擔的比例等分別說明如下。

壹　接受教育的對象

　　教育的實施，最為重要的是受教育者是誰的問題，從受教育的對象來看，主要的部分是學生，為了確保及提升教育品質，從事教育活動的從業人員亦可納入，如教職人員的在職進修也甚為重要，惟在此擬不多做說明，謹就學生部分做較為詳細的分析。學生的層面可從其特徵來了解，《教育基本法》第 4 條即敘明：人民無分性別、年齡、能力、

地域、族群、宗教信仰、政治理念、社經地位及其他條件，接受教育之機會一律平等。對於原住民、身心障礙者及其他弱勢族群之教育，應考慮其自主性及特殊性，依法令予以特別保障，並扶助其發展。的確性別的不同，其在接受教育的過程亦難免有其不同的需求，能力與身心狀況也是學習成效的重要成分，然目前在教育過程中，大都實施班級式的群體教育，及採常態編班以求教育機會均等，至於宗教信仰和政治理念部分，應該主要在教育內容的鋪陳，及現場教學活動的安排，要特別注意其公平性。有關族群部分，李承傑、董旭英（2018）指出，家庭社經地位對學業成績有很大影響，所以族群間家庭社經地位的不同是造成族群間學業成績差異的重要原因，與臺灣許多研究結果相同（吳毓瑩、蔡振州，2014；李新鄉、吳裕聖，2012；劉乃綸，2015；謝名娟、謝進昌，2013）。以下即就年齡、地域、社經地位及身心差異等簡要討論之。

一、年齡

不同年齡層的學生其學習的需要也不相同，至少因為教師編制、授課時數等不同，可以區分為幼兒、國小、國中、高中職、大學等階段，其個別學生的支出成本即可能因層級而有差異，甚至在國民教育階段，以十二年國民教育課程綱要的劃分，國民小學時期分為三個學習階段，亦各有其不同需求，其教育經費的需求也不相同。

二、地域

地域的不同也會產生教育經費成本的差異，譬如在人口密集地區，學校學生人數多，雖學生空間較受限，但規模一般較大，教職員人數多樣且穩定性高、學生通學時間較少又有公共交通可選擇，文化刺激多元等優勢。反之，偏鄉地區學生人數較少，雖學習空間較多，但規模小，教職員人數單薄且穩定性較不足，學生通學時間較長且常需自行解決，文化刺激也少等，因之，均衡城鄉教育發展為政府多年來的重點工作之一。

三、社經地位

社經地位高低的家長會影響其對子女的教育作為，曾智豐（2013）發現，社經程度愈高則個人發展取向價值觀愈高，也愈重視教育的內在性目的、長期性的教育效益，對子女教養行為愈保持正向觀念。李敦仁、余民寧（2005）也發現父母社經地位對子女的教育成就具有直接影響效果，而家庭教育資源多寡對教育成就取得具有一定的影響力，高社經地位家庭，父母可進一步豐富家庭社會、文化及財務資源，以影響子女的未來教育成就，因此在教育經費的分配上，會對家庭經濟弱勢子女的補助，特別予以關注的背景所在。

四、身心差異

有關身心差異對教育的作為或措施也可能不同，尤其是《特殊教育法》就是為身心狀況特別者所制定的法律，其第 1 條即敘明為使身心障礙及資賦優異之國民，均有接受適性教育之權利，充分發展身心潛能，培養健全人格，增進服務社會能力。又《身心障礙及資賦優異學生鑑定辦法》第 3 條對智能障礙，以及第 15-19 條對資賦優異者係指特質量表得分在平均數正二個標準差或百分等級九十七以上。可知身心差異層面，除一般的個別差異外，其差異情形較一般學生的差異極大者，必須給予特殊教育措施，當然也必須有特別的教育經費支持。

貳　提供教育的年限

就正規教育而言，有國民基本教育和選擇性教育的差別，這裡所謂的提供教育年限，係屬由政府提供免納學費的國民基本教育而言，教育年限的長短，對於教育經費的支出有直接的影響，教育財政支出的主要對象為政府辦理的教育，《中華民國憲法》第 160 條敘明 6 歲至 12 歲之學齡兒童，一律受基本教育，免納學費。其貧苦者，由政府供給書籍。即表示在國民小學階段的學生除書籍費之外，其餘部分是免納學費的。1968 年實施九年國民教育，免費教育延伸至國民中學，2014 年實施十二年國民基本教育，又將免費教育再延伸至高級中等教育階段，由

2011 年修正《教育經費編列與管理法》第 3 條的內容，可知高級中等教育階段連私立學校也免費的經費即達 300 億元。是以教育年限的提供，在教育財政分配方面也是不容忽視的因素。

參 提供教育的內涵

教育內涵所牽涉的層面非常廣泛，可簡而言之，即為課程種類與辦學品質二項，課程種類是教育活動最為具體的面貌，而辦學品質雖較為甚為抽象，然也可從一些具像的指標呈現。

一、課程種類

在學校現場所實施的各項活動都可稱之為課程，就課程的類別而言，陳嘉陽（2005）指出課程類型可依課程結構、課程決策與實施程度、教材組織方式等加以區分，課程結構方面有正式課程、非正式課程、潛在課程、空白課程、空無課程等。課程決定與實施程度方面有理想課程、正式課程、知覺課程、運作課程、經驗課程等。教材組織方式方面，有分科課程、相關課程、合科課程、廣域課程、核心課程、活動課程、同位課程等。此處的重點在於正式課程中的合科課程，亦即十二年國民基本教育課程綱要的領域課程而言，由於各領域課程的實施都有其目標與理想，要落實之便需要有合適的教學人員負責執行，而且尚需因應社會的變遷，提供及鼓勵在職人員參與進修研習。

二、教育品質

品質的實質掌握可說教育事務的重要核心，教育品質的判斷可從教學人員素質、學習環境、學生學習成效等面向了解，有關教學人員素質方面，一般都會以職前教育和在職教育二方面觀察，職前教育部分以其取得資格的學歷、證書取得的過程為據；在職教育方面，則有進修與研習的措施，及定期的檢核或考核。學習環境隨著科技文明的不斷變革調整，約莫四十年前，我國教育現場的教室，大都是一般教室，最為普遍的是黑板、課桌椅、揭示板等，今日則有各式各樣的教學建築，一般教室充滿電化設施、如網路、單槍、銀幕、電腦等，專科教室內支援教學

的設施更是不勝枚舉。要了解學生學習成效部分，可經由課程實施後的評量獲得具體的結果，可從較爲公正的測驗尋求，例如定期的輔導、訪視、評鑑等，亦可由一些外部的競賽、能力檢核、會考、學測等途徑獲得，上述這些提升教育品質的轉變，都需要經費的支持，方得以順利實施。還有班級人數部分亦同，原來《國民教育法施行細則》律定國民教育階段每班以 40 人爲原則，目前的法規規定，普通班級的學生人數部分，國民小學爲每班 29 人，國民中學每班 30 人，班級人數降低固然有利於師生的互動與教學活潑多元，然無形中也造成班級數增加，班級數增加，教師編制也隨之增加，人事費亦同時提高。

肆　實施教育的機構

實施教育機構最爲普遍的就是學校了，學校又分爲公辦和民營二大類，至於公辦民營或公辦的實驗教育學校，仍屬於公辦的性質，公辦的學校其經費的主要來源爲政府，學校的經營成本甚多，如屬於資本支出的土地、建築設施、活動場所、教學設備等，經常支出則有人事費、辦公費、師生活動費、教育設施維護費等。這些都需要爲數可觀的經費方能成事。而私立學校部分的經費大都採取自給自足方式籌措，其辦學經費來自於學雜費收入，如高級中等教育階段納入國民基本教育，其學費由政府負擔，但其建築設備建置、管理與維護的經費仍以自籌爲主，因此，公私立學校的比例，也將影響教育經費的需求。

伍　負擔者與其負擔的比例

教育也可以算是公共服務的一部分，近年來，享用公共服務的同時，也有必要支付該有的費用的觀念，已爲大衆所認同，此即「使用者付費原則」（user charge principle）的本意。在此觀念之下，經費負擔者應是享此服務者，只是誰才是真正的使用者呢？

教育究係消費或投資曾有不少論辯，時至今日，認爲教育是投資的觀念已廣被接受，因爲接受了教育，政府公布的相關法令、規定、輔助措施等，可以很快地讓民衆了解，大多數都能遵循規定而行；在公共衛生方面，又如於 2019 年開始擴散的新冠肺炎（Coronavirus Disease,

COVID-19），民眾已接受相當好的公共衛生觀念，也對傳染疾病有更好的防備概念，所以願意噴酒精、帶口罩、實聯制、打疫苗、快篩等防疫自主行動，共同面對疫情的侵襲，從這方面看，受惠者就不僅僅是個人而已，對整個社會的安全也有很大的助益。

由於接受教育之後，個人當然是受益者，社會大眾也同受其益，因此誰來付費的問題，應該很明顯的是二者都需付費，個人部分較易釐清，社會大眾的部分，想當然耳就是由政府的稅收及其他相關收入支付了，也就是全民付費。

既然個人和政府都要負擔教育的經費，那麼各自負擔比例又如何呢？個人付費部分，當然要考量其個人能夠負擔的能力，此即是法令會規定低收入戶或其他特定族群或身心特殊者，給予減免的規定。同理政府財政也不可能全部投注在教育，是以政府負擔經費的額度也有其限制。一般而言，就受益程度比例決定負擔比例應為較合理的決定，不過政府也可能因政務或民意需要，提高負擔的年限或比例。

對於影響教育財政分配的因素方面，主要端視接受教育的對象、提供教育的年限、提供教育的內涵、提供教育的機構、負擔者與負擔比例等項，這些因素也可納入教育財政分配過程中的參據。

第四節　教育經費之分配與運用

教育經費的負擔有可能來自於個人與政府，在此著重的政府部分的教育經費分配與運用，政府對於教育經費的分配，當然要依據教育目標與當前的教育政策。一般而言，教育目標仍是較為長久性的宣示，教育政策則更為具體或階段性，如推動十二年國民基本教育，即需每年增加300億元的經費，而且有些是經常性的經費，像是私立學校學生的學費補助、教職員工人事費等；為推動2030雙語國家教育政策，即需對雙語師資培育、在職教師進修、外籍教師或雙語教學助理等固定支出的增加，依前瞻基礎建設—人才培育促進就業建設—2030雙語國家政策（110至113年）的規劃內容即明示，將於這4年間投入100億元（國

家發展委員會、教育部，2020）；又高級中等以下學校班班有冷氣政策，除了一次性的電路改善、冷氣裝置費用外，爾後每年的電費增加及定期冷氣清洗維修替換等，也宜納入接續年度的經費分配考量。

　　有關政府教育經費的分配方法主要有教育協商與教育經費分配公式兩大取向（秦夢群、吳政達，2007）。另依教育財政學者的對於教育經費的分配，亦需考慮公平性的問題，將之分為水平公平（horizontal equity）、垂直公平（vertical equity）、財政中立（fiscal neutrality）等三個面向思考，並可分就投入（input）、過程（process）及結果（income）等三個層面檢視（Odden & Picus, 1992）。以下即就教育經費分配公平性及教育經費分配方法等二項分述之。

壹　教育經費分配公平性理念

　　公平向為教育政策研究者所關注的議題（Alexander, 1982；Kirst, 1994；Odden & Picus, 1992；王立心，2004；朱學雄，2020；朱麗文，2015a，2015b；林政宏，2015；曹淑江，2004；陳麗珠，2009）。有關公平的概念可從水平公平、垂直公平和財政中立三個面向思考。

一、水平公平

　　水平公平亦可說是齊頭式的平等，就教育經費的分配而言，不管其對象如何，其所分配的數額都是相同的，如教職員的薪資，在高級中等以下學校係依《教師待遇條例》第 7 條規定，以學經歷及年資敘定，高級中等以上學校教師則以級別、學經歷及年資敘定，薪級依其附表規定，不因其所任教之地區或領域等而有差別。

二、垂直公平

　　垂直公平可說是滿足其所需的平等，就學生的特性而言，可能因其社經地位、身心特質、學習階段等不同，各有不同的需要，則給予不同的支持，如低收入及身心障礙者減免學雜費的規定，以及國民小學、國民中學、高級中等教育、高等教育等不同學習階段別，其學生單位成本亦有不同，另如教育優先區計畫、偏遠地區學校教育發展條例等，則是

對教育弱勢地區之學生或學校給予特別之經費補助，補足其不足。

三、財政中立

　　財政中立的著眼，乃在於教育財政分配時對於地方或學區發揮平衡的作用，以免因其自有財源的差異，形成地區或學區經濟弱勢，而造成教育服務的不公平現象發生。如《中央對直轄市及縣（市）政府補助辦法》（行政院主計總處，2016）第 3 條指明，中央為謀全國之經濟平衡發展，得視直轄市及縣（市）政府財政收支狀況，由國庫就一般性補助款與計畫型補助款酌予補助，及第 8 條第 1 項明訂中央對直轄市及縣（市）政府之計畫型補助款，應依財力級次給予不同補助比率，除臺北市政府列為第一級外，其餘直轄市政府列為第二級至第三級，縣（市）政府列為第三級至第五級。依行政院主計總處（2019）年公布的等級情形，分別為第一級：臺北市；第二級：新北市、桃園市；第三級：臺中市、臺南市、高雄市、新竹縣、新竹市、嘉義市、金門縣；第四級：宜蘭縣、彰化縣、南投縣、雲林縣、基隆市；第五級：苗栗縣、嘉義縣、屏東縣、臺東縣、花蓮縣、澎湖縣、連江縣。作為中央政府對地方政府補助的分級依據。

　　教育經費衡量方面，可用最粗略的全距、平均數、變異數等衡量外，王立心（2004）即曾運用 Mcloone 指數、Verstegen 指數、Gini 係數、相關係數、斜率、調整關係量數等衡量量數的方法計算之。可參考的變項方面，梁金盛（1996）對高中教育機會均等的衡量，在投入方面有經常門經費（人事費、辦公費、各科教學活動費）、資本門（每生學校面積、每生學習空間、每生圖書數量、師生比、職員生比、教官學生比）；過程方面有圖書借閱次數、圖書借閱人數、社團活動、教師進修、教師資經歷、班級人數、學校人數等；結果部分有升高中機會率、升大學率、畢業率等，可供參考。

貳　教育經費分配方法

　　政府對於教育經費分配的方法，有教育協商與分配公式等二大類，其中教育協商部分，係由需求單位依其辦理項目，及過往資料等為依

據，透過遊說或其他方式於決定前進行說明，爭取其所預期的結果。分配公式則係確定總額後，各地方或機構，依已既定的公式，將公式內的各項數據納入，計算其最後能夠分配到的經費。秦夢群、吳政達（2007）指出根據上述二大類將可能產生下列四種分配方法，一是傳統方法，以過去經費分配的基準，以漸進式的方式分配經費；二是以需求為本位的分配方法，以學校人口、就學比例、課程種類、學生身心特質、地理區域等作為分配的參據；三為學生本位的教育預算公式，以學生學習成果的角度思考，採行教育資金公平分配，希能夠增進學校效能及學生素質的提升；四為以績效為本位的分配方法，主要考量為學校基本花費、學校整體發展架構及績效表現為主的預算。就《教育經費編列與管理法》第8條明文指出，中央政府對地方政府之教育補助分為一般教育及特定教育補助二項，一般教育補助不限定其支用方式及項目，特定教育補助依補助目的限定用途，因為特定教育補助係屬競爭性經費，教育主管機關律定重要政策之補助計畫，學校必須依其發展需要擬定計畫申請，經審核通過方可獲得經費補助，就此觀之，現行之《教育經費編列與管理法》較類似績效為本位的分配方法。

對於一般教育補助之分配，依《教育經費編列與管理法》第9、10條成立教育經費基準委員會，衡酌各地區人口數、學生數、公、私立學校與其他教育機構之層級、類別、規模、所在位置、教育品質指標、學生單位成本或其他影響教育成本之因素，研訂教育經費計算基準，據以計算各級政府年度教育經費基本需求。另依《財政收支劃分法》第16-1條第1項規定，稅課之統籌分配應本透明化及公式化原則分配之。行政院主計總處（2021）公布之111年度中央對直轄市與縣市一般性補助款分配方式的第1項即為教育經費補助之額度公式，主要內容為：

各該直轄市及縣市所獲分配金額＝（平均分配／Σ平均分配×20％＋轄區總人口數／Σ轄區總人口數×5％＋學生人數／Σ學生人數×35％＋班級數／Σ班級數×40％＋財力分級修正權數／Σ財力分級修正權數）×分配金額

註：1. 財力分級修正權數，其中第一級及第二級修正權數

為 0%，第三級修正權數為 0.3%，第四級修正權數為 0.5%，第五級修正權數為 0.7%。

2. 資料來源：行政院主計總處（2021）

https://www.dgbas.gov.tw/public/Attachment/19118311 7L3EO31L6.pdf

就前述的核算公式觀之，對鄉村型縣份實較為不利，因鄉村型的縣份地廣人稀，少有高級中等學校學生、學校規模小等特性，如林政宏（2016）指出，財力分級級次表四、五級貧困縣市教育經費幾乎全數來自於中央補助稅款，其經費基本需求的補助及設算公式，每年皆成為爭論的議題，不但影響縣市政府對學校經營、師資結構安排，更因基本人事費用龐大支出而改變教育經費的分配，嚴重影響到教師的教學及學生學習的正常需求。可見經費分配實難人人滿意，也難面面俱到。

 ## 第五節　教育經費的收支與管理

教育經費的重要性有如人體血液一般，其收支與管理是否得當，關係教育財政的健全與否，應予以特別重視，《教育經費編列與管理法》第 13 條律定，直轄市、縣（市）政府之各項教育經費收入及支出，應設立地方教育發展基金，基金應設專帳管理。其收支、保管及運用辦法由直轄市、縣（市）政府定之。第 15 條則規定各主管教育行政機關對公、私立學校及其教育機構應依法進行財務監督。是以，各地方政府、學校及教育機構，對於教育經費的收支與管理必須認真以對。

教育機構（含學校）應對經費的收入、支出及管理等先行做好內部稽核，如對於地方教育經費收入部分，除了中央政府補助收入外，尚有學雜費收入、場地收入、捐贈收入、推廣教育收入及其他收入等，尤其是場地收入應該還要訂定收費與管理辦法。支出部分則有教育行政支出、教育訓練支出、教學支出、教育活動支出、研究發展支出、推廣教育支出、增置擴充及改良資產與設備支出，以及其他有關教育支出等。

　　前述之收入即為編列年度預算之基礎，總預算額度確定後，方可依各項支出編訂各預算科目，再依年度預算科目及額度，分月分季編列支用額度，以期完成計畫之目標。

　　因中央之教育預算中尚有一部分屬於特定補助項目，是以地方政府及其所屬機關學校，應視地方教育發展需要，或是學校特色營造等需求，配合政策計畫目標，擬定實施計畫爭取補助，終究一般性補助只能完成基本需求，要發展特色則必須爭取競爭型計畫補足之。

　　無論是自籌的經費，或是一般性補助或特定補助，各項教育經費之支用，均應依計畫項目專款專用為原則，適度彈性發揮綜效為特案的精神。且其支出應依《政府採購法》及相關規定辦理採購事宜。尤其是經費的收支，應依「出納管理手冊」第9、11條（財政部，2019）規定，將收入部分委託金融機構代收，如係自行收入之現金、票據及有價證券等，除自行保管者（宜置於保管櫃）外，應按規解繳公庫。支出部分，除零用金外，以直接匯撥或簽發票據為原則。亦即收入時不應自己保存現金或有價證券，支出時，除需小額及時處理的部分使用現金外，以不直接核發現金為原則。蓋機關或學校之款項乃係公款，務必錙銖必較，清清楚楚。

　　對於教育機構或學校的相關設施或設備購置之後，有關財產的部分，應依「國有公用財產管理手冊」（財政部，2020）第8條規定，各機關之財產，由財產管理單位管理。但其性質需由各有關單位管理者，得交由各有關單位分別管理。及第35條所載由使用單位個人使用部分，以使用人為保管人員，二人以上共同使用部分，由機關指定專人保管。目前各機關學校之財產管理均以紙本為主，數位資料為輔，其數位資料應註明財產保存的地點，以利盤點；按「財產管理手冊」第41條規定，應每年至少盤點一次，但有些機構或學校具相當規模，財產數量龐大，不易施行，則需本於此規定訂定合宜的措施，如國立東華大學與國立花蓮教育合校後，學校規模擴大，龐大財產之管理問題也必須因應變更，保管組因而訂定校內的財產盤點要點，朝每年要線上自盤、分三年一輪現場盤點，至於每項財產都要註明放置地點，及屬於個人使用之財產歸個人保管，公用部分才由單位負責人處理，現已依此原則處理

多年，此即依「財產管理手冊」之規定辦理之例證。

除了依規定提列財產的相關設施或設備之外，尚有屬於非消耗品的部分，應依行政院主計總處公布之「物品管理手冊」，係指單價未達新臺幣 1 萬元以上，或使用期限未逾 2 年以上（第 4 條），其品質料堅固，不易損耗者，如事務用具、餐飲用具、陳設用具等（第 16 條第 2 項），亦應每年盤點。財產或非消耗品如達無法使用或喪失應有之功能需報廢時，則應依報廢手續完成報廢手續，如廢品尚有殘值者，應予收存並定期依「國有公用財產管理手冊」第 66 條，或「物品管理手冊」第 32 條等規定辦理公開招標變賣，採最高標決標，其收入再納入公庫處理。

總之，教育經費之處理，應取之於公也用之於公，其收入、採購、支付、保管，以及財物的定期盤點、報廢、廢品處理等，均有詳細的法令規定，擔任此責的教職人員，宜隨機充實自我的相關法令規定，確實執行，至少能夠發揮教育經費應有之功用，如能因而提高教育的品質，就真的把國人的納稅錢用在刀口上，造福學子及所有的教職員工，促進社會的繁榮與進步。

問題討論

1. 何謂教育財政？何謂教育經費？教育財政與教育經費的關係為何？請申述之。
2. 試述我國教育財政發展的情形，其各階段有何特色？請闡述之。
3. 教育財政分配著重公平的概念，何謂公平？請詳述之。
4. 我國教育經費主要集中於中央政府，依《財政收支劃分法》第16-1條第1項規定，其分配應透明化與公式化，其公式的要項為何？並請對於政府所公布的分配公式加以評述之。
5. 教育經費的使用有其法令的規定，請就教育經費所購置之財物的使用與保管之要項簡述之。
6. 教育財政分配過程中有諸多因素將影響其分配的決定，請就受教育對

象、提供教育年限、提供教育內涵、提供教育機構及負擔者與其負擔比例等因素，說明其對教育財政分配影響的情形。

7. 我國教育經費的籌措主要分為中央與地方政府二個層級，每年中央補助地方之教育經費，對地方教育經費預算所占比例相當多，依《財政劃分法》第16-1條第1項規定，其分配應透明化及公式化，根據111年度對教育經費的分配公式如下：

各該直轄市及縣市所獲分配金額＝（平均分配／Σ平均分配×20％＋轄區總人口數／Σ轄區總人口數×5％＋學生人數／Σ學生人數×35％＋班級數／Σ班級數×40％＋財力分級修正權數／Σ財力分級修正權數）×分配金額

註：1. 財力分級修正權數，其中第一級及第二級修正權數為0％，第三級修正權數為0.3％，第四級修正權數為0.5％，第五級修正權數為0.7％。

2. 資料來源：行政院主計總處（2021）

https://www.dgbas.gov.tw/public/Attachment/191183117L3EO31L6.pdf

試以公平的概念加以申述之。

參考文獻

王立心（2004）。**國民教育經費分配模式公平性與適足性之研究**（未出版之博士論文）。國立政治大學

朱學雄（2020）。直轄市與縣市地方教育財政之教育機會適足比較：以臺南市與彰化縣為例。**學校行政雙月刊，130**，217-241。

朱麗文（2015a）。以 Alexander 公平性理論檢視教育經費編列與管理法和教育經費分配。**學校行政雙月刊，96**，163-180。

朱麗文（2015b）檢視我國國民教育經費資源分配的十年趨勢及未來展望。**臺灣教育評論月刊，4**(2)，72-77。

行政院主計總處（2016）。中央對直轄市及縣（市）政府補助辦法。https://law.moj.

gov.tw/LawClass/LawAll.aspx?pcode=G0320018

行政院主計總處（2017）。**物品管理手冊**。https://www.dgbas.gov.tw/public/
Data/798134358FDX2C8F3.pdf

行政院主計總處（2019）。**各直轄市及縣（市）財力級次表**。file:///C:/Users/DEAM/
Downloads/%E4%B8%BB%E8%A8%88%E7%B8%BD%E8%99%951080830%E5%
87%BD%E5%8F%8A%E9%99%84%E4%BB%B6_%E5%9C%B0%E6%96%B9%E6
%94%BF%E5%BA%9C%E8%B2%A1%E5%8A%9B%E7%B4%9A%E6%AC%A1.
pdf

行政院主計總處（2021）。**111 年度中央對直轄市與縣市一般性補助款分配方式**。
https://www.dgbas.gov.tw/public/Attachment/191183117L3EO31L6.pdf

吳毓瑩、蔡振州（2014）。東南亞裔新移民女性之子女的學業成就真的比較差嗎？與
本地對照組比較之三年追蹤探究。**教育研究集刊，60**(1)，77-113。

李承傑、董旭英（2018）臺灣新住民與原漢族群學生教育抱負影響機制之研究。**教育
學報**（香港中文大學），**46**(1)，51-72。

李敦仁、余民寧（2005）。社經地位、手足數目、家庭教育資源與教育成就結構關係
模式之驗證。**臺灣教育社會學研究，5**(2)，1-47。

李新鄉、吳裕聖（2012）。族群、學習風格與 STS 教學對國中生自然與生活科技
學習成效之影響——新住民子女是學習的弱勢者嗎？**臺灣教育社會學研究，
12**(2)，1-33。

林政宏（2016）。從「地方政府一般教育經費試算項目及公式原則」評析基本教育人
事費不足對偏鄉教育經營的困境——以臺東縣爲例。**臺灣教育評論月刊，5**(3)，
98-104。

秦夢群、吳政達（2007）。**我國教育經費分配與運用之研究**。行政院經濟建設委員會
委託研究。編號：（96）071.807。

財政部（1999）。**財政收支劃分法**。https://law.moj.gov.tw/LawClass/LawAll.
aspx?pcode=G0320015

財政部（2019）。**出納管理手冊**。https://law-out.mof.gov.tw/LawContent.
aspx?id=GL009046

財政部（2020）。**國有公用財產管理手冊**。https://law-out.mof.gov.tw/LawContent.

aspx?id=GL009990

國家發展委員會、教育部（2020）。**前瞻基礎建設─人才培育促進就業建設─2030雙語國家政策（110至113年）**。file:///C:/Users/DEAM/Downloads/2030%E9%9B%99%E8%AA%9E%E5%9C%8B%E5%AE%B6%E6%94%BF%E7%AD%96%EF%BC%88110%E8%87%B3113%E5%B9%B4%EF%BC%89%E8%A8%88%E7%95%AB%20(4).pdf

張來（1992）。**普通教育行政簡明教程**。https://wiki.mbalib.com/zh-tw/%E6%95%99%E8%82%B2%E7%BB%8F%E8%B4%B9

教育部（2013）。**教育基本法**。https://law.moj.gov.tw/LawClass/LawAll.aspx?pcode=h0020045

教育部（2015）。**教師待遇條例**。https://law.moj.gov.tw/LawClass/LawAll.aspx?pcode=H0150046

教育部（2016）。**教育經費編列與管理法**。https://law.moj.gov.tw/LawClass/LawAll.aspx?pcode=T0020018

曹淑江（2004）。從教育財政中性到教育的充分性──美國教育財政訴訟及其對教育財政改革的促進作用。**比較教育研究**（中國人民大學公共管理學院），**175**，24-29。

梁金盛（1996）。**臺灣省公立高中教育機會均等之研究**（未出版之碩士論文）。國立花蓮師範學院。

陳嘉陽（2005）。**教育概論**（中冊）。https://www.myclass-lin.org/wordpress/archives/630

陳麗珠（2009）。我國教育財政改革之回顧與展望──教育經費編列管理法實施之檢視。**教育學刊**，**33**，1-34。

陳麗珠、陳明印（2013）。我國教育財政政策之變革與展望。**臺灣教育**，**681**，2-12。

曾巨威（2004）。地方財政能力與教育經費負擔之分攤機制。人文及社會科學集刊，**16(2)**，197-238。

曾智豐（2013）。家長社經背景對子女教養行為的影響──以個人價值觀與教育目的的認知為中介變項。**嘉大教育研究學刊**，**31**，85-118。

楊德廣（2006）。高等教育管理學。https://wiki.mbalib.com/zh-tw/%E6%95%99%E8%

82%B2%E8%B4%A2%E6%94%BF

廖楚暉（2006）。教育財政學。https://wiki.mbalib.com/zh-tw/%E6%95%99%E8%82%B2%E8%B4%A2%E6%94%BF

維基百科（2022a）。臺灣奇蹟。https://zh.m.wikipedia.org/zh-tw/%E5%8F%B0%E7%81%A3%E5%A5%87%E8%B9%9F

維基百科（2022b）。臺灣經濟史。https://zh.m.wikipedia.org/zh-tw/%E5%8F%B0%E7%81%A3%E7%B6%93%E6%BF%9F%E5%8F%B2

劉潔（2010）。中國農戶教育投資行為研究。https://wiki.mbalib.com/zh-tw/%E6%95%99%E8%82%B2%E7%BB%8F%E8%B4%B9

劉乃綸（2015）。探討新住民、原住民和本省漢人父母親族群婚姻配對的社經背景對子女學業成就影響之研究——以屏東縣國小四年級學童為例。育達科大學報，**41**，15-41。

總統府（1947）。中華民國憲法。https://law.moj.gov.tw/LawClass/LawAll.aspx?pcode=A0000001

總統府（2005）。中華民國憲法修正條文。https://law.moj.gov.tw/LawClass/LawHistory.aspx?pcode=A0000002

謝名娟、謝進昌（2013）。本土與新移民子女學習表現差異之後設分析研究。**教育與心理研究**，**36**(3)，119-149。

Alexander, K. (1982). Concepts of equity. In W. W. McMahon & T. G. Geske (Eds.), *Financing education: Overcoming inefficiency and inequity* (pp.193-214). Urbana: University of Illinois Press.

Kirst, M. W. (1994). Equity for children: Linking education and children's service. *Educational Policy*, *8*, 583-590.

Odden, Ailan R., & Picus, Lawrence O. (1992). *School Finance - A Policy Perspective*. Copyright @1992 by McGraw-Hill, Inc.

第十三章

教育行政專業與倫理

楊淑妃

　　教育行政是一門涵蓋教育、管理、行政、社會、心理及哲學等廣泛深厚知識基礎的「專業」，此專業的服務場域在學校與教育行政體系。進入二十一世紀，全球化與資通訊科技、新媒體及數位傳播的快速發展，帶來前所未有的效率與便利，相對地，也對於人與人、人與社會及教育體系產生極大的衝擊，重科技而輕人文或重工具而輕目的，都將伴隨著價值序位的錯置，導致道德倫理的崩壞。

　　教育是引人向上向善的良心事業，學校是傳授知識與教導人格發展的道德機構，而教育行政是服務教與學、支援教與學的重要志業。本章探討教育行政之專業與倫理。

第一節　教育行政專業

　　教育行政是所有工作、行業、職業中的一種，教育行政人員服務於學校或教育行政機關，而其服務之對象則涵蓋學生、教師、家長，甚至於社區市民、一般社會大眾等利害關係人。沒有教育行政的專業知識、素養，無法有效說服被服務者，獲得被服務者的信任。教育行政既是工作、職業，更是一門專業，然則，何謂專業？其與一般行業、職業究竟有何差別？有何不同？

壹　專業的定義與特徵

　　一般提到行業（trade）多係指稱能提供生活基本需求的相關工作，其從業者擁有務實致用的基礎技能，諸如廚師、水電工、木工、理髮師等等，類似工作通常無需太高深的知識，但不表示他們不能再精益求精、更上一層樓。而職業（occupation）一詞通常較籠統，適用範圍亦較廣，一般概分諸如「士、農、工、商、軍、公、教、自由業」等之分類。學界對於「專業」（profession）概念的界定，起初是人言言殊，其後經變動發展，慢慢地才賦予其更完整的屬性界定。

　　賈馥茗（1979）曾指出，專業包含「精湛的學識、卓越的能力及服務或奉獻」三要項。Hoy 和 Miskel（1982）則認為專業人員有下列

共同特徵：(1) 有長期訓練所得的技術能力；(2) 堅持一套專業人員的規範，包含服務的理想、客觀、非個人性及公正無私；(3) 有同行導向的參照團體；(4) 有作專業決定的自主權；(5) 以學識和各種標準為基礎的自我管理組織。Downie（1990, 1999）則認為專業工作有六項特徵：(1) 以廣博深厚的知識為基礎的專業知識與技術；(2) 專業人員藉由一種特殊的關係提供客戶服務；(3) 具有為廣泛議題發言的社會功能；(4) 專業人員須獨立於政治與商業的影響；(5) 專業人員須在其特定領域內受過專業的教育與培訓；(6) 如果某一門專業符合以上五項特徵，則其在道德與法律上都具有正當性。林清江（1983）亦曾提出專業的七項特徵：(1) 為公眾提供重要的服務；(2) 系統而明確的知識體系；(3) 長期的專門訓練；(4) 適度的自主權利；(5) 遵守倫理信條；(6) 組成自治團體；(7) 選擇組成分子。

　　Carr（2000）則曾針對專業素養（professionalism）提出五項規準：(1) 會提供一種重要的公共服務；(2) 具有一種理論與實務基礎的專家知識與技能；(3) 具有獨特的倫理面向，並訂有專業的倫理守則；(4) 具有其組織與內規；(5) 有高度的自主性。Kristinsson（2014）則獨特地提到「對價值的承諾」，認為專業素養是被認證的知識、技能與關懷在一個職業裡的角色。而關懷成分則蘊含著對職業內部價值的承諾，包括「對社會的服務、道德行為及職業的標準」，這三項承諾讓專業和自由職業有所區分。

　　另綜合謝文全（2012）與葉匡時（2000）之看法，專業化的標準可分為六項：(1) 透過長期的專業培育擁有專業知能；(2) 對於社會提供不可或缺的服務；(3) 通過專業認證屬永久性職業；(4) 擁有專業自主與自律性；(5) 建立專業團體提升專業水準；(6) 訂定並遵守專業倫理信條或規範。

　　足見隨著時代的進步，對於專業的特徵或規準的看法愈來愈多項，也愈深入、具體。此外，專業程度愈高者，其在工作上享有的自由與自主程度愈高，被取代性愈低；反之，專業程度愈低者，其在工作上享有的自由與自主程度愈低，被取代性愈高。

貳 教育行政專業的標準

美國教育協會（National Education Association）曾於 1948 年提出八項專業化的標準，其後廣為採用，亦最具代表性，該八項專業化標準為：(1) 應屬高級心智活動；(2) 應受長時間的專業教育；(3) 應具有專門的知識領域；(4) 應能不斷在職進修；(5) 應有健全的專業組織；(6) 應以服務社會為目的；(7) 應屬永久性的職業；(8) 應建立並能遵守專業規範或公約（NEA, 1948: 8；謝文全，1989: 249-250）。

美國教育行政人員專業化的趨勢領先各國，早在 1977 年，美國全國中學校長協會所進行的一項調查結果即顯示，美國高中校長中擁有碩士以上學位者占 74%，其中主修教育行政者占 71%（NASSP, 1978: 2-3），相當專業化。謝文全（1989）曾指出，美國教育行政人員均已符合美國教育協會的八項專業標準，亦即當時的美國教育行政人員已專業化。

謝文全曾就我國教育行政人員專業化之途徑，提出養成、證書、專業組織及在職進修等四項著手方向（謝文全，1989），以下謹就我國教育行政人員專業化之現狀做一說明：

一、養成制度方面

目前我國師範大學、教育大學及部分綜合性大學設有教育行政與政策研究所、教育政策與行政研究所、教育政策與管理研究所、教育行政與評鑑研究所、教育行政與政策發展碩士班、學校行政碩士在職專班，以及其他類似性質的研究所來培養專業化的教育行政人員，所提供的課程有碩士、博士二類課程。所開設之課程內容亦涵蓋教育行政專業科目以外的課程，具有科際整合之效。

二、證書制度方面

目前我國國中小學學校行政人員如主任、校長，都是經過甄選、儲訓合格後，由地方教育行政主管機關（教育局）或國家教育研究院頒予主任或校長儲訓合格證書。高中職主任、校長則尚無甄選、儲訓制度，十二年

國教推動後，是否有必要建立高中職主任、校長之甄選、儲訓制度，有待探討。至於經由國家公務人員考試及格之教育行政人員，經分發實習及格正式任用後，係由總統府轉頒發予公務人員任命狀。尚無類似醫生、律師、會計師、藥劑師及類似美國各州已建立之教育行政人員證書制度。

由於國家制度的不同，未來我國教育行政人員是否適宜建立專業證書制度，可由政府就此議題之價值性、必要性、利弊得失、優缺等進行通盤的研議與評估。

三、專業組織方面

在成立專業組織、訂定倫理守則或規約部分，我國教育行政人員業已建立許多專業組織，以提供專業之服務，發揮團隊自治、自律，以及為重要議題發聲之社會功能，以提高其專業地位。這些專業組織如：1999 年成立的中華民國教育行政學會、2003 年成立的中華民國學校行政研究學會。

四、在職進修方面

多年來我國各級學校及教育行政機關，已規劃許多完善的在職進修制度，以提供教育行政人員與時俱進、不斷專業進修成長，這些措施包括：准予進修以取得學分證書或學位、進修提敘薪級制度、規劃多元進修機制、管道、補助進修費用等等。

第二節　教育行政倫理

專業與倫理就像行政運作的思想與靈魂，沒有專業的知識、素養與道德的價值引導，教育行政無法有效運作。教育專業人員在教育行政機關或學校處理行政問題，經常會面對一些道德兩難問題或行政倫理議題，進而需進行價值判斷或倫理決定。而隨著外在鉅觀環境的劇烈變化，從一元化轉型為多元化的價值體系，再到後現代、全球化、資通訊科技的發展，人與人、人與社會的新問題不斷出現，也讓教育專業人員

所需面對的行政倫理議題變得更多樣，更具不確定性。

　　雖然 1940 年代已有一些涉及行政倫理的文章出現，但歐美關於行政倫理議題的研究始於 1970 年代（Fenner, 1999；吳清山、林天祐，2004）。以下分別論述倫理與教育行政倫理的涵義、倫理的主要理論及教育行政倫理守則。

🟠 壹　倫理的意義

　　倫理與道德經常被相提並論，有些學者認為倫理的範圍比道德廣泛，倫理包含道德。林火旺（2001）即持此看法，認為倫理學所關心的主題涵蓋事實（fact）與價值（value）問題，倫理學的核心問題可以簡單的表達為：「我們應該過什麼樣的生活？」沈清松（1996）與朱健民（1996）則認為，倫理學涉及群體，道德涉及個人，倫理與道德皆有其規範系統，倫理偏重於社會層面，道德偏重於個人層面，但倫理與道德皆涉及評價。吳清山（2006）亦認為倫理是一種規範，是人與人相處的原理、行為標準，依該規範而行，便得以區別是非善惡、真假好壞，實踐人性的價值。

　　但亦有學者不嚴格區分倫理與道德，認為倫理與道德概念相通，而將倫理與道德視為同義詞（何懷宏，2002；賈馥茗，2004；蔡進雄，2008；馮丰儀，2005）。另就中西學者的看法，馮丰儀（2005）歸類發現，國內學者大都傾向視倫理為客觀的原則、指引與規範；而國外學者則較傾向視倫理為偏向受情境脈絡影響的知覺、態度、特質與德行。

🟠 貳　倫理學理論

　　倫理學理論主要可以歸類為目的論與義務論二大類，目的論又以效益論和德行論最具影響。其中，「義務論和德行論」都是藉由達成某種規範以為善的規範倫理學，而「效益論」卻是在某些情形下可能是違背正義或道德原則，非規範性的倫理學。以下就效益論、義務論、德行論及關懷倫理、批判倫理之立論要義予以說明：

一、效益論（utilitarianism）

非規範倫理學理論，目的論。又譯爲功利主義，因功利主義一詞較具貶抑性，本文採譯爲效益論。代表人物如邊沁、米爾。此派理論所追求的目的即是效益，是以一項行爲能否達到其最大的效益，來作爲善惡的判準。而所謂「最大效益」，係指「最大多數人的最大快樂」。此理論並假定，多數人都是追求快樂，而避免痛苦的，亦即「趨樂避苦」。例如：一項政策如能最有效執行，又得到最大的效益，就是善的；反之，即是不善的。

但效益論也有其矛盾缺點，因爲在某些事件上追求最大效益時，有時是違反正義或道德原則的，例如：對金錢或權力追求最大效益的過程，可能損及其他人的權益。是以，當效益的行爲有違道德的原則時，即可不爲（朱建民，1996；馮丰儀，2005；蔡進雄，2008）。

二、義務論（deontological ethics）

規範倫理學理論，代表人物爲康德。此派理論不以追求任何目的爲道德，認爲只有基於道德義務本身而做的行爲，才是最高的道德倫理。強調行爲的動機，不在意後果因素。道德義務不是條件性的，一個人出於道德的義務感或責任心所做的行爲，應具有普遍性。所以，「普遍性」可以作爲道德行爲的判斷標準。但此派理論的缺點係對於哪些行爲不合普遍性要求，哪些行爲具有普遍性？並未說明（朱建民，1996；馮丰儀，2005；蔡進雄，2008）。

三、德行論（virtue ethics）

規範倫理學理論，目的論，亦稱美德倫理學。代表人物如儒家的孔、孟及亞里斯多德。前述理論以效益和義務爲基礎來判斷行爲的善惡或道德與否，忽略了對行爲者（agent）本身的關注。德行論聚焦在道德主體，亦即行爲者本身的正確性格特質。主張行爲者不應只是遵守義務，更應親自實踐道德行爲，養成良好的品行。認爲人生的目的是人性本有的良好能力，以及人與人之間良好關係的全面展開。良好能力與良好關係的兼具，正是行爲者之美德所在（沈清松，1996；朱建民，

1996；馮丰儀，2005；蔡進雄，2008）。

四、關懷倫理（ethics of caring）

　　規範倫理學理論，代表人物如 Gilligan、Noddings。是女性主義者所發展出來的一系列規範倫理學理論。聚焦在人類對關係的需求，以關懷為核心，認為關懷是倫理也是行動，是以他人的福祉為目的。關懷倫理將個人放在人際關係的脈絡裡，認為一個人要和很多他人有人際關係才算完整，並要求對別人的忠誠、忠實，有意願理解、認知別人的權利，也具有願意鼓勵別人展現真實個性的開放態度。植基於人性的尊嚴應該是神聖的信念，他們假定的關懷是一種榮耀他人尊嚴的關懷，而且希望彼此享受充實的人生（Starratt, 1991；馮丰儀，2005；蔡進雄，2008）。

五、批判倫理（ethic of critique）

　　非規範倫理學理論，代表人物為法蘭克福學派 Habermas。此派理論認為社會結構中一些既存的不正義應持質疑、批判的態度予以糾正。同時認為，沒有任何社會性的安排是中立的，應透過理性進行有意識的反省思考，質疑並批判背後的權力決定是否造成某些人價值、權益的受益、某些人價值、權益的損害。而這些社會性安排應對受其影響的人具有回應性，所有受其安排影響的人，都應有參與表達意見、公平發聲、智性對話、理性溝通的機會，以評估其結果並改變其結果，使期更符合社會大眾的利益。此派的立場和社會正義、人性尊嚴相關（Starratt, 1991；馮丰儀，2005；蔡進雄，2008）。

參　教育行政倫理的意義

　　教育行政人員服務於政府機關或學校，是以人為本的志業，專業人員如無專業道德，則受其服務之對象可能受到傷害，這是政府機關何以須強調專業倫理道德，亦即官箴之重要原因。而學校教育的對象都是未成年的學生，教師、行政主管及校長除了傳授知識、經驗、技能，亦同時需進行思想、觀念及品德教育，高尚的品德及倫理道德更不可或缺。

　　教育行政倫理亦屬於「公務行政倫理」、「公務倫理」、「服務倫理」或「公務道德」、「服務道德」。關於行政倫理或教育行政倫理的界定，多數學者專家採規範倫理學的角度，認爲是行政人員或教育行政人員表現出德行行爲的標準、規範或社會期待（吳清基，1990；蕭武桐，1995；吳清山、林天祐，2004；馮丰儀，2005；吳清山，2006）。但亦有學者突顯行政倫理是會影響到成員表現出應有行爲的規則、信念和價值（邱華君，2001；George & Jones, 2002）。另有學者融入效益論的觀點，認爲教育行政倫理除依循倫理規範與原則，表現出正確而正當的行爲外，並應爲學生謀取最大的利益，以促進教育目標的達成（蔡進雄，2008）。

　　綜合上述學者專家觀點，本文將教育行政倫理界定爲：在教育行政組織中，教育行政人員基於專業的價值與信念，以道德倫理的規範原則爲依循，表現出適當而正確的行爲，並以學生和組織的最大利益爲考量，以促進教育目標之達成。

🏅 專業倫理守則

　　美國於 1978 年即公布「政府倫理法案」（The Ethics of Government Act 1978），規定聯邦高級官員應公布個人財產，聯邦政府並設有政府倫理局（U.S. Office of Government Ethics），以彰顯並重視政府官員行政倫理的重要（吳清基，1990）。我國亦針對服務於政府部門之公職人員定有政府的相關倫理規範與法令，諸如《公務員廉政倫理規範》、《公職人員財產申報法》、《公職人員利益衝突迴避法》、《遊說法》等，合稱爲陽光法案。

　　前述專業化的標準之一即是成立專業組織，並訂有其專業倫理守則（code of ethics）。有鑒於教育行政專業倫理的重要性，我國教育行政與學校行政人員已各自成立其所屬的專業組織，具有各爲其專業服務、發聲的社會功能，「中華民國學校行政研究學會」並訂有其所屬的專業倫理準則，作爲規範其所屬成員行爲的依據，惟「中華民國教育行政學會」至今尚未建立其所屬之專業倫理守則。

　　「中華民國學校行政研究學會」於 1999 年通過「學校行政人員倫

理守則」，其內容如下（吳清山，2001: 32-33）：

1. 學校行政人員應遵守法律與道德規範。

2. 學校行政人員應以學生為主體，以人文教育為依歸。

3. 學校行政的品質與行政人員的尊嚴，應建立在服務師生、支援教學，追求校務發展的卓越績效。

4. 學校行政人員應培養理性批判能力，以求不斷自我反省、自我超越。

5. 學校行政人員應依循質疑、反省、解構與重建的步驟，培養自主性自律的批判思考能力與氣質，尋求自我的創新發展。

6. 學校行政人員應扮演創新、溝通與服務者的角色，並促成學習型組織的校園文化。

7. 學校行政人員應將實務經驗，透過理性的溝通，與學校同仁共同促進專業知能的成長。

8. 學校行政人員應力行誠信原則。

9. 學校行政人員負有維護社會正義責任，樹立學校與社區之楷模。

10. 學校行政人員應發揮人文精神，關懷社會與文化發展，展現對教育工作的熱忱。

美國學校行政人員的專業組織「美國學校行政人員協會」（American Association of School Administrators, AASA）亦於1966年訂有「專業倫理準則」，1981年修訂為「美國學校行政人員倫理聲明與程序指導」（AASA's Statement of Ethics for School Administrators and Procedural Guidelines）（吳清山，2001）。以下則是2007年版本的「倫理準則——美國學校行政人員協會為教育領導者的倫理聲明」（Code of Ethics-AASA's Statement of Ethics for Educational Leaders），每個版本在當時都是全美學校行政人員專業倫理的標準。2007年的專業倫理準則內容如下（AASA, 2007）：

教育領導者：

1. 以謀求學生的教育與福祉為所有決定的基本價值。

2. 實現所有專業責任，並以值得信賴及負責的態度行為。

3. 支持正當程序原則並保護所有個體的公民權與人權。

4. 實施地方、州與國家的法律。

5. 向學校董事會建言，並實施董事會的政策及行政法則與規定。

6. 尋求適當的措施以修正那些與教育目標相違或並非學生最佳利益的法律、政策與規定。

7. 避免利用職權並透過政治、社會、宗教、經濟及其他影響力，謀取個人私利。

8. 只從被認可的機構，接受學位或專業證書。

9. 維持標準並透過研究與持續的專業成長，尋求專業效能的改進。

10. 尊重所有的合約，直到履行完成，並在獲得所有方同意後才發布或解除。

11. 為自我的行動或行為負責並接受問責。

12. 承諾服務別人先於自己。

 # 第三節　領導者與教育行政倫理

壹　重視倫理的教育行政領導者

教育的合認知性、合價值性、合自願性規準，闡明了教育本身是價值性的活動。教育行政領導者無論是在政府教育行政部門或學校，因其領導的是教育志業，領導者本即應具有倫理學觀念，本身應是倫理的、道德的，因為教育行政人員或領導者的價值觀，往往是影響其作決定、抉擇與作為的重要因素。

從教育的角度而言，領導者應以學生的利益為核心，以學生的利益為價值判斷的依據。進言之，教育領導者的選擇應基於「共好」（common good），而不是自我利益，應是倫理選擇，而不是個人的利益。教育行政領導者所作的各種決定都是基於「價值」，是以，每一位教育行政人員在成為領導者之前，都應能體認教育是良心的事業，有朝一日成為領導者，要成為一位倫理的領導者，要經常思考、經常自問，要帶領學校成為什麼樣的學校？希望倡導和服務師生的是什麼樣的

價值？因為教育領導是一門非常基本、倫理、專業的事業。

　　所以，從任用的角度而言，教育行政機關或學校在進用或遴選領導人時，應重視領導人應具有的專業素養與倫理素養。而就在職的角度而言，在教育行政機關或學校服務，需經常面對學生、教師、家長、行政人員、社區民眾、民間團體代表、議員等各方利害關係人，當處理行政議題遇到法令規定不明時，便可能出現教育政策、價值議題、倫理議題等價值競爭或衝突的問題，過去領導者們在作倫理決定方面的知能較不足，未來應給予此方面之裝備，為其規劃倫理決定方面的專業訓練課程，支持其在職成長研習。吳清山、林天祐（2004）指出，為有效落實教育行政倫理，可以從職前教育、在職進修、文化塑造及制度建立四方面著手。

貳　建構多元倫理架構的學校與組織

　　進入二十一世紀，隨著全球化資通訊科技的快速進展，帶來人類社會前所未有的效率與便利，資通訊科技的進步拉近人與人之間的距離，卻也產生許多新興的倫理問題與挑戰。鉅觀環境的變化，連帶地影響到社會與教育環境脈絡的變化，特別是學校。

一、多樣化的學校倫理議題

　　Dempster 和 Berry（2003）在一份針對澳洲昆士蘭州 552 位校長所做的問卷調查、25 位校長的深度訪談中，提出在全球化趨勢下，讓校長們在作倫理決定時，感到壓力與裝備不足的議題，包括：種族主義、宗教基本教義者問題；性平、性騷、暴力問題；性慾問題；家庭結構問題；虐童問題；學生的健康問題；資通訊科技問題；學校的行政與管理問題等。這些問題在當時讓學校的不確定性增加，也讓社會問題宛如進入校園般。另外，蔡進雄（2009）針對臺灣北部地區 10 位現職國中校長所進行的質性研究訪談，結果發現「學生編班」、「導師輪替」、「行政人員的任用」，這三項是被較多校長提出來的行政倫理議題。校長們還另外提到的行政倫理議題包括：「校長行政人員與教師觀念的不一致」、「親師生衝突」、「不適任教師的處理」、「行政人員的輪

替」、「行政人員間的工作紛爭」等。

　　上述二項研究所提出的倫理議題，除了種族主義和宗教基本教義者問題外，其他議題也是目前在我國教育行政環境脈絡中出現過的倫理議題。當法令規定不明，而領導者所面對的倫理議題是需要其於競爭的或衝突的價值間進行判斷、抉擇，或陷於道德的兩難困境時，便需要教育行政領導者運用其行政裁量權，進行倫理、道德之考量與抉擇。

二、鼓勵形塑蘊含多元倫理的學校與組織

　　Sergiovanni（1992, 1995）、謝文全（1998）與林明地（1999）均指出學校的領導權威來自科層、心理、技術─理性、專業與道德等五項權威。並認為學校領導者過去在專業與道德方面的權威較不足，過去基於「科層、心理、技術─理性」權威所進行的領導行為與技術，應輔以重視領導者價值觀與信念的「道德領導」，以彌補過去領導的不足。林明地（1999）更倡議重建學校領導的倫理學觀念，以從不同觀點來看待學校領導，彌補過去傳統學校領導忽略道德權威和專業權威發揮的缺陷，重新建構學校領導的核心概念，以收領導相輔相成的功效。

　　至於道德領導的作法，多數學者強調對於批判倫理、正義倫理與關懷倫理之善用，並期於每次作決定時做好道德選擇（謝文全，1998；林明地，1999；蔡進雄，2008；馮丰儀，2005）。Starratt（1991）並主張教育行政人員具有積極主動地為教育的執行營造倫理環境的道德責任。Starrat（1991）、謝文全（1998）、林明地（1999）等人並倡議建構學校成為一所重視關懷、正義、批判等多元倫理架構的學校。

　　此外研究指出，行政倫理與組織氣氛、文化相關。一份針對荷蘭252位非營利組織經理人所進行的實證調查發現，相信組織氣候是「關懷性」氣候的經理人，普遍覺知到成功與倫理行為之間有正向關聯；而相信組織氣候是「工具性」氣候的經理人，則覺知到成功與倫理行為之間強而負面的聯結（Deshpande, 1996）。足見工作倫理外，人際關係倫理與社會倫理，對於個人的工作士氣、成就感、成功感是具有影響的。

　　隨著社會的文明進步，不同時期的社會興革，會產生不同的教育行政倫理議題，林志成（2002）在二十一世紀初政黨輪替、教育鬆綁與

校園民主化衝突時期，強調「教育專業」是新校園倫理的靈魂。之前因軍公教人員退撫基金即將面臨破產，政府在軍公教退休金重新處分政策之態度，除引起軍公教人員對於政府重新處分不公之質疑外，在宣導推動過程亦造成高齡者與年輕人「不同世代」、軍公教與勞工「不同階級」之矛盾衝突，繼而產生社會對於世代正義、階級正義之批判與反省。其後藉由提高公部門會議出席費、對於現職軍公教人員人事福利待遇之相應調整，以及大法官會議對於軍公教退休後雙薪問題不違憲之解釋等，釋出善意與關懷，矛盾衝突才漸緩和。

　　誠如前述，專業與倫理是教育行政的思想與靈魂，教育行政人員服務於學校或教育行政機關，在面臨教育行政倫理議題時，除了運用其專業並發揮正義、批判、關懷等倫理精神，做好倫理判斷與抉擇外，應鼓勵建構學校或教育行政機關成為一所蘊含多元倫理架構的學校或組織。

　　此外，教育無他，惟愛與榜樣，相信教育行政人員遇困境只要能發揮教育人的愛心，便可以化解並消弭倫理的對立與衝突。

問題討論

1. 你認為什麼是專業？教育行政是不是一門專業？
2. 因為對於倫理的不同假定而產生的倫理理論有哪些？
3. 如何建構一所多元倫理架構的學校或教育行政機關？
4. 請說明一位稱職的教育行政人員需具備那些核心能力與專業態度，為何教育行政人員需講求專業成長？可採行那些策略以增進專業成長？（101年三等身障特考）
5. 請說明教育行政倫理制度化的重要性，並說明倫理制度化的機制。（108年簡任升官考試）
6. 請說明教育行政倫理的意義，並試擬一份教育行政人員的倫理信條。（111年三等身障特考）
7. 何謂批判倫理？從事教育行政如何實踐批判倫理？就你對國內教育行政現況的了解，舉一例說明你當上公務人員之後，要如何透過教育行政作為進行改革，以實踐批判倫理。（106年三級原民特考）

參考文獻

朱建民（1996）。專業倫理教育的理論與實踐。**通識教育季刊**，**3**(2)，33-56。

沈清松（1996）。倫理學理論與專業倫理教育。**通識教育季刊**，**3**(2)，1-17。

何懷宏（2002）。**倫理學是什麼**。揚智。

吳清基（1990）。重建教育行政倫理。**研習資訊**，**63**，1-5。

邱華君（2001）。行政倫理理論與實踐。載於財團法人弘揚社會道德文教基金會（主編），**弘揚道德系列叢書第二輯：現代倫理道德的理論與實踐**（頁 205-229）。財團法人弘揚社會道德文教基金會印行。

吳清山（2001）。**教育行政人員專業倫理內涵建構之研究**。行政院國家科學委員會專題研究計畫。https://srda.sinica.edu.tw › srda_freedownload

吳清山（2006）。教育行政的倫理面向。載於謝文全等（合著），**教育行政學：理論與案例**（頁 69-100）。五南。

吳清山、林天祐（2004）。行政倫理。**教育研究月刊**，128，151。

林清江（1983）。**文化發展與教育革新**。五南。

林明地（1999）。重建學校領導的倫理學觀念。**教育政策論壇**，**2**(2)，129-157。

林火旺（2001）。**倫理學**。五南。

林志成（2002）。專業是社會變遷中新校園倫理的靈魂。**學校行政雙月刊**，**19**，42-55。

馮丰儀（2005）。**教育行政倫理及其課程之研究**（未出版之博士論文）。國立臺灣師範大學。

葉匡時（2000）。論專業倫理。**人文及社會科學集刊**，**12**，3，495-526。

賈馥茗（1979）。**教育概論**。五南。

賈馥茗（2004）。**教育倫理學**。五南。

蔡進雄（2008）。**教育行政倫理**。心理出版社。

蔡進雄（2009）。國民中學校長經常面臨的行政倫理議題與倫理決定之研究。**國民教育研究學報**，**23**，1-30。

謝文全（1989）。**教育行政論文集**。文景。

謝文全（1998）。道德領導——學校行政領導的另一扇窗。載於林玉體（主編），**跨世紀的教育演變**（頁 237-253）。文景。

謝文全（2001）。**比較教育行政**。五南。

謝文全。（2012）。**教育行政學（第四版）**。高等教育出版社。

蕭武桐（1995）。**行政倫理**。華視文化公司。

AASA (2007). *Code of ethics-AASA's statement of ethics for educational leaders*. http://aasa.org

Carr, D. (2000). *Professionalism and ethics in teaching*. Routledge.

Downie, R. S. (1990). Profession and professionalism. *Journal of Philosophy of Education*, *24*, 154.

Downie, R. S. (1999). Profession and professionalism. In D. E. W. Fenner (Ed.), *Ethics in education*. Garland Publishing.

Dempster, N., & Berry, V. (2003). Blindfolded in a minefield: Principals' ethical decision-making. *Cambridge Journal of Education*, *33*(3), 457-477.

Deshpande, S. P. (1996). Ethical climate and the link between success and ethical behavior: An empirical investigation of a nonprofit organization. *Journal of Business Ethics*, *15*, 315-320.

Fenner, D. E. W. (1999). *Ethics in education*. Garland Publishing.

George, J. M., & Jones, G. R. (2002). *Organizational behavior.* Prentice-Hall.

Hoy, W. K., & Miskel, C. G. (1982). *Educational administration: Theory, research, and practice.* Random House.

Kristinsson, S. (2014). The essence of professionalism. In C. M. Branson & S. J. Gross (Eds.), *Handbook of Ethical Educational Leadership*. Routledge.

National Education Association (1948). *Yardstick of a profession*. NEA.

National Association of Secondary School Principals (1978). The senior high school principalship. *The National Survey*, *1*, 2-3.

Sergiovanni, T. J. (1992). *Moral leadership: Getting to the heart of school improvement.* Jossey-Bass.

Sergiovanni, T. J. (1995). *The pricipalship: A reflective practice perspective*. Allyn and Bacon.

Starratt, R. J. (1991). Building an ethical school: A theory for practice in educational leadership. *Educational Administration Quarterly*, *27*(3), 185-202.

第十四章

教育行政發展的趨勢與展望

顏國樑

　　教育行政是政府公共行政的一環，教育人員可透過教育組織的運作，有效整合教育資源，解決各種教育問題，以達成教育目標。教育行政最主要的目的在支援教師教學，提升學生的學習效果。雖然教育行政本身是手段，不是目的，是從事教育行政工作必須遵循的指導原則，但如果沒有教育行政的種種行為運作，則無法增進教師教學效能，將會影響學生的學習效果。目前我國教育行政組織與運作比以往有改善與進步，但仍必須不斷革新，才能適應二十一世紀發展。以下分別就教育行政發展的趨勢及展望進行分析。

 # 第一節　教育行政發展的趨勢

　　了解教育行政發展的趨勢，可作為改善我國教育行政的參考或依據。綜觀教育行政理論及教育行政改革的發展，可歸納出教育行政發展的趨勢有智慧化、專業化、民主化、均權化、科學化、市場化及公開化七大趨勢（教育部，2010a；顏國樑，2001；謝文全，2022）。

壹　教育行政智慧化

　　二十一世紀已發展至工業 4.0 的時代，最早出現於西元 2011 年德國的漢諾威工業展開幕時，由德國總理梅克爾致詞時宣布，德國即將進入第四次工業革命的新時代，這個新時代被稱為工業 4.0 的時代。第一次工業 1.0 是以水力與蒸汽動力進行機械化生產；第二次工業 2.0 是使用電力進行大量與流水線式生產；第三次工業 3.0 在於導入電子與資訊技術實現自動化生產；第四次工業 4.0 主要在建立虛實整合系統（Cyber-Physical System, CPS），即是運用物聯網資通訊系統，將實體智慧機械、工廠乃至客戶，連結成一體進行智慧化生產（汪建南、馬雲龍，2016）。工業 4.0 的特徵包括運用網際網路、生產智能化、客製化、大數據決策（簡禎富、王宏鍇、傅文翰，2018；顏國樑、閔詩紜，2019；Sendler, 2016），這些特徵影響二十一世紀時代的發展。

　　現今「教育 4.0」一詞源於工業 4.0。教育 1.0 的內涵是建立在個

人對個人的傳授；教育 2.0 的內涵是因為工業技術的進步，發明了印刷機，因此讓更多人有可以接受教育的機會；教育 3.0 的內涵則是因應科技的進步，改變了傳統教學的模式，並提供了學習平臺；教育 4.0 的內涵是智慧化，除了要有智慧製造的能力，必須要有全週期管理與服務，以及跨領域的學習，智慧製造並非是拘泥於單一方面專精的專業知識，而是須有多元跨領域的汲取新知，並嘗試以跨領域的學習為主，將所學融合以期提升專業知識不斷精進與成長，進而產生創新思維與新知識、新技能，以及是一位具有持續學習的終身學習者（吳清山、王令宜，2018；吳清基，2018；陳東園，2016；顏國樑、葉佐倫，2021）。哪個國家的教育能第一個躍升到教育 4.0，就會成為人力發展的領頭羊，並創造二十一世紀新經濟模式（Harkins, 2018）。

　　至於如何教育行政智慧化，人仍是最重要的核心，需要建立以人為核心，具有整合、創造、省思的智慧，以迎接行政智慧化創新應用新紀元。因此教育行政機關本身應轉變成智慧化決策環境，引導學校變成智慧化校園，是未來行政智慧化努力的課題。

貳　教育行政專業化

　　一般來說，專業的認定，應具備有以下各項條件（Campbell, Bridges, &Nystrand, 1977）：一、提供獨特的服務；二、接受較長時間的養成教育；三、不斷接受在職教育；四、享有相當的自主權；五、遵守倫理信條等。由此一標準的認定，今天教育行政的發展，確有日趨專業化的趨勢。

　　就理論發展而言，科學管理之父泰勒（F. Taylor）及科層體制理論創始者韋伯（M. Weber）兩人，早就倡導行政要專業化，一方面要實施專業分工，使每位成員能做他專長的事，一方面對行政人員施以專業訓練，以培養其專業能力。隨著社會的快速發展及分工日益精細，專業化的趨勢愈加明顯，教育行政亦然。就分工日益精細而言，過去各國的教育行政機關組織相當簡單，但隨著業務的增加及專業的分化而不斷增加部門，使每個專業領域均有專責單位負責。

　　就教育行政人員專業化而言，近年來各國已逐漸重視教育行政人員

的專業訓練與在職進修，亦設立相關教育行政研究系所。就教育行政專業組織而言，近年來各國皆設立專業組織，如我國在民國88年成立「中華民國學校行政研究學會」、「中華民國教育行政研究學會」等，皆顯示教育行政專業化的發展趨勢。在期刊方面，國立暨南大學教育政策與行政研究所出刊的《教育政策論壇》、「中華民國學校行政學會」出刊的《學校行政雙月刊》、「中華民國教育行政研究學會」出刊的《教育行政研究》、國立臺北教育大學教育經營與管理學系出刊的《教育政策與管理》，全部是有關教育政策與教育行政類的文章。上述顯示教育行政專業化的趨勢。

參　教育行政民主化

　　民主化是現代社會的主要特徵之一，教育行政民主化的趨勢意謂權威式的管制措施必然被破除與瓦解，從而建立教育的自主性，創造更多自由選擇的機會。

　　就世界各國教育行政民主化措施方面，如美國實施學校本位管理，各地方學區將作決定的主要權力和績效責任賦予各校，並以學校為教育改革單位，校長、教師、家長和學生均是改革的基本參與者；英國亦加強地方教育局（Local Education Authority, LEA）對學校的授權，允許成立自我管理的學校，並擴大學校董事會的職權；日本亦加強對地方教育委員會的授權等（張明輝，1999）。我國近年來受到社會開放、政治民主化的影響，對教育行政已走向鬆綁與自由化，諸如《大學法》強調大學自主；《教育基本法》規定各地方應設「教育審議員會」，負責地方教育事務之審議、諮詢、協調及評鑑等事宜；又如《國民教育法》將中小學校長的聘任制改成遴選制；《教師法》規定在中小學成立「教師評選委員會」及「教師會」；《國民教育法》、《教育基本法》、《實驗教育三法》皆賦予家長參與教育事務的權利，確立家長參與教育事務法源依據，都顯示教育行政民主化的發展趨勢。

　　在民主化概念之下，講求權力下放、重視分權負責、強調全民參與及多元化、要求過程的民主化等。如以此觀念來看教育環境的轉變或對教育的影響，不難發現，地方分權主義取代了極權主義與科層體制，導

致中央教育行政權的鬆綁、地方教育權限的增加及重視學校爲本位的自我管理模式；政治環境的重組促成教育行政體制的鬆綁；多元化與自由化則提醒我們必須重視教育評鑑，以控制教育的品質；家長教育選擇權與參與學校事務權的提升；教師、家長及學校行政人員的利益團體權力與權限提升，其對於教育決策與學校經營具有重大的影響。因此，教育行政要因應社會開放與政治民主化的趨勢，重視決策的透明公開，重視溝通協調，審愼規劃各項措施，促進未來教育行政的革新與發展。

肆　教育行政均權化

世界國家的教育行政體制，大致可區分爲中央集權及地方分權兩種制度，近年來的發展趨勢大致朝向中央集權與地方分權間擺盪，例如英國、美國、澳洲、加拿大等的教育行政制度由地方分權轉向增加中央對地方的控制權，而我國、法國、日本、尼加拉瓜、委內瑞拉、阿根廷等則將中央教育行政權下放給地方（Judith, 1990; Hanson, 1996），可見世界各國教育行政體制朝向均權制發展。

依據《憲法》相關條文的精神，我國教育行政係採取均權制，事務有全國一致者劃歸中央，有一省之性質者劃歸省，有一縣之性質者劃歸縣。就前述各級教育行政機關職權而言，直轄市、縣（市）之教育局均有擬定教育政策、方針與計畫之權責，顯示我國教育行政體制之設計，基本上均符合均權制的精神。但若就近五十年的現況而言，我國教育行政之運作具有濃厚之中央集權式色彩。就教育政策而言，大都由中央制定，直轄市、縣市地方機關僅負責執行。甚至許多全國性的教育事務，教育部亦無法決定，必須層轉行政院決定。因此，我國金字塔型的教育行政體系，具有十分明確的中央集權性質。但近年來，我國中央教育行政權已漸朝向鬆綁的方向改革，將決策權下放給地方，例如教科書已開放，不再由中央統編；又如《教育基本法》第9條具體條列式明確規定中央政府的教育權限有八項，未列舉者改由地方主管，及地方應設置「教育審議委員會」。101年公布的《教育部組織法》（2012）已趨向均權方向，這表示教育部的教育權將鬆綁，下放給地方，中央不再獨攬教育權，我國中央集權的教育行政漸走向均權制。

由上述可知，極端的中央集權或分權的教育行政制度並不是最佳的教育行政管理型態，教育行政均權將是追求較佳行政效能與品質的管理型態，亦是未來教育行政制度發展的趨勢。

伍 教育行政科學化

自泰勒倡導科學管理之後，行政科學化已逐漸成為趨勢，教育行政自不例外。這一趨勢到現在愈是明顯，凡事講求研究，以求行政方法客觀，執行之前重視計畫，以提高效果而減少成本；同時並加速運用資訊科技或量化的工具以求精確。就重視研究而言，各國教育行政機關在推動重大教育興革前，均會先成立專業研究小組進行深入研究，再據以實施革新方案；其次各國為研究工作落實，更紛紛成立教育研究機構，平時就對教育問題作長期而深入的研究（謝文全，2022）。我國民國99年整併國立編譯館、國立教育資料館成立國家教育研究院，旨在長期從事整體性、系統性的教育研究，促進國家教育的永續發展。

二十一世紀是一個資訊科技化的社會，資訊科技將會與人類生活緊緊地結合在一起，影響人類生活甚為深遠。同樣地，當然對於教育行政必會產生重大的衝擊。就資訊科技及計量工具之運用而言，電腦及網際網路應用於教育行政上已十分普及，統計學、數學及其他計量學應用於教育行政決策上亦是同樣的情形；各級學校校務電腦化更是教育行政機關推動的重點工作，藉由電腦及網路，輔助教育行政工作的處理，使得一些複雜繁瑣的工作，能得到更精確更迅捷更有效的處理。

由上述理論的發展、對教育行政研究的重視、資訊科技及計量工具的運用及學校校務電腦化的說明，均顯示教育行政科學化的發展趨勢。

陸 教育行政市場化

1990年代，「教育的市場導向」是教育經濟學領域的一項新課題，亦為世界各國教育行政改革所重視的方向，傳統上教育體系與經濟體系的關係研究是教育經濟學探討的課題，自從人力資本概念的興起，教育被視為一種有利的投資，能促進國家社會的進步與發展。

「市場化導向」的教改理念，即視教育制度及學校為整體經濟的一

部分，適用於經濟的供需律則，對其所提供的服務標價，並在「教育市場」內與其他的「供應商」競爭。就此觀點來看，學校本身即是一事業單位（enterprise），在可獲得的資源內，以最有效率的方式，達成最可能的產出。在此市場內，顧客的需求須予以滿足，而教育服務的提供最終也是由顧客所決定（沈姍姍，1998）。

　　「教育市場化」已愈來愈受到重視，雖然教育的革新並不能完全以市場化為導向，仍需維持理想的教育目的。但若將學校教育建立成為市場機制，則從下列的改革，如家長與學生的自由選擇學校、高等教育的招生與課程提供的開放、學校的公辦民營、增加私立學校辦學的自由、去除國家對教育的各種支配壟斷等方面的變革，都不難看出市場化教育行政改革的導向。因此，教育制度或學校在不斷追求績效與卓越，教育行政機關提供令顧客（學生、家長、教師、社區）滿意的教育服務品質，亦將是未來教育行政改革的走向之一。

柒　教育行政資訊公開化

　　社會開放與民主化的國家，都希望國民能參與公共事務的決策，提供意見，讓政策能符合國民的需求。教育行政是公共領域事務的範疇，有必要提供國民教育相關資訊，讓不同利益團體參與教育事務的討論，促使教育政策的訂定過程更公開與民主，讓國民做最好的教育選擇，也顯示對國民負起教育績效責任。

　　美國《不讓一位孩子落後法》（No Child Left Behind Act, NCLB）於 2002 年 1 月 8 日由小布希總統簽署公布。該法是一個加強中小學教育改革的法案，強調透過教育卓越與教育公平的途徑，以提升學生成就，並為全球競爭做準備。NCLB 法案為提高教育績效，規定學校每學年要將每位學生的成績報告卡送交家長審視，同時學校也設立網頁，家長可以透過授權進入網頁看到自己小孩的成績與學習情況，一方面可以讓學生家長及時了解自己小孩在學校的學習情形，另一方面也促進家長參與擔負子女教育的責任（顏國樑，2013）。

　　我國《行政程序法》於民國 88 年公布，可說是行政法法典化的具體落實，進而對於行政機關所做行政行為，建構一套公正、公開及民主

行政程序，同時藉由程序規定，使人民在行政機關做成行政行為時得以參與、表達意見與溝通，而使人民權益獲得保障，並增進人民對國家行政信賴的一種制度。因此，教育行政機關除重視權利救濟制度實體之外，更要先強調正當法律程序（行政程序法，2021；李惠宗，2002）。

另外，《政府資訊公開法》（2005）於 2005 年公布實施。其立法目的在於建立政府資訊公開制度，便利人民共享及公平利用政府資訊，保障人民知的權利，增進人民對公共事務之了解、信賴及監督，並促進民主參與。因此，教育行政機關應該依據規定採取適當方式主動公開教育相關資訊。

第二節　我國教育行政的展望

面臨二十一世紀，我國教育行政若要成功的迎接挑戰，提升服務品質與效能，就必須進行適當的改革。茲就我國教育行政的展望，提出幾項具體努力的方向闡述如下：

壹　建立教育行政機關自我評鑑機制

教育行政機關積極推動各級學校校務的自我評鑑，期望學校邀請專家學者與學校本身人員進行學校教學與行政的改進。教育部與地方教育局通常是發動者，但對於自己本身卻鮮少進行自我評鑑，導致政策執行未臻效果，有可能是自己教育行政機關的政策錯誤，或者行政機關內部溝通協調等問題。因此，有必要建構一套公正客觀的評鑑標準，以提供合理反省的回饋與組織發展的機制。依據《中央行政機關組織基準法》（2022）第 13 條規定：「一級機關應定期辦理組織評鑑，作為機關設立、調整及裁撤之依據」，此項規定確立政府組織應定期辦理組織評鑑的合法性。

教育部與地方教育局處應邀請外部專家學者，組成自我評鑑小組，建立自我評鑑制度，以作為改善的參考。至於進行教育行政機關組織評鑑的內涵，可以五個構面進行評鑑（林海清，2009，2010）：

一、組織發展力：評鑑指標包括機構設立目的與專長定位、組織發展願景與目標、組織架構與分工、組織短中長程規劃。

二、組織適應力：評鑑指標包括政治社會壓力、競爭壓力、資源限制、技術限制、統合限制。

三、組織管理：評鑑指標包括規劃能力、法規管理、財務管理、人力管理。

四、組織領導力：評鑑指標包括業務與資源的分配、階層關係、授權程度、員工反應與衝突解決機制。

五、成員認同力：評鑑指標包括工作認同、職業生涯認同、組織認同。

貳　進行教育政策價值的分析

國家無論帶動發展或制訂政策均應先能掌握教育的核心價值，方能確保教育政策的制訂，能符合時代和人民的需求，也才能符應全球和社會的變化，進而在促進教育發展的同時，達到教育永續發展的目標。決策者若無法洞識教育的核心價值，則可能導致政策的朝令夕改，更可能導致政策殺人等始料未及的結果，因此進行教育政策價值分析有其必要性。綜合專家學者的看法（張鈿富，1995；華樺，2010；楊國賜、李建興、陳伯璋、溫明麗、蕭芳華，2011；劉世閔，2005；劉復興，2003；顏國樑、宋美瑤，2013；Nagel, 1987；Zukas & Malcolm, 2007），教育政策價值的內涵包括人本、公平、自由、品質、效能、永續等。

教育政策價值分析的推動方式可從下面幾方面著手（楊國賜、李建興、陳伯璋、溫明麗、蕭芳華，2011；顏國樑、宋美瑤，2013）：

一、教育決策者應首先就每一個政策或事件進行個案分析，驗證其價值取向，評估其合理性。

二、建立與教育政策利害關係人或團體溝通協商的具體步驟。

三、進行價值溝通與論證能力的培訓。

四、建立一個鼓勵多元價值呈現和公開充足對話的平臺。

參　適切與合理劃分中央與地方的教育權限

　　目前我國教育權有中央集權的傾向，仍偏向「中央集權制」，在「均權制」或「地方分權制」程度偏低，且「層級隸屬」關係比理想上強，而「獨立對等」關係較弱，且落差較大（林威志，2006）。隨著《教育基本法》與《地方制度法》的公布實施，整個地方教育文化事業已經成爲地方自治事項的一部分，而且地方組織直轄市變成六都之後，中央政府的教育權限勢必要有所調整。

　　中央與地方的教育權限要如何劃分，才能夠達成適切與合理，茲提出下列幾點建議（吳清山，2005；林威志，2006；張明輝，2009；劉國兆，2009；顏國樑，2001，2010）：

　　一、依據《教育基本法》的規定，落實教育權限劃分。

　　二、落實《地方制度法》，提供地方法定教育權限。

　　三、在中央與地方的國教權限劃分型態，應以「均權制」、「地方分權制」爲主，中央集權制爲輔，至於相互關係則應兼重「層級隸屬」及「獨立對等」。

　　四、訂定《地方教育組織法》，以建構中央、地方及學校完備的教育行政體制。

　　五、召開「教育行政權責共識會議」。

　　六、地方教育審議委員會組織明確化，落實其法定職權。

肆　建立教育行政的專業化制度

　　教育行政的專業化是世界各國教育行政發展的趨勢之一，教育行政專業化的趨勢，主要在建構完整的專業體系與人才培育系統，奠定教育行政人員專業知能的基礎，配合生涯發展提供長期培育的制度，有自律的專業組織，具備專業倫理與責任，擁有相當的專業自主權，並且有健全的專業證照制度，以促進人員之專業成長（顏國樑，2001）。我國教育行政制度專業化仍有待加強，因爲一方面教育行政人員係與公務員任用資格一樣，並未受過教育行政專業課程與訓練；另一方面教育行政人員的遴選制度，與是否受過教育行政專業課程並無關聯；再者，亦尚

未建立教育行政人員專業倫理準則等。

建立我國教育行政的專業化制度，可從下列途徑著手（吳清山、黃旭鈞，1999；謝文全，2022）：

一、建立教育行政人員專業養成、進修及證照制度：如設立教育行政相關研究所、建立專業證照制度、成立教育行政人員評鑑中心。

二、加強教育行政人員專業組織的功能：如訂定專業公約、提供在職進修、從事研究與實驗工作、促進專業與社會的對話合作、協助政府提高教育行政人員資格、建議或遊說政府與立法部門通過有利專業發展的法案、提升教育行政人員教學知能。

伍　培育具有學習力的終身學習人才

終身學習的推動是當前世界各先進國家教育發展的新方向，其最終的目的是要建立一個終身學習的社會。民國 87 年 3 月，教育部（1998）發布《邁向學習社會白皮書》，宣布 87 年為中華民國終身學習年。民國 108 年實施的十二年國民教育課程總綱核心素養的三大面向九大項目是以終身學習者為最中心的核心理念向外擴展。民國 110 年 3 月，教育部（2021）再次發布《學習社會白皮書》，其願景是要打造一個「全民愛學習的臺灣——學習型臺灣（Learning Taiwan）」。其四項目標在培養終身學習者、發展學習型家庭、推動學習型組織、建構學習型城市。並提出六項實施的途徑來達成目標，包括：健全法制基礎、培養專業人才、擴充學習資源、提供多元管道、推動跨域合作、加強國際接軌。所謂「學習社會」的理念，為教育行政革新提供持續發展的方向。

隨著社會經濟型態由工業經濟轉變為知識經濟，資訊科技爆炸性的成長讓未來發展變得難以掌握。個人與組織是否具有競爭力的關鍵已不在於能儲存多少知識量，而在於是否具有學習力，學習力是把知識資源轉化為知識資本的能力。學習力包括學習動力、學習毅力和學習能力，每個成功者或組織的學習，都應該從具備這三種能力開始（韓明媚，2010）。我們需要的是從外在目的為本質的教育觀轉變為內在成長與變化的學習觀（曾正宜，2015；Biesta, 2012）。隨著時代的發展，從工業 1.0 到工業 4.0，影響教育 1.0 發展至教育 4.0。未來仍會繼續朝

向工業 5.0 與教育 5.0 發展，如果學習者僅在學校階段學習，或者畢業後停滯學習，都難適應快速變遷的時代而被淘汰。因此培育具有學習力的終身學習者才能因應社會不斷的發展。

如何培育具有學習力的終身學習人才，可從下列途徑著手：

一、落實十二年國民教育課程總綱的三大面向九大項核心素養。

二、落實學習社會政策，培養終身學習者、發展學習型家庭、推動學習型組織、建構學習型城市，以建構臺灣成為學習型社會。

三、鼓勵大學院校培育跨領域人才。

四、培育學有專精，而且是具有博雅通識的精神，能將知識整合與靈活運用的人才。

五、提供經費，建置提升教師資訊科技能力的師資培育與在職系統。

六、適度鬆綁人力、經費、課程教學等方面的行政管制，以分權賦能實施學校本位管理。

陸　加強資訊公開與建立教育公共論壇

教育行政機關進行組織再造，因為組織整併與調整，難免造成教育行政、學校機關與人員，以及社會大眾認知落差、運作不順暢、溝通不良等，致使無法達成提升教育行政機關組織績效的目標。因此有必要建立教育公共論壇的平臺，引導教育人員與社會大眾透過教育公共論壇的平臺，表達教育意見與提出建議，彌補菁英決策的不足，以作為教育行政機關制訂妥適教育政策的參考依據。此外，將教育資訊公開，可讓民眾參與和監督，發揮集思廣益的效果。

建立教育公共論壇與加強資訊公開，可從下列途徑著手（吳清山，2007；政府資訊公開法，2005；謝文全，2022）：

一、將與民眾權益有關資訊儘量利用政府機關公報或其他出版品主動公開。

二、年度工作計畫、教育經費、評鑑報告應予公開或出版。

三、教育行政機關與學校應運用網站網路將相關資訊公開在網頁上。

四、設立網路教育公共論壇、平面媒體教育公共論壇、固定場所教育公共論壇，以提供教育相關人員提供意見的管道。

五、提供公開閱覽、抄錄、影印、錄音、錄影或攝影。

六、塑造教育公共論壇有利條件：如民眾必須要從自己利益與公共利益的角度來思考，民眾提出政策主張應有堅強的論述與論證，政府應蒐集教育公共論壇意見。

柒　建立完善的教育行政諮詢制度

完善的教育行政諮詢制度有助於教育決策的品質，制訂良好的教育政策。目前教育部教育諮詢制度欠缺完善（教育部，2010b）：

一、相關諮詢委員會尚未發揮決策諮詢功能：目前世界各國非常強調諮詢制度的建立，但從教育部的現況來看，部分教育諮詢制度似未發揮太大的功能。以教育部內部成立的許多委員會而言，偏重於諮詢性質的功能，然而很多教育改革的政策並非出完全自於這些委員會所提出的方案，必須藉由部分學者專家來提供改革的方案，這種作法，實非長久之計。

二、相關諮詢委員會成員與性質多有重複：目前教育部以任務編組方式成立之相關諮詢委員會繁多，因以學者專家組成居多，故成員部分有重複性，且在運作性質上亦有重疊之處，有須重新檢討和調整之必要。

強化中央層級諮詢委員會功能可從下列途徑著手（教育部，2010b；謝文全，2022）：

一、強化現有教育部各諮詢性質之相關委員運作功能：目前教育部雖已設置各個委員會，但因委員參加人數常無法到齊，議題論述亦不足，致使功能受到限制。教育部可就現有的委員會進行檢討，具有功能之委員會繼續存在；若功能不彰，則可考慮裁撤。

二、評估成立中央諮詢委員會，統籌政策諮詢事宜：為發揮有效的諮詢功能，可研議設立中央諮詢委員會，統籌各項政策諮詢分派事宜。至於其他具有特定功能性質之委員會，亦可視實際需要酌予設置。

三、擴大諮詢委員來源：不宜只有行政人員與專家學者，而應擴

大層面，增加教職員、學生家長、社會有關人事，甚至學生等方面的代表。

捌 採取知識管理以提升組織績效

「知識經濟」是二十一世紀的重要潮流，而「知識管理」是達成「知識經濟」的重要策略。教育行政組織透過知識管理，可使組織適應力提升、組織效能提高。知識管理是一種過程，是組織面對知識的一連串處理的程序。藉由發覺內部與外的經驗、知識，經過整理、建檔、儲存等步驟，形成組織知識。再藉由多元的管道進行分享、擴散、轉移，使成員能夠擷取、吸收知識，進而運用知識，形成知識創新的基礎。再依此為起點開始另一個知識管理的過程，知識與組織因而能生生不息（謝文全，2022）。

教育行政機關如何採取知識管理可從下列途徑著手（吳清山，2007；楊振昇，2006；Senge, 1990）：

一、營造知識管理的環境與文化。

二、遴用與培訓知識管理人才。

三、營造學習型組織，促進組織成員透過團隊不斷學習與自我實現。

四、運用網際網路與電腦科技，規劃資訊化的教育行政知識管理系統，發揮資料儲存、分享的功能。

五、建立分享式專業學習社群，鼓勵教育行政人員研發與創新服務教師、學生與家長的流程、策略。

玖 推動以學校本位的管理模式

過去我國教育行政機關行政管理主義盛行、基層學校缺乏專業自主空間、學校行政組織偏向科層體制等不利因素。學校行政管理，必須要超越傳統的科層化刻板模式，彈性靈活應用新的管理策略，方能滿足學生、教師、家長及社會的需求。目前大家所重視的「學校本位管理」的行政管理模式，將是二十一世紀學校行政管理發展的重要革新策略。

「學校本位管理」是一種組織革新的策略，係將教育行政機關的權

力下放給各地方學校，並以學校爲中心的管理過程，將權力及資源重
新分配，角色重新定位，並建立互動的新關係，讓學校教師、行政人
員、家長及社會人士和學生共同分享參與作決定的權利，強調專業責任
與自治精神。以下提出數項作法（張德銳，1998；謝文全，2022）：

　　一、教育行政人員應建立「分權分責」的理念，調整「以教育行政
機關爲中心的管理」，以學校爲本位的管理模式，便是厚植學校內在改
革能量的關鍵所在。

　　二、在課程方面，只規定學校必開的基礎科目與綱要內容的規定，
讓學校有空間決定適合的校本課程。

　　三、在學校人事方面，教育行政機關僅規定必須設置的基本單位與
人員編制，學校得在人事總額與經費額度內，依學校的需求調整其單位
設置與編制。

　　四、各級學校實施校務基金制度，以增加學校教育經費的應用彈性
與績效。

拾　建立健全的教育評鑑制度

　　目前，國內政治、經濟和社會加速轉型，教育工作也面臨重大變
革。教育工作能否透過不斷的改革與創新，以達到提升教育品質之目
的，實爲教育事業的成敗關鍵。目前教育改革有市場導向的趨勢，以提
升教育的績效，但教育問題形成的原因多樣，透過市場與競爭原理並不
能解決所有的問題，因此有必要建立一套健全的評鑑制度，以客觀與多
元地評鑑教育問題，避免市場原理所產生的教育問題，並保障教師專業
自主權，學生接受優良品質教育權，以及提升教育行政機關的服務品
質。在此情況下，各種教育評鑑的工作與建立制度，將扮演日益重要的
角色，也勢必獲得大家對教育評鑑工作的重視。

　　如何建立健全的教育評鑑制度具體作法如下（顏國樑，2010）：

　　一、檢討中央與地方對學校評鑑的必要性與合理性，整併過多與重
複的評鑑，讓學校回歸學生學習與教師教學的教育本質。

　　二、繼續支持「財團法人高等教育評鑑中心」成爲國內高等教育整
合協調的評鑑專門單位。

三、中央與地方皆應成立推動教育評鑑工作專責小組,將各項評鑑工作列入教育改革與施政的重要措施,並統整與簡化各項評鑑;舉辦相關教育評鑑的研討會、出版相關的理論與實務的刊物,以建立教育人員正確的教育評鑑之觀念。

四、從幼稚園至大學院校各教育階段,皆應實施校務綜合評鑑工作,以及大學院校應進行系所評鑑;並應研發編製各種具效度與信度之客觀教育評鑑工具量表,以定期實施各級學校校務評鑑、教學評鑑、課程評鑑、各類教育人員績效評鑑;對各項工作或計畫皆應實施成效評鑑,以作為改進的參考。

五、應修正《教師法》,將中小學教師專業發展評鑑納入法源,建立中小學教師評鑑制度;最後建立學校及各類教育人員自我評鑑機制。

拾壹 促進教育行政研究的發展與提升研究品質

目前除了教育行政機關努力之外,在大學與教育學術團體在學術研究亦有進步,包括成立教育系所,培育教育行政人才;成立教育行政相關學術性學會,定期辦理學術研討會,出版相關刊物;出版教育行政書籍,提供學習教育行政題材等,皆顯示教育行政研究愈來愈受到重視。不過,教育行政研究也發現有研究主題與主題過於集中、研究方法不夠多元、研究內容有偏頗等現象。因此,有必要提升教育行政研究品質。

至於如何提升教育行政研究的品質,其作法有(王如哲,1998;吳清山、林雍智,2021;張鈿富,1999;謝文全,2022):

一、教育行政研究宜應用多元的典範及方法,如增加質性研究、批判研究、比較研究、個案研究等。

二、研究範圍要兼顧基礎性研究與應用性研究,致力於研究、政策和實務相結合,強化教育行政學跨領域研究,而且要能進行長期性、系統性及整合性研究。

三、研究內容方面,增加教育行政哲學的研究,如加入倫理與價值的問題;增加教育行政機關層級與高等教育行政階段的研究。

四、研究導向方面,不光只是借用企業或公共行政的理論,應加強

教育行政理論的自我建構；除繼續引進國外教育行政理論之外，更要加強本土化教育行政理論的建構。

　　五、運用各類教育資料庫，進行教育行政相關議題分析。

　　六、善用科技融入教育行政研究，提升學術研究能量。

　　七、創造教育行政研究新領域，形塑研究新典範。

　　八、發展教育行學專業研究社群，促進學術研究分享。

問題討論

1. 請說明教育行政發展的趨勢。

2. 請說明我國教育行政的展望。

3. 「教育市場化」是未來教育行政的發展趨勢之一，試說明應如何因應教育市場化的發展，以避免負面效應。

4. 因應社會變遷與發展，為何培育具有學習力的終身學習的人才非常重要？請說明其理由。請提出培育終身學習的人才的途徑。

5. 社會發展從工業4.0到教育4.0，請分析對我國教育行政發展有何影響。

6. 教育行政的發展趨勢為何？如欲改革教育行政，請提出對我國教育行政的展望。（109年三等身障特考）

7. 教育部於2021年公布實施《學習社會白皮書》，以建構學習型社會，提升國家競爭力與創造美好的未來。試說明《學習社會白皮書》的願景、目標與實施途徑，並進一步說明推動學習社會政策時可能遇到的問題與挑戰。（110年薦任公務升官等考試）

參考文獻

中央行政機關組織基準法（2022）。

王如哲（1998）。**教育行政學**。五南。

地方制度法（2014）。

行政程序法（2021）。

吳清山（2005）。**教育法規：理論與實務**。心理。

吳清山（2007）。**教育行政議題研究**。高等教育。

吳清山、王令宜（2018）。教育 4.0 世代的人才培育探析。載於中國教育學會（主編），**邁向教育 4.0：智慧學校的想像與建構**（頁 3-29）。學富文化。

吳清山、林雍智（2021）。教育行政學研究的趨勢與展望。載於高新建、林佳芬（主編），**臺灣教育研究趨勢**（頁 277-310）。五南。

吳清山、黃旭鈞（1999）。「教育行政人員專業倫理準則」初步建構。**教育行政論壇第四次研討會議手冊**，169-185。

吳清基（2018）。工業 4.0 對高教人才培育政策的挑戰。載於吳清基（主編），**教育政策與學校經營**（頁 4-21）。五南。

李惠宗（2002）。**行政程序法要義**。元照。

汪建南、馬雲龍（2016）。工業 4.0 的國際發展趨勢與臺灣因應之道。**國際金融參考資料，69**，133-155。

沈姍姍（1998）。教育改革趨向與影響因素分析——國際比較觀點。**教育資料集刊，23**，39-53。

林威志（2006）。**我國中央與地方教育權限劃分之研究——以國民教育為例**（未出版博士論文）。國立臺灣師範大學。

林海清（2009）。中央教育行政組織再造之探討。載於張鈿富（主編），**教育行政理念與創新**（頁 25-56）。高等教育。

林海清（2010，12 月 18 日）。**教育組織再造評鑑指標研究**。2010 年教育行政創新與組織再造學術研討會，臺中市，臺灣。

政府資訊公開法（2005）。

張明輝（1999）。**學校教育與行政革新研究**。師大書苑。

張明輝（2009）。地方教育發展的新思維。載於國立臺灣師範大學師資培育與就業輔導處（主編），**地方教育研究**（頁1-24）。高等教育。

張鈿富（1995）。**教育政策分析理論與實務**。五南。

張鈿富（1999）。**教育與行政管理新趨勢**。國立中正大學教育學院迎向千禧年——新世紀的教育展望國際學術研討會，嘉義縣，臺灣。

張德銳（1998）。以學校中心管理推動學校教育革新。**教育政策論壇**，**1**(2)，133-154。

教育基本法（2013）。

教育部（1998）。**邁向學習社會白皮書**。作者。

教育部（2010a）。**中華民國教育報告書——黃金十年，百年樹人**。作者。

教育部（2010b）。**第八次全國教育會議手冊**。作者。

教育部（2021）。**學習社會白皮書**。作者。

教育部組織法（2012）。

陳東園（2016）。新媒體環境下教育4.0經營策略的研究，空大人文學報，**25**，1-36。

曾正宜（2015）。學習科學之核心議題與研究趨勢。**教育研究集刊**，**61**(3)，105-121。

華樺（2010）。**教育公平新解——社會轉型時期的教育公平理論和實踐探究**。上海社會教育科學出版社。

楊振昇（2006）。**教育組織變革與學校發展研究**。五南。

楊國賜、李建興、陳伯璋、溫明麗、蕭芳華（2011）。**我國教育永續發展之核心價值及推動方式研究期末報告**。教育部：財團法人國家政策研究基金會。

劉世閔（2005）。**社會變遷與教育政策**。心理。

劉國兆（2009）。地方教育審議委員會功能與定位之批判論述分析。載於國立臺灣師範大學師資培育與就業輔導處（主編），**地方教育研究**（頁55-91）。高等教育。

劉復興（2003）。**教育政策的價值分析**。教育科學。

憲法（1947）。

謝文全（2022）。**教育行政學**。高等教育。

韓明媚（2010）。**學習力：沒有學習力，就沒有競爭力**。就是文化。

簡禎富、王宏鍇、傅文翰（2018）。工業3.5之先進智慧製造系統架構：半導體智慧製造為例。**管理評論**，**37**(3)，15-34。

顏國樑（2001）。邁向二十一世紀我國教育行政發展的趨勢與革新的展望。**新竹師院學報，14**，29-47。

顏國樑（2010）。教育基本法的核心價值及其對我國教育發展的啟示。載於國家教育研究院籌備處（主編），**教育核心價值實踐之研究**（頁 117-154）。國家教育研究院籌備處。

顏國樑（2013）。美國《不讓一位孩子落後法》政策執行：成效、爭議與啟示。**教育研究月刊，226**，130-147。

顏國樑、宋美瑤（2013）。我國教育政策制定的價值分析。**教育行政研究，3**(2)，1-31。

顏國樑、閔詩紜（2019）。工業 4.0 對教育政策的影響與前瞻。載於吳清基（主編），**教育政策與前瞻創新**（頁 73-93）。五南。

顏國樑、葉佐倫（2021）。從教育 4.0 觀點分析國民中小學校長專業發展的前瞻。載於吳清基（主編），**教育政策與前瞻創新**（頁 73-93）。五南。

Biesta, G. (2012). Philosophy of education for the public good: Five challenges and an agenda. *Educational Philosophy and theory*, *44*(6), 581-593.

Campbell, R. F., Bridges, E. M., & Nystrand, R. O. (1977). *Introduction to educational administration* (5th ed.). Allyn & Bacon.

Hanson, E. M. (1996). *Educational administration and organizational behavior*. Allyn and Bacon.

Harkins, A. M. (2018). Leapfrog principles and practices: Core components of education 3.0 and 4.0. *Futures Research Quarterly*, *8*, 1-15.

Judith, C. (1990). *School-based decision-making and management*. The Falmer Press.

Nagel, S. S. (1987). Series editor's introduction. In F. Fischer & J. Forester (Eds.), *Confronting values in policy analysis: The politics of criteria* (pp.7-9). Sage.

Sendler, U. (2016). *Industries 4.0 generations*. Springer-Verlag Berlin Heidelberg.

Senge, P. (1990). *The fifth discipline:The art and practice of the learning organization*. Daubeday Cueerncy.

Zukas, M., & Malcolm, J. (2007). Teaching, discipline, network. In A. Skelton (Ed.) (2009). *International perspectives on teaching excellence in higher education: Improving knowledge and practice* (pp.60-73). Routledge.

國家圖書館出版品預行編目資料

教育行政學新論／范熾文，黃宇瑀，張國保，
楊振昇，謝念慈，蔡進雄，許籐繼，黃旭
鈞，陳盈宏，顏國樑，梁金盛，楊淑妃合
著. -- 初版. -- 臺北市：五南圖書出版股
份有限公司, 2023.02
面；　公分

ISBN 978-626-343-698-5(平裝)

1.CST: 教育行政

526　　　　　　　　　111021911

1I7J

教育行政學新論

主　　編 ─ 吳清基

作　　者 ─ 范熾文、黃宇瑀、張國保、楊振昇、謝念慈、
　　　　　　蔡進雄、許籐繼、黃旭鈞、陳盈宏、顏國樑、
　　　　　　梁金盛、楊淑妃

發 行 人 ─ 楊榮川

總 經 理 ─ 楊士清

總 編 輯 ─ 楊秀麗

副總編輯 ─ 黃文瓊

責任編輯 ─ 郭雲周、李敏華

封面設計 ─ 姚孝慈

出 版 者 ─ 五南圖書出版股份有限公司

地　　址：106臺北市大安區和平東路二段339號4樓

電　　話：(02)2705-5066　　傳　　真：(02)2706-6100

網　　址：https://www.wunan.com.tw

電子郵件：wunan@wunan.com.tw

劃撥帳號：01068953

戶　　名：五南圖書出版股份有限公司

法律顧問　林勝安律師

出版日期　2023年2月初版一刷

定　　價　新臺幣580元

經典永恆・名著常在

五十週年的獻禮——經典名著文庫

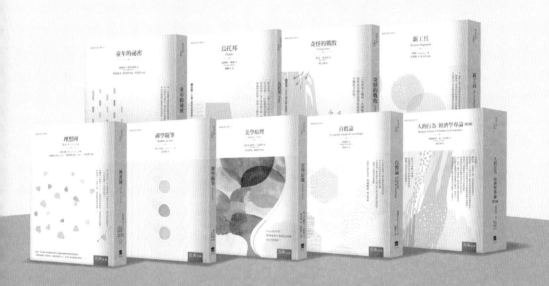

五南，五十年了，半個世紀，人生旅程的一大半，走過來了。

思索著，邁向百年的未來歷程，能為知識界、文化學術界作些什麼？

在速食文化的生態下，有什麼值得讓人雋永品味的？

歷代經典・當今名著，經過時間的洗禮，千錘百鍊，流傳至今，光芒耀人；

不僅使我們能領悟前人的智慧，同時也增深加廣我們思考的深度與視野。

我們決心投入巨資，有計畫的系統梳選，成立「經典名著文庫」，

希望收入古今中外思想性的、充滿睿智與獨見的經典、名著。

這是一項理想性的、永續性的巨大出版工程。

不在意讀者的眾寡，只考慮它的學術價值，力求完整展現先哲思想的軌跡；

為知識界開啟一片智慧之窗，營造一座百花綻放的世界文明公園，

任君遨遊、取菁吸蜜、嘉惠學子！